D0535471

Sebastian Haffner

Geschichte eines Deutschen

Sebastian Haffner

Geschichte eines Deutschen

Die Erinnerungen 1914–1933

Deutsche Verlags-Anstalt
Stuttgart München

Editorische Notiz

»Geschichte eines Deutschen« von Sebastian Haffner ist ein Jugendwerk aus dem Nachlaß. Die Niederschrift des Textes kann auf den Beginn des Jahres 1939 datiert werden. Eine englische Übersetzung war für eine Veröffentlichung in England angefertigt worden. Der Text ist jedoch nie erschienen, weder auf englisch noch auf deutsch. Eine Lücke in der deutschen Textfassung konnte durch eine Rückübersetzung aus dem Englischen von Oliver Pretzel geschlossen werden (S. 54–68).

Die Deutsche Bibliothek – CIP-Einheitsaufnahme
Ein Titeldatensatz für diese Publikation ist bei
Der Deutschen Bibliothek erhältlich.

10. Auflage Juli 2001
© 2000 Sarah Haffner und Oliver Pretzel
© 2000 Deutsche Verlags-Anstalt, Stuttgart / München
Alle Rechte vorbehalten
Satz: Verlagsservice G. Pfeifer / EDV-Fotosatz Huber, Germering
Druck und Bindearbeiten: Clausen & Bosse, Leck
Printed in Germany
ISBN 3-421-05409-6

Deutschland ist nichts,
aber jeder einzelne Deutsche ist viel.

(GOETHE, 1808)

Zunächst das Wichtigste: »was tun und treiben
Sie eigentlich in dieser großen Zeit?
Ich sage: groß: denn alle Zeiten scheinen
mir Groß, wo sich der Einzelne zuletzt,
auf gar nichts stehend als auf seinen Beinen,
dazu vom Zeitengeist halbtotgehetzt,
Besinnen muß, ob nolens oder volens,
auf nichts geringeres als eben SICH!
Die Pause eines bloßen Atemholens
genügt bisweilen – Sie verstehen mich.«

(PETER GAN, 1935)

PROLOG

1

Die Geschichte, die hier erzählt werden soll, hat zum Gegenstand eine Art von Duell.

Es ist ein Duell zwischen zwei sehr ungleichen Gegnern: einem überaus mächtigen, starken und rücksichtslosen Staat, und einem kleinen, anonymen, unbekannten Privatmann. Dies Duell spielt sich nicht auf dem Felde ab, das man gemeinhin als das Feld der Politik betrachtet; der Privatmann ist keineswegs ein Politiker, noch weniger ein Verschwörer, ein »Staatsfeind«. Er befindet sich die ganze Zeit über durchaus in der Defensive. Er will nichts weiter, als das bewahren, was er, schlecht und recht, als seine eigene Persönlichkeit, sein eigenes Leben und seine private Ehre betrachtet. Dies alles wird von dem Staat, in dem er lebt und mit dem er es zu tun hat, ständig angegriffen, mit äußerst brutalen, wenn auch etwas plumpen Mitteln.

Unter furchtbaren Drohungen verlangt dieser Staat von diesem Privatmann, daß er seine Freunde aufgibt, seine Freundinnen verläßt, seine Gesinnungen ablegt, vorgeschriebene Gesinnungen annimmt, anders grüßt als er es gewohnt ist, anders ißt und trinkt als er es liebt, seine Freizeit für Beschäftigungen verwendet, die er verabscheut, seine Person für Abenteuer zur Verfügung stellt, die er ablehnt, seine Vergangenheit und sein Ich verleugnet, und vor allem für alles dies ständig äußerste Begeisterung und Dankbarkeit an den Tag legt.

Das alles will der Privatmann nicht. Er ist wenig vorbereitet auf den Angriff, dessen Opfer er ist, er ist kein geborener Held, noch weniger ein geborener Märtyrer. Er ist einfach ein Durchschnittsmensch mit vielen Schwächen, noch dazu das Produkt einer gefährlichen Epoche: Dies aber will er nicht. Und so läßt er sich auf das Duell ein – ohne Begeisterung, eher mit Achselzucken; aber mit einer stillen Entschlossenheit, nicht nachzugeben. Er ist selbstverständlich viel schwächer als sein Gegner, dafür freilich etwas geschmeidiger. Man wird sehen, wie er Ablenkungsmanöver macht, ausweicht, plötzlich wieder ausfällt, wie er balanciert und schwere Stöße um Haaresbreite pariert. Man wird zugeben, daß er sich im Ganzen für einen Durchschnittsmenschen ohne besonders heldische oder märtyrerhafte Züge ganz wacker hält. Dennoch wird man sehen, wie er zum Schluß den Kampf abbrechen – oder, wenn man will, auf eine andere Ebene übertragen muß.

Der Staat ist das Deutsche Reich, der Privatmann bin ich. Das Kampfspiel zwischen uns mag interessant zu betrachten sein, wie jedes Kampfspiel. (Ich *hoffe*, es wird interessant sein!) Aber ich erzähle es nicht allein um der Unterhaltung willen. Ich habe noch eine andere Absicht dabei, die mir noch mehr am Herzen liegt.

Mein privates Duell mit dem Dritten Reich ist kein vereinzelter Vorgang. Solche Duelle, in denen ein Privatmann sein privates Ich und seine private Ehre gegen einen übermächtigen feindlichen Staat zu verteidigen sucht, werden seit sechs Jahren in Deutschland zu Tausenden und Hunderttausenden ausgefochten – jedes in absoluter Isolierung und alle unter Ausschluß der Öffentlichkeit. Manche von den Duellanten, heldischere oder märtyrerhaftere Naturen, haben es weiter gebracht als ich: bis zum Konzentrationslager, bis zum Block, und bis zu einer Anwartschaft auf künftige Denkmäler. Andere sind schon viel früher erlegen und sind heute schon längst still murrende S.A.-Reservisten oder N.S.V.-Blockwalter. Mein Fall mag gerade ein Durchschnittsfall sein. Man kann recht gut an ihm ablesen, wie heute die Chancen in Deutschland für den Menschen stehen.

Man wird sehen, daß sie ziemlich hoffnungslos stehen. Sie brauchten nicht ganz so hoffnungslos zu stehen, wenn die Außenwelt wollte. Ich glaube, daß die Außenwelt ein Interesse daran hat, zu wollen, daß sie weniger hoffnungslos stehen. Sie könnte – zwar nicht mehr den Krieg; dazu ist es zu spät – aber ein paar Kriegsjahre dadurch sparen. Denn die Deutschen guten Willens, die ihren privaten Frieden und ihre private Freiheit zu verteidigen suchen, verteidigen, ohne es zu wissen, noch etwas anderes mit: den Frieden und die Freiheit der Welt.

Es scheint mir deswegen immer noch der Mühe wert, die Aufmerksamkeit der Welt auf diese Vorgänge im unbekannten Deutschland zu lenken.

Ich will in diesem Buch nur erzählen, keine Moral predigen. Aber das Buch *hat* eine Moral, welche, wie das »andere und größere Thema« in Elgars Enigma-Variationen »durch und über das Ganze geht« – stumm. Ich habe nichts dagegen, daß man nach der Lektüre alle die Abenteuer und Wechselfälle wieder vergißt, die ich erzähle. Aber ich wäre sehr befriedigt, wenn man die Moral, die ich verschweige, *nicht* vergäße.

2

Ehe der totale Staat fordernd und drohend auf mich zutrat und mich lehrte, was es heißt, Geschichte am eigenen Leibe zu erleben, hatte ich schon eine ganz hübsche Menge von dem miterlebt, was man »historische Ereignisse« nennt. Alle Europäer der jetzt lebenden Generation können das von sich sagen; und gewiß niemand mehr als die Deutschen.

Alle diese historischen Ereignisse haben selbstverständlich ihre Spuren hinterlassen: in mir so gut wie in allen meinen Landsleuten; und man versteht nicht, was später geschehen konnte, wenn man dies nicht versteht.

Aber es ist ein wichtiger Unterschied zwischen allem, was vor 1933 geschah, und dem, was dann kam: Alles frühere zog an uns vorbei und über uns hin, es beschäftigte und es regte uns auf, und den einen oder andern tötete es oder ließ ihn verarmen; aber keinen stellte es vor letzte Gewissensentscheidungen. Ein innerster Lebensbezirk blieb unberührt. Man machte Erfahrungen, man bildete Überzeugungen: Aber man blieb, was man war. Keiner, der, willig oder widerstrebend, in die Maschine des Dritten Reichs geraten ist, kann das ehrlich von sich sagen.

Offenbar hat geschichtliches Geschehen einen verschiedenen Intensitätsgrad. Ein »historisches Ereignis« kann in der wirklichen Wirklichkeit, also im eigentlichsten, privatesten Leben der einzelnen Menschen, fast unregistriert bleiben – oder es kann dort Verheerungen anrichten, die keinen Stein auf dem andern lassen. In der normalen Geschichtsdarstellung sieht man ihm das nicht an. »1890: Wilhelm II. entläßt Bismarck.« Gewiß ein großes, fettgedrucktes Datum in der deutschen Geschichte. Aber schwerlich ein Datum in der Biographie irgendeines Deutschen, außerhalb des kleinen Kreises der Beteiligten. Jedes Leben ging weiter wie zuvor. Keine Familie wurde auseinandergerissen, keine Freundschaft ging in die Brüche, keiner verließ seine Heimat, nichts dergleichen. Nicht einmal ein Rendezvous oder eine Opernvorstellung wurde abgesagt. Wer unglücklich verliebt war, blieb es, wer glücklich verliebt war, blieb es, die Armen blieben arm, die Reichen reich... Und nun vergleiche man damit das Datum »1933: Hindenburg betraut Hitler.« Ein Erdbeben beginnt in 66 Millionen Menschenleben!

Wie gesagt, die wissenschaftlich-pragmatische Geschichtsdarstellung sagt über diesen Intensitätsunterschied des Geschichtsgeschehens nichts. Wer etwas darüber erfahren will, muß Biographien lesen, und zwar nicht die Biographien von Staatsmännern, sondern die viel zu raren Biographien der unbekannten Privatleute. Dort wird er sehen: Das eine »historische Ereignis« zieht über das private – d. h. wirkliche – Leben hin wie eine Wolke über einen See; nichts regt sich, nur ein flüchtiges Bild spiegelt sich. Das andere peitscht den See auf wie Sturm und Gewitter; man erkennt ihn kaum mehr wieder. Das dritte besteht vielleicht darin, daß alle Seen ausgetrocknet werden.

Ich glaube, Geschichte wird falsch verstanden, wenn man diese ihre Dimension vergißt (und sie wird fast immer vergessen). Man lasse mich daher einmal, zum Spaß, 20 Jahre deutsche Geschichte aus meiner Perspektive erzählen, ehe ich zum eigentlichen Thema komme: Geschichte Deutschlands als Teil meiner privaten Lebensgeschichte. Es wird ganz schnell gehen, und es wird das Verständnis für alles folgende erleichtern. Außerdem werden wir uns dabei ein wenig näher kennenlernen.

3

Der Ausbruch des vorigen Weltkrieges, mit dem mein bewußtes Leben wie mit einem Paukenschlag einsetzt, traf mich, wie er die meisten Europäer traf: in den Sommerferien. Um es gleich zu sagen: Die Zerstörung dieser Ferien war das Ärgste, was mir der ganze Krieg persönlich antat.

Mit welcher gnädigen Plötzlichkeit der vorige Krieg ausbrach, wenn man es mit dem marternd langsamen Näherrücken des jetzt kommenden vergleicht! Am 1. August 1914 hatten wir noch gerade beschlossen, das Ganze nicht ernstzunehmen und in unserer Sommerfrische zu bleiben. Wir saßen auf einem Gut in Hinterpommern, sehr weltverloren, zwischen Wäldern, die ich, ein kleiner Schuljunge, kannte und liebte wie nichts anderes auf der Welt. Die Rückkehr aus diesen Wäldern in die Stadt, alljährlich Mitte August, war das traurigste, unerträglichste Ereignis des Jahres für mich, vergleichbar nur noch etwa dem Plündern und Verbrennen des Weihnachtsbaums nach dem Neujahrsfest. Am 1. August lag es noch um zwei Wochen fern – eine Unendlichkeit.

In den Tagen zuvor freilich war einiges Beunruhigendes geschehen. Die Zeitung hatte etwas, was sie nie gehabt hatte: Überschriften. Mein Vater las sie länger als sonst, hatte ein besorgtes Gesicht dabei und schalt auf die Österreicher, wenn er sie ausgelesen hatte. Einmal hieß die Überschrift: »Krieg!« Ich hörte ständig neue Worte, deren Bedeutung ich nicht kannte und mir umständlich erklären lassen mußte: »Ultimatum«; »Mobilmachung«; »Allianz«; »die Entente«. Ein Major, der auf demselben Gut wohnte und mit dessen beiden Töchtern ich auf Neck- und Kriegsfuß stand, bekam plötzlich eine »Order«, auch so ein neues Wort, und reiste Hals über Kopf ab. Auch einer der Söhne unseres Wirts wurde eingezogen. Alle liefen ein Stück hinterher, als er im Jagdwagen zur Bahn fuhr, und riefen »Sei tapfer!«, »Bleib heil und gesund!«, »Komm bald wieder!« Einer rief: »Hau die Serben!«, worauf ich, eingedenk dessen, was mein Vater nach der Zeitungslektüre zu äußern pflegte, rief: »Und die Österreicher!« Ich war sehr erstaunt, daß alle plötzlich lachten.

Stärker als alles dies traf es mich, als ich hörte, daß auch die schönsten Pferde auf dem Gut, »Hanns« und »Wachtel«, wegkommen sollten, und zwar weil sie, welche Menge von erklärungsbedürftigen Erklärungen!, zur »Kavalleriereserve« gehörten. Die Pferde liebte ich jedes einzeln, und daß die zwei schönsten plötzlich weg sollten, gab mir einen Stich ins Herz.

Aber das Ärgste von allem war, daß zwischendrein auch immer wieder das Wort »Abreise« fiel. »Vielleicht müssen wir morgen schon abreisen.« Das klang für mich genau so, als ob man gesagt hätte: »Vielleicht müssen wir morgen schon sterben.« Morgen – anstatt nach einer Unendlichkeit von zwei Wochen!

Damals gab es bekanntlich noch kein Radio, und die Zeitung kam mit 24 Stunden Verspätung in unsere Wälder. Es stand übrigens auch weit weniger darin, als heute in den Zeitungen zu stehen pflegt. Die Diplomaten waren damals noch viel diskreter als heute... Und so konnte es geschehen, daß wir gerade am 1. August 1914 beschlossen, daß der Krieg gar nicht stattfinden würde und daß wir bleiben würden, wo wir waren.

Nie werde ich diesen 1. August 1914 vergessen, und immer wird die Erinnerung an diesen Tag ein tiefes Gefühl von Beruhigung, von gelöster Spannung, von »Alles wieder gut« mit heraufbringen. So seltsam kann das »Geschichte-Miterleben« vor sich gehen.

Es war ein Sonnabend, mit all der wundervollen Friedlichkeit, die ein Sonnabend auf dem Lande haben kann. Die Arbeit war vorbei, Geläute heimkehrender Herden in der Luft, Ordnung und Stille über dem ganzen Gutshof, die Knechte und Mägde putzten sich in ihren Kammern für irgendein abendliches Tanzvergnügen. Unten aber in der Halle mit den Hirschgeweihen an den Wänden und den Zinngeräten und blanken Steinguttellern auf den Borden fand ich, in tiefen Lehnstühlen sitzend, meinen Vater und den Gutsherrn, unsern Wirt, vor, wie sie in besonnenem Gespräch alles bedächtig erwogen. Selbstverständlich verstand ich nicht viel von dem, was sie redeten, und ich habe es auch völlig vergessen. Nicht vergessen habe ich, wie ruhig und tröstlich ihre Stimmen klangen, die hellere meines Vaters und der tiefe Baß des Gutsherrn, wie vertrauenseinflößend der wohlriechende Rauch ihrer langsam gerauchten Zigarren in kleinen Säulen vor ihnen in die Luft stieg, und wie, je länger sie redeten, alles immer klarer, immer besser und immer tröstlicher wurde. Ja, es wurde schließlich geradezu unwiderleglich klar, daß es Krieg gar nicht geben *konnte*, und infolgedessen würden wir uns natürlich nicht ins Bockshorn jagen lassen, sondern bis zum Ende der Ferien hierbleiben, wie immer.

Als ich so weit zugehört hatte, ging ich hinaus, das Herz ganz geschwellt von Erlöstheit, Zufriedenheit und Dankbarkeit, und sah mit geradezu frommen Gefühlen über den Wäldern, die nun wieder mein Besitz waren, die Sonne untergehen. Der Tag war bedeckt gewesen, aber gegen Abend hatte er sich immer mehr aufgeklärt, und jetzt schwamm die Sonne, golden und rötlich, im reinsten Blau, einen wolkenlosen neuen Tag verheißend. So wolkenlos, ich war gewiß, würde die ganze Unendlichkeit von 14 Ferientagen sein, die jetzt wieder vor mir lag! –

Als ich am nächsten Tag geweckt wurde, war das Packen schon in vollem Gang. Erst verstand ich überhaupt gar nicht, was geschehen war; das Wort »Mobilmachung«, obwohl man es mir ein paar Tage vorher zu erklären versucht hatte, sagte mir gar nichts. Es war aber wenig Zeit, mir überhaupt irgend etwas zu erklären. Denn mittags mußten wir bereits mit Sack und Pack fahren – es war zweifelhaft, ob später noch irgendein Zug für uns dasein würde. »Heute gehts Null komma fünf«, sagte unser tüchtiges Dienstmädchen; eine Redensart, deren eigentlicher Sinn mir heutigentags noch dunkel ist, die aber jedenfalls besagte, daß es drüber und drunter ging und daß jeder sehen mußte, wo er bliebe. So konnte es auch geschehen, daß ich mich unbemerkt noch einmal davonmachen und in die Wälder laufen konnte – wo man mich gerade noch rechtzeitig vor der Abfahrt auffand, auf einem Baumstumpf sitzend, Kopf in den Händen, fassungslos heulend und ohne jedes Verständnis für den Zuspruch, daß nun Krieg sei und daß jeder Opfer bringen müsse. Irgendwie wurde ich in den Wagen verstaut und fort gings hinter zwei trabenden braunen Pferden – nicht mehr Hanns und Wachtel, die waren schon fort –, mit Staubwolken hinter uns, die alles verhüllten. Nie habe ich die Wälder meiner Kindheit wiedergesehen.

Es war das erste und letzte Mal, daß ich ein Stück vom Kriege als Wirklichkeit erlebte, mit dem natürlichen Schmerz des Menschen, dem etwas genommen und zerstört wird. Schon unterwegs wurde alles anders, aufregender, abenteuerlicher – festlicher. Die Eisenbahnfahrt dauerte nicht sieben Stunden wie sonst, sondern zwölf. Ständig gab es Aufenthalte, Züge voller Soldaten kamen an uns vorüber, und jedesmal stürzte alles zu den Fenstern, mit Winken und brausendem Rufen. Wir hatten kein Abteil für uns wie sonst, wenn wir reisten, sondern standen in Gängen oder saßen auf unseren Koffern, eingequetscht zwischen vielen Menschen, die alle unaufhörlich schnatterten und redeten, als wären es keine Fremden, sondern alte

Bekannte. Am meisten sprachen sie über Spione. Ich lernte auf dieser Fahrt alles über das abenteuerliche Gewerbe der Spione, von dem ich noch nie gehört hatte. Über alle Brücken fuhren wir ganz langsam, und ich empfand jedesmal ein angenehmes Gruseln dabei; konnte doch ein Spion Bomben unter die Brücke gelegt haben! Als wir in Berlin ankamen, war es Mitternacht. Nie in meinem Leben war ich so lange aufgeblieben! Und unsere Wohnung war keineswegs auf uns vorbereitet, Bezüge über den Möbeln, die Betten nicht instand. Man machte mir ein Lager auf einem Sofa im tabakduftenden Arbeitszimmer meines Vaters. Kein Zweifel: Ein Krieg brachte auch vieles Erfreuliche mit sich!

In den nächsten Tagen lernte ich unglaublich viel in unglaublich kurzer Zeit. Ich, ein siebenjähriger Junge, der noch vor kurzem kaum gewußt hatte, was ein Krieg, geschweige was »Ultimatum«, »Mobilisierung« und »Kavalleriereserve« ist, wußte alsbald, als hätte ich es immer gewußt, ganz genau nicht nur das Was, Wie und Wo des Krieges, sondern sogar das Warum: Ich wußte, daß am Kriege Frankreichs Revanchelüsternheit, Englands Handelsneid und Rußlands Barbarei schuld waren – ganz geläufig konnte ich alle diese Worte alsbald aussprechen. Ich fing einfach eines Tages an, die Zeitung zu lesen, und wunderte mich, wie überaus leicht verständlich sie war. Ich ließ mir die Karte von Europa zeigen, sah auf einen Blick, daß »wir« mit Frankreich und England schon fertig werden würden, empfand allerdings einen dumpfen Schreck über die Größe Rußlands, ließ mich aber dadurch trösten, daß die Russen ihre beängstigende Zahl durch unglaubliche Dummheit und Verkommenheit und beständiges Wodkatrinken wieder wettmachten. Ich lernte – und zwar, wie gesagt, so schnell, als hätte ich es immer gewußt – die

Namen von Heerführern, die Stärke von Armeen, die Bewaffnung mit naiver Lust und ohne eine Spur von Zweifel oder Konflikt, die Auswirkung der seltsamen Begabung meines Volkes, Massenpsychosen zu bilden. (Eine Begabung, die vielleicht ein Ausgleich für sein geringes Talent zum individuellen Glück ist.) Ich hatte keine Ahnung, daß es überhaupt möglich sein könnte, bei einer solchen festlich-allgemeinen Raserei sich auszuschließen. Ich kam auch nicht im entferntesten auf den Gedanken, daß etwas Schlimmes oder Gefährliches an einer Sache sein könnte, die so offensichtlich glücklich machte und so unalltäglich-festliche Rauschzustände verschenkte.

Nun war ein Krieg damals für einen Schuljungen in Berlin freilich etwas tief Unwirkliches: unwirklich wie ein Spiel. Es gab keine Fliegerangriffe und keine Bomben. Verwundete gab es, aber nur von fern, mit malerischen Verbänden. Man hatte Verwandte an der Front, gewiß, und hin und wieder kam eine Todesanzeige. Aber dafür war man ein Kind, daß man sich schnell an ihre Abwesenheit gewöhnte; und daß diese Abwesenheit eines Tages endgültig wurde, machte schon gar keinen Unterschied mehr. Was es an wirklichen Härten und fühlbaren Unannehmlichkeiten gab, zählte wenig. Schlechtes Essen – nun ja. Später auch zu wenig Essen, klappernde Holzsohlen an den Schuhen, gewendete Anzüge, Knochen- und Kirschkernsammlungen in der Schule, und, seltsamerweise, häufiges Kranksein. Aber ich muß gestehen, daß mir das alles keinen tiefen Eindruck machte. Nicht etwa, daß ich es »trug wie ein kleiner Held«. Sondern ich hatte gar nicht so besonders daran zu tragen. Ich dachte so wenig an Essen, wie der Fußball-Enthusiast beim Cup-Final an Essen denkt. Der Heeresbericht interessierte mich viel stärker als der Küchenzettel.

Der Vergleich mit dem Fußball-Enthusiasten trägt sehr weit. Tatsächlich war ich damals, als Kind, ein Kriegsenthusiast wie man ein Fußballenthusiast ist. Ich würde mich schlechter machen als ich war, wollte ich behaupten, daß ich wirklich ein Opfer der eigentlichen Haßpropaganda gewesen wäre, die während der Jahre 15 bis 18 die erlahmende Begeisterung der ersten Monate hochpeitschen sollte. Ich haßte die Franzosen, Engländer und Russen so wenig wie die Portsmouth-Anhänger die Leute von Wolverhampton »haßt«. Selbstverständlich wünschte ich ihnen Niederlage und Demütigung, aber nur weil sie die unvermeidliche Kehrseite von Sieg und Triumph meiner Partei waren.

Was zählte, war die Faszination des kriegerischen Spiels: eines Spiels, in dem nach geheimnisvollen Regeln Gefangenenzahlen, Geländegewinne, eroberte Festungen und versenkte Schiffe ungefähr die Rolle spielten wie Torschüsse beim Fußball oder »Punkte« beim Boxen. Ich wurde nicht müde, innerlich Punktetabellen zu führen. Ich war ein eifriger Leser der Heeresberichte, die ich nach einer Art »umrechnete«, nach wiederum sehr geheimnisvollen, irrationalen Regeln, in denen beispielsweise zehn gefangene Russen einen gefangenen Franzosen oder Engländer wert waren, oder 50 Flugzeuge einen Panzerkreuzer. Hätte es Gefallenenstatistiken gegeben, ich würde sicher auch unbedenklich die Toten »umgerechnet« haben, ohne mir vorzustellen, wie das in der Wirklichkeit aussah, womit ich da rechnete. Es war ein dunkles, geheimnisvolles Spiel, von einem nie endenden, lasterhaften Reiz, der alles auslöschte, das wirkliche Leben nichtig machte, narkotisierend wie Roulette oder Opiumrauchen. Ich und meine Kameraden spielten es den ganzen Krieg hindurch, vier Jahre lang, ungestraft und ungestört – und *dieses* Spiel, nicht die harmlosen »Kriegsspiele«, die wir nebenbei auf Straßen und Spielplätzen aufführten, war es, was seine gefährlichen Marken in uns allen hinterlassen hat.

4

Vielleicht findet man es nicht der Mühe wert, daß ich die offensichtlich unadäquaten Reaktionen eines Kindes auf den Weltkrieg so ausführlich darstelle. Gewiß wäre es nicht der Mühe wert, wenn es sich dabei um einen Einzelfall handelte. Es ist aber kein Einzelfall. So oder so ähnlich hat eine ganze deutsche Generation in ihrer Kindheit oder frühen Jugend den Krieg erlebt – und zwar sehr bezeichnenderweise die Generation, die heute seine Wiederholung vorbereitet.

Es schwächt die Kraft und Nachwirkung dieses Erlebnisses keineswegs ab, daß die, die es erfuhren, Kinder oder junge Burschen waren; im Gegenteil! Die Massenseele und die kindliche Seele sind sehr ähnlich in ihren Reaktionen. Man kann sich die Konzeptionen, mit denen Massen gefüttert und bewegt werden, gar nicht kindlich genug vorstellen. Echte Ideen müssen, um massenbewegende historische Kräfte zu werden, im allgemeinen erst bis auf die Fassungskraft eines Kindes heruntersimplifiziert werden. Und eine kindische Wahnvorstellung, gebildet in den Köpfen von zehn Kinderjahrgängen und vier Jahre hindurch in ihnen festgenagelt, kann sehr wohl zwanzig Jahre später als tödlich ernsthafte »Weltanschauung« ihren Einzug in die große Politik halten.

Der Krieg als ein großes, aufregend-begeisterndes Spiel der Nationen, das tiefere Unterhaltung und lustvollere Emotionen beschert als irgendetwas, was der Frieden zu bieten hat; das war 1914 bis 1918 die tägliche Erfahrung von zehn Jahrgängen deutscher Schuljungen; und das ist die positive Grundvision des Nazitums geworden. Von dieser Vision her bezieht es seine Werbekraft, seine Simplizität, seinen Appell an Phantasie und Aktionslust; und von ihr bezieht es ebenso seine Intoleranz und Grausamkeit gegen den innerpolitischen Gegner: weil der, der dieses Spiel nicht mitmachen will, gar nicht als »Gegner« anerkannt, sondern einfach als Spielverderber empfunden wird. Und schließlich bezieht es von ihr seine selbstverständlich kriegsmäßige Einstellung gegen den Nachbarstaat: weil jeder andere Staat wiederum nicht als »Nachbar« anerkannt wird, sondern nolens volens Gegner zu sein hat – sonst könnte ja das ganze Spiel nicht stattfinden!

Vieles hat dem Nazismus später geholfen und sein Wesen modifiziert. Aber hier liegt seine Wurzel: nicht etwa im »Fronterlebnis«, sondern im Kriegserlebnis des deutschen Schuljungen. Die Frontgeneration hat ja im ganzen wenig echte Nazis geliefert und liefert heute noch im wesentlichen die »Nörgler und Meckerer«; sehr verständlich, denn wer den Krieg als Wirklichkeit erlebt hat, bewertet ihn meistens anders. (Ausnahmen zugegeben: die ewigen Krieger, die in der Wirklichkeit des Krieges mit allen Schrecken dennoch *ihre* Lebensform fanden und immer wieder finden – und die ewigen »gescheiterten Existenzen«, die gerade die Schrecken und Zerstörungen des Krieges mit Jubel erlebten und erleben, als eine Rache an dem Leben, dem sie nicht gewachsen sind. Zum ersten Typ gehört vielleicht Göring; zum zweiten bestimmt Hitler.) Die eigentliche Generation des Nazismus aber sind die in der Dekade 1900 bis 1910 Geborenen, die den Krieg, ganz ungestört von seiner Tatsächlichkeit, als großes Spiel erlebt haben.

– Ganz ungestört! Man wird einwenden, daß sie immerhin gehungert haben. Das ist richtig; aber ich habe schon erzählt, wie wenig der Hunger das Spiel störte. Vielleicht begünstigte er es sogar. Satte und gutgenährte Menschen neigen nicht zu Visionen und Phantasien ... auf jeden Fall: Der Hunger allein desillusionierte nicht. Es wurde, sozusagen, verdaut. Was übrig geblieben ist, ist sogar eine gewisse Abhärtung gegen Unterernährung – vielleicht einer der sympathischeren Züge dieser Generation.

Wir sind sehr früh daran gewöhnt worden, mit einem Minimum von Essen auszukommen. Die meisten jetzt lebenden Deutschen haben dreimal eine unterdurchschnittliche Ernährung gehabt: das erste Mal im Kriege, das zweite Mal in der Hochinflation, das dritte Mal jetzt, unter dem Motto »Kanonen statt Butter«. Sie sind in dieser Hinsicht, sozusagen, trainiert, und nicht besonders anspruchsvoll.

Es ist mir sehr zweifelhaft, ob die weitverbreitete Ansicht stimmt, daß die Deutschen den Weltkrieg aus Hunger abgebrochen hätten. Sie hungerten 1918 schon drei Jahre lang, und 1917 war ein schlimmeres Hungerjahr gewesen als 1918. Meiner Meinung nach brachen die Deutschen den Krieg ab, nicht weil sie hungerten, sondern weil sie ihn als militärisch verloren und aussichtslos ansahen. Wie dem auch sei – die Deutschen werden jedenfalls kaum den Nazismus oder den zweiten Weltkrieg aus Hunger abbrechen. Sie finden heute, daß Hungern halb und halb eine sittliche Pflicht und jedenfalls nicht so schlimm ist. Sie sind nachgerade ein Volk geworden, das sich seiner natürlichen Eßbedürfnisse geradezu geniert, und paradoxerweise gewinnen die Nazis aus der Tatsache, daß sie dem Volk nichts zu essen geben, nebenbei sogar noch ein indirektes Propagandamittel.

Sie schieben nämlich jedem, der »schimpft«, öffentlich als Motiv unter, er schimpfe, weil er keine Butter und keinen Kaffee bekomme. Nun wird zwar sehr viel in Deutschland »geschimpft«, aber die meisten schimpfen aus ganz anderen – und tatsächlich meist weit ehrenvolleren – Gründen als wegen der schlechten Ernährung, und sie würden sich schämen, wegen der schlechten Ernährung zu schimpfen. Es wird weit weniger in Deutschland gerade über die Nahrungsmittelknappheit geschimpft, als man nach der Lektüre der Naziblätter glauben sollte. Die Naziblätter wissen aber recht gut, was sie tun, wenn sie das Gegenteil glauben machen: Denn ehe der unzufriedene Deutsche in den Ruf kommen will, er sei aus niederer Eßgier unzufrieden, verstummt er ganz.

Wie gesagt übrigens, ich halte das für einen der sympathischeren Züge der gegenwärtigen Deutschen.

5

Ich verlor während der vier Kriegsjahre allmählich das Gefühl dafür, wie und was der Frieden sein könne. Meine Erinnerung an die Zeit vor dem Kriege verblaßte allmählich. Ich konnte mir einen Tag ohne Heeresbericht nicht mehr vorstellen. Ein solcher Tag hätte auch seinen Hauptreiz entbehrt. Was bot denn der Tag sonst schon? Man ging zur Schule, man lernte Schreiben und Rechnen und später Latein und Geschichte, man spielte mit Freunden, man ging mit seinen Eltern spazieren, aber war das ein Lebensinhalt? Was dem Leben Spannung und dem Tag seine Farbe gab, waren die jeweiligen militärischen Ereignisse; War eine große Offensive im Gange, mit fünfstelligen Gefangenenzahlen und gefallenen Festungen und

»unermeßlicher Ausbeute an Kriegsmaterial«, dann war Festzeit, man hatte unendlichen Stoff für die Phantasie, und das Leben ging hoch, ganz ähnlich, wie später, wenn man verliebt war. Waren nur langweilige Abwehrkämpfe, »im Westen nichts Neues«, oder gar »planmäßig durchgeführter strategischer Rückzug«, dann war das ganze Leben angegraut, die Kriegsspiele mit den Kameraden ohne Reiz und die Schularbeiten doppelt langweilig.

Jeden Tag ging ich zu einem Polizeirevier, ein paar Straßenecken von unserer Wohnung: Dort war an einem schwarzen Brett der Heeresbericht angeschlagen, schon mehrere Stunden, ehe er in der Zeitung stand. Ein schmales weißes Blatt, manchmal länger, manchmal kürzer, mit tanzenden Majuskeln besät, die aus einer offenbar reichlich abgenutzten Vervielfältigungsmaschine stammten. Ich mußte mich etwas auf die Zehenspitzen stellen und den Kopf in den Nacken legen, um alles zu entziffern. Ich tat es geduldig und voll Hingabe, jeden Tag.

Wie gesagt, ich hatte keine rechte Vorstellung mehr vom Frieden, wohl aber hatte ich eine Vorstellung vom »Endsieg«. Der Endsieg, die große Summe, zu der sich alle die vielen Teilsiege, die der Heeresbericht enthielt, unvermeidlich einmal zusammenaddieren mußten, war für mich damals ungefähr das, was für den frommen Christen das Jüngste Gericht und die Auferstehung des Fleisches ist, oder für den frommen Juden die Ankunft des Messias. Es war eine unvorstellbare Steigerung aller Siegesnachrichten, in der die Gefangenenzahlen, Landeroberungen und Beuteziffern vor Ungeheuerlichkeit sich selber aufhoben. Danach war nichts mehr vorzustellen. Ich wartete mit einer gewissen wilden und doch zagen Spannung auf den Endsieg; daß er einmal kam, war unvermeidlich. Fraglich war nur, was das Leben danach noch zu bieten haben konnte.

Ich wartete tatsächlich auf den Endsieg auch noch in den Monaten Juli bis Oktober 1918, obwohl ich nicht so töricht war, nicht zu merken, daß die Heeresberichte trüber und trüber wurden und daß ich nachgerade gegen alle Vernunft wartete. Immerhin, war nicht Rußland geschlagen? Besaßen »wir« nicht die Ukraine, die alles liefern würde, was nötig war, um den Krieg zu gewinnen? Standen »wir« nicht immer noch tief in Frankreich?

Unüberhörbar wurde es zwar auch mir in dieser Zeit, daß viele, sehr viele, ja fast alle Leute sich mit der Zeit eine andere Ansicht vom Kriege gebildet hatten als ich, obwohl meine Ansicht doch ursprünglich diejenige aller gewesen war – sie war doch erst meine geworden, eben weil sie die allgemeine war! Überaus ärgerlich, daß gerade jetzt fast alle die Lust am Kriege verloren zu haben schienen – gerade jetzt, wo eine kleine Sonderanstrengung nötig gewesen wäre, um die Heeresberichte aus der trüben Depression »vereitelter Aufrollungsversuche« und »planmäßiger Zurücknahme in vorbereitete Riegelstellungen« wieder in die strahlende Schön-Wetter-Sphäre von »Vorstoß bis zu 30 Kilometer Tiefe«, »das feindliche Stellungssystem zertrümmert«, »30 000 Gefangene« zu bringen!

Von den Läden, wo ich nach Kunsthonig oder Magermilch anstand – denn meine Mutter und das Dienstmädchen konnten es allein nicht mehr schaffen, und auch ich mußte mich gelegentlich anstellen – hörte ich die Frauen grollen und häßliche Worte tiefsten Unverständnisses äußern. Nicht immer begnügte ich mich, es anzuhören: Ich erhob furchtlos meine noch ziemlich hohe Kinderstimme zu Vorträgen über die Notwendigkeit des »Durchhaltens«. Die Frauen lachten meist zunächst, wunderten sich dann, und wurden rührenderweise mitunter unsicher oder gar kleinlaut. Siegreich verließ ich die Stätte des

Redekampfes, selbstvergessen einen Viertelliter Mager-milch schwenkend ... Aber die Heeresberichte wollten nicht besser werden.

Und dann nahte, von Oktober ab, die Revolution heran. Sie bereitete sich ähnlich vor wie der Krieg, mit plötzlich in der Luft herumschwirrenden neuen Worten und Begriffen, und wie der Krieg kam sie dann zuletzt doch fast überraschend. Aber hier hört der Vergleich auf. Der Krieg, was immer man über ihn sagen kann, war etwas Ganzes gewesen, eine Sache, die klappte, in seiner Art ein Erfolg, zunächst wenigstens. Von der Revolution kann man das nicht sagen.

Es ist für die gesamte weitere deutsche Geschichte von verhängnisvoller Bedeutung gewesen, daß der Kriegsausbruch, trotz allem fürchterlichen Unglück, das ihm folgte, für fast alle mit ein paar unvergeßlichen Tagen größter Erhebung und gesteigerten Lebens verbunden geblieben ist, während an die Revolution von 1918, die doch schließlich Frieden und Freiheit brachte, eigentlich fast alle Deutschen nur trübe Erinnerungen haben. Schon daß der Kriegsausbruch bei prächtigem Sommerwetter und die Revolution bei naßkaltem Novembernebel vor sich ging, war ein schweres Handicap für die Revolution. So etwas mag lächerlich klingen, aber es ist wahr. Die Republikaner fühlten es später selbst; sie haben nie so recht an den 9. November erinnert sein wollen, und haben ihn nie öffentlich gefeiert. Die Nazis, die den August 14 gegen den November 18 ausspielten, hatten immer ein leichtes Spiel. November 18: Obwohl der Krieg zu Ende ging, die Frauen ihre Männer, die Männer ihr Leben zurückgeschenkt bekamen, ist seltsamerweise kein festliches Nachgefühl mit dem Datum verbunden; vielmehr Mißmut, Niederlage, Angst, sinnlose Schießerei, Konfusion, ja und schlechtes Wetter.

Ich habe persönlich von der eigentlichen Revolution wenig gemerkt. Am Sonnabend meldete die Zeitung, der Kaiser habe abgedankt. Irgendwie überraschte es mich, daß so wenig dabei war. Es war eben auch nur eine Zeitungsüberschrift, und im Kriege hatte ich größere gesehen. In Wahrheit hatte er übrigens noch nicht einmal abgedankt, als wir es in der Zeitung lasen. Da er es dann aber bald nachholte, war auch das nicht mehr so wesentlich.

Erschütternder als die Überschrift »Abdankung des Kaisers« war es schon, daß am Sonntag die Zeitung »Tägliche Rundschau« plötzlich »Die Rote Fahne« hieß. Irgendwelche revolutionären Druckereiarbeiter hatten das durchgesetzt. Im übrigen war der Inhalt wenig verändert, und nach ein paar Tagen hieß sie auch wieder »Tägliche Rundschau«. Ein kleiner Zug, der nicht unsymbolisch für die ganze Revolution von 1918 ist.

An diesem Sonntag hörte ich auch zum ersten Mal Schüsse. Während des ganzen Krieges hatte ich keinen Schuß fallen gehört. Jetzt aber, da der Krieg zu Ende ging, fing man bei uns in Berlin zu schießen an. Wir standen in einem unserer Hinterzimmer, öffneten die Fenster und hörten leise aber deutlich abgerissene Maschinengewehrfeuer. Mir war beklommen zu Mute. Irgend jemand erklärte uns, wie die schweren und wie die leichten Maschinengewehre klangen. Wir stellen Mutmaßungen an, was für ein Kampf da wohl stattfinde. Das Schießen kam aus der Gegend des Schlosses. Ob die Berliner Garnison sich doch wehrte? Ob nicht alles so glatt ging mit der Revolution?

Wenn ich darauf etwa Hoffnungen gesetzt hatte – denn ich war natürlich, was nach allem hier Erzählten keinen wundernehmen wird, von ganzem Herzen gegen die Revolution – so wurden sie am nächsten Tag enttäuscht. Es war eine ziemlich sinnlose Schießerei zwischen verschiedenen revolutionären Gruppen gewesen, deren jede sich zum Besitz des Marstalls berechtigt fühlte. Von Gegenwehr keine Spur. Die Revolution hatte offenbar gesiegt.

Andererseits, was bedeutete das nun? Wenigstens festliche Unordnung, Drunter und Drüber, Abenteuer und bunte Anarchie? Keineswegs. Vielmehr erklärte noch an diesem selben Montag der gefürchtetste unter unseren Lehrern, ein cholerischer Tyrann mit böse rollenden Äuglein, »hier«, in der Schule nämlich, habe jedenfalls keine Revolution stattgefunden, hier herrsche weiterhin Ordnung, und zur Bekräftigung dessen legte er ein paar von uns, die sich in der Pause beim Revolution-Spielen besonders hervorgetan hatten, über die Bank und verabreichte ihnen eine demonstrative Tracht Prügel. Wir alle, die wir der Exekution beiwohnten, empfanden dunkel, daß sie ein Symbol von böser und umfassender Vorbedeutung war. An einer Revolution stimmte etwas nicht, wenn bereits am Tage darauf die Jungen in der Schule für Revolution-Spielen verhauen wurden. Aus einer solchen Revolution konnte nichts werden. Es wurde ja denn auch nichts aus ihr.

Inzwischen stand noch das Kriegsende aus. Daß die Revolution gleichbedeutend mit dem Ende des Krieges sei, war mir wie jedermann klar, und zwar offensichtlich mit einem Ende ohne Endsieg, da ja die kleine dazu nötige Extra-Anstrengung unverständlicherweise unterblieben war. Wie aber so ein Kriegsende ohne Endsieg aussehen würde, davon hatte ich keinen Begriff; ich mußte es erst sehen, um es mir vorstellen zu können.

Da ja der Krieg sich irgendwo im fernen Frankreich abspielte, in einer unwirklichen Welt, aus der nur die Heeresberichte wie Botschaften aus dem Jenseits zu uns herüberkamen, hatte auch sein Ende keine eigentliche Wirklichkeit für mich. Nichts änderte sich in meiner unmittelbaren, sinnlich wahrnehmbaren Umgebung. Das Ereignis spielte ausschließlich in jener Traumwelt des großen Spiels, in der ich vier Jahre lang gelebt hatte ... Aber freilich, diese Welt war ja viel bedeutender für mich geworden als die wirkliche.

Am 9. und 10. November gab es noch Heeresberichte, üblichen Stils: »Feindliche Durchbruchsversuche abgewiesen«, »... gingen unsere Truppen nach tapferer Gegenwehr in vorbereitete Stellungen zurück ...« Am 11. November hing kein Heeresbericht mehr am schwarzen Brett meines Polizeireviers, als ich mich zur üblichen Stunde einstellte. Leer und schwarz gähnte mich das Brett an, und ich ermaß mit Schrecken, wie es sein würde, wenn dort, wo ich jahrelang täglich die Nahrung meines Geistes und den Inhalt meiner Träume geschöpft hatte, nichts mehr sein würde als, für immer und ewig, ein leeres schwarzes Brett. Inzwischen aber ging ich weiter. Irgendwelche Nachrichten vom Kriegsschauplatz mußte es doch schließlich geben. Wenn schon der Krieg aus war (womit man rechnen mußte) – wenigstens das Ende mußte doch noch stattgefunden haben, irgendetwas wie der Abpfiff beim Spiel, berichtenswert immerhin. Eine Anzahl Straßen weiter war ein anderes Polizeirevier. Vielleicht hing dort ein Bericht.

Auch dort hing keiner. Die Polizei war eben auch von der Revolution angesteckt worden, und die alte Ordnung war zerstört. Ich konnte mich aber nicht abfinden. Ich trieb weiter durch die Straßen, in einem feinen nässenden Novemberregen, auf der Suche nach irgendwelchen Nachrichten. Ich kam in fremdere Gegenden.

Irgendwo fand ich einen kleinen Menschenhaufen vor der Auslage eines Zeitungsladens. Ich stellte mich an, drängelte mich sachte durch und konnte schließlich auch lesen, was alle, schweigend und mißmutig, lasen. Es war ein verfrühtes Zeitungsblatt, das da aushing, und es hatte die Überschrift: »Waffenstillstand unterzeichnet«. Darunter standen die Bedingungen, eine lange Liste. Ich las sie. Während ich las, erstarrte ich.

– Womit soll ich meine Empfindungen vergleichen – die Empfindungen eines elfjährigen Jungen, dem eine ganze Phantasiewelt zusammenbricht? Soviel ich nachdenke, es ist schwer, im normalen, wirklichen Leben ein Äquivalent dafür zu finden. Gewisse traumhafte Katastrophen sind eben nur in Traumwelten möglich. Wenn jemand, der jahrelang große Summen zur Bank getragen hat, eines Tages seinen Kontoauszug anfordert und erfährt, daß er statt eines Vermögens eine erdrückende Schuldenlast besitzt, mag ihm ähnlich zumute sein. Aber so etwas gibt es eben nur im Traum.

Diese Bedingungen sprachen nicht mehr die schonende Sprache der letzten Heeresberichte. Sie sprachen erbarmungslos die Sprache der Niederlage; so erbarmungslos, wie die Heeresberichte immer nur von *feindlichen* Niederlagen gesprochen hatten. Daß es so etwas auch für »uns« geben konnte – und zwar nicht als Zwischenfall, sondern als das Endergebnis von lauter Siegen und Siegen – mein Kopf faßte es nicht.

Ich las die Bedingungen wieder und wieder, den Kopf im Nacken, wie ich vier Jahre lang die Heeresberichte gelesen hatte. Schließlich löste ich mich aus der Menschenmenge und ging davon, ohne zu wissen, wohin ich ging. Die Gegend, in die ich auf der Suche nach Nachrichten geraten war, war mir fast fremd, und jetzt geriet ich in eine noch fremdere; ich trieb durch Straßen, die ich nie gesehen hatte. Ein feiner Novemberregen fiel.

Wie diese fremden Straßen, war mir die ganze Welt fremd und unheimlich geworden. Das große Spiel hatte offenbar außer seinen faszinierenden Regeln, die ich kannte, noch geheime Regeln besessen, die mir entgangen waren. Es mußte etwas daran scheinbar und falsch gewesen sein. Wo aber war ein Halt, wo Sicherheit, Glauben und Vertrauen, wenn das Weltgeschehen so hinterhältig war, wenn Siege und Siege zu endgültiger Niederlage führten und die wahren Regeln des Geschehens nicht verlautbart wurden, sondern sich erst nachträglich enthüllten, im niederschmetternden Ergebnis? Ich blickte in Abgründe. Ich empfand ein Grauen vor dem Leben.

Ich glaube nicht, daß die deutsche Niederlage irgendjemandem einen tieferen Schock versetzt haben kann als dem elfjährigen Jungen, der da durch die novemberfeuchten fremden Straßen irrte, ohne zu merken, wo er ging, und ohne zu merken, wie ihn der feine Regen allmählich durchnäßte. Ich glaube insbesondere nicht, daß der Schmerz des Gefreiten Hitler tiefer gewesen sein kann, der, ungefähr um dieselbe Stunde, im Pasewalker Lazarett es nicht aushielt, die Bekanntgabe der Niederlage mitanzuhören. Er reagierte zwar dramatischer als ich: »Mir wurde es unmöglich, noch länger zu bleiben,« schreibt er. »Während es mir um die Augen wieder schwarz ward, tastete und taumelte ich zum Schlafsaal zurück, warf mich auf mein Lager und grub den brennenden Kopf in Decke und Kissen.« Worauf er beschloß, ein Politiker zu werden.

Seltsamerweise eine weit kindlich-trotzigere Geste zugleich als meine. Und das gilt nicht nur für das Äußere. Wenn ich vergleiche, welche inneren Folgerungen Hitler und ich aus dem gemeinsam erlebten Schmerz zogen: der eine Wut, Trotz und den Beschluß, ein Politiker zu werden, der andere Zweifel an der Gültigkeit der Spielregeln und ahnendes Grauen vor der Unberechenbarkeit des Lebens – wenn ich dies vergleiche, kann ich mir nicht helfen: Ich finde die Reaktion des elfjährigen Jungen reifer als die des neunundzwanzigjährigen Mannes.

Jedenfalls stand es von diesem Augenblick an zweifellos in den Sternen, daß ich mit Hitlers Reich auf keinem freundlichen Fuß würde stehen können.

6

Vorerst hatte ich es ja aber nun nicht mit Hitlers Reich zu tun, sondern mit der Revolution von 1918 und mit der deutschen Republik.

Die Revolution wirkte auf mich und meine Altersgenossen gerade umgekehrt wie der Krieg: Der Krieg hatte unser wirkliches, tägliches Leben bis zur Langweiligkeit unverändert gelassen, dafür aber unserer Phantasie reichsten und unerschöpflichen Stoff gegeben. Die Revolution brachte viel Neues in die tägliche Wirklichkeit, und das Neue war bunt und aufregend genug – ich werde gleich davon erzählen –, aber sie ließ die Phantasie unbeschäftigt. Sie hatte nicht, wie der Krieg, sozusagen ein einfaches und einleuchtendes Dasein, in das man die Ereignisse einordnen konnte. Alle ihre Krisen, Streiks, Schießereien, Putsche, Demonstrationszüge blieben widerspruchsvoll und verwirrend. Nie wurde es recht klar, um was es eigentlich ging. Man konnte sich nicht begeistern. Man konnte nicht einmal verstehen.

Bekanntlich war die Revolution von 1918 keine vorausbedachte und geplante Operation. Sie war ein Nebenprodukt des militärischen Zusammenbruchs. Das Volk – wirklich das Volk! An Führung fehlte es fast vollständig – fühlte sich von seinen militärischen und politischen Führern hintergangen und verscheuchte sie. Verscheuchte; nicht einmal: vertrieb. Denn auf die erste drohende und wegscheuchende Geste hin verschwanden alle, vom Kaiser abwärts, geräusch- und spurlos; ungefähr ebenso geräusch- und spurlos wie später, 1932/33, die Führer der Republik. Die deutschen Politiker von rechts bis links verstehen sich schlecht auf die Kunst des Verlierens.

Die Macht lag auf der Straße. Unter denen, die sie aufnahmen, befanden sich nur sehr wenige wirkliche Revolutionäre; und auch die hatten, wenn man es rückschauend betrachtet, wenig klare Vorstellungen von dem, was sie nun eigentlich wollten und wie sie es zustande bringen wollten (es ist schließlich doch nicht nur Pech, sondern auch ein Zeichen mangelnder Begabung, daß sie fast sämtlich binnen eines halben Jahres nach der Revolution abgeknallt waren).

Die meisten unter den neuen Machthabern waren verlegene Biedermänner, längst alt und bequem geworden in den Gewohnheiten loyaler Opposition, überaus bedrückt von der unerwartet in ihre Hände gefallenen Macht und ängstlich darauf bedacht, sie so bald wie möglich wieder auf gute Art loszuwerden.

Und schließlich gab es eine Anzahl Saboteure unter ihnen, die entschlossen waren, die Revolution »aufzufangen«, will sagen: zu verraten. Der schauerliche Noske ist der bekannteste unter ihnen geworden.

Es entwickelte sich nun das Spiel, daß die wirklichen Revolutionäre eine Anzahl schlecht organisierter und dilettantischer Putsche machten, und die Saboteure gegen sie die Gegenrevolution auf den Plan riefen, die sogenannten »Freicorps«, die dann, als Regierungstruppen verkleidet, binnen ein paar Monaten mit der Revolution blutig aufräumten.

An diesem ganzen Schauspiel war beim besten Willen nichts Begeisterndes zu entdecken. Als bürgerliche Jungen, die obendrein eben erst unsanft aus einem vierjahrelangen patriotisch-kriegerischen Rausch gerissen waren, konnten wir selbstverständlich nur »gegen« die roten Revolutionäre sein: gegen Liebknecht, Rosa Luxemburg und ihren »Spartakusbund«, von dem wir nur dunkel wußten, daß er uns »alles wegnehmen«, unsere Eltern, soweit sie wohlhabend waren, wahrscheinlich töten und überhaupt schreckliche, »russische« Zustände einführen wollte. Wir waren also, schlecht und recht, »für« Ebert und Noske und ihre Freicorps. Aber sich irgendwie für diese Gestalten zu erwärmen, war leider auch wieder unmöglich. Das Schauspiel, das sie boten, war zu offensichtlich widerlich. Das Aroma von Verrat, das ihnen anhaftete, war zu penetrant: Es drang bis in die Nasen der Zehnjährigen. (Ich möchte hier noch einmal betonen, daß die politische Reaktion von Kindern, historisch gesehen, durchaus beachtenswert ist: Was »jedes Kind weiß«, ist meist die letzte, unableugbarste Quintessenz eines politischen Vorgangs.) Es war irgendetwas faul daran, daß die martialischen und grausamen Freicorps – die wir vielleicht nicht ungern hätten Hindenburg und den Kaiser zurückholen sehen – mit Emphase für »die Regierung« kämpften: also für Ebert und Noske, Leute, die offensichtlich Verräter ihrer eigenen Sache waren und übrigens auch genau so aussahen.

Dazu kam noch, daß die Ereignisse, seit sie uns so nah auf den Leib gerückt waren, viel unübersichtlicher und schwerer zu verstehen waren als zuvor, solange sie im fernen Frankreich gespielt hatten und vom Heeresbericht täglich ins rechte Licht gesetzt worden waren. Jetzt hörte man zeitweise fast täglich schießen, aber man erfuhr keineswegs immer, was es bedeutete.

Den einen Tag gab es keine Elektrizität, am andern fuhren die Straßenbahnen nicht, aber es blieb undeutlich, ob man gerade den Spartakisten oder der Regierung zuliebe Petroleum brennen oder zu Fuß gehen mußte. Man bekam Flugzettel in die Hand gedrückt oder las Plakate mit der Überschrift »Die Stunde der Abrechnung naht!«, und man mußte sich erst durch lange Absätze voller Beschimpfungen und unentwirrbarer Vorwürfe hindurchlesen, bis man merkte, ob mit den »Verrätern«, »Arbeitermördern«, »gewissenlosen Volksverführern« usw. jeweils Ebert und Scheidemann oder Liebknecht und Eichhorn gemeint sein sollten. Demonstrationszüge sah man täglich. Die Demonstranten hatten damals die Gewohnheit, auf irgendwelche aus ihrer Mitte gleichsam ausgebrachten Toaste im Chor je nachdem »Hoch« oder »Nieder« zu rufen. Aus einiger Entfernung nun hörte man jeweils nur das tausendstimmige »Hoch« oder »Nieder« – die Solostimme, die das Stichwort gegeben hatte, war unhörbar aus der Entfernung; und so wußte man wiederum nicht, woran man war.

Das ging so, mit Unterbrechungen, ein gutes halbes Jahr lang; dann begann es abzuklingen, nachdem es schon lange zuvor sinnlos geworden war. Das Schicksal der Revolution war im Grunde besiegelt – ich wußte es damals allerdings natürlich nicht –, als am 24. Dezember die Arbeiter und Matrosen nach siegreicher Straßenschlacht vor dem Schloß sich zerstreuten und nach Hause gingen, um Weihnachten zu feiern. Nach dem Fest gingen sie zwar aufs neue auf den Kriegspfad, aber inzwischen hatte die Regierung bereits hinlängliche Freicorps zusammengezogen. Vierzehn Tage lang gab es in Berlin keine Zeitungen, sondern nur näheres und entfernteres Schießen – und Gerüchte. Dann gab es wieder Zeitungen, die Regierung hatte gesiegt, und einen Tag später kam die Nachricht, daß

Liebknecht und Rosa Luxemburg erschossen seien, beide auf der Flucht. Meines Wissens ist dies die Entstehung des »Auf der Flucht Erschießens«, das seither die übliche Umgangsform mit politischen Gegnern östlich des Rheins geworden ist. Damals war man noch so wenig daran gewöhnt, daß viele es sogar wörtlich auffaßten und glaubten: Zivilisierte Zeiten!

So war die Entscheidung gegen die Revolution gefallen, aber keineswegs trat Ruhe ein; im Gegenteil, die schwersten Straßenkämpfe kamen in Berlin erst im März (und in München im April), als es eigentlich nur noch, sozusagen, um die Bestattung des Leichnams der Revolution ging. In Berlin brachen sie aus, als die »Volksmarinedivision«, die ursprüngliche Truppe der Revolution, formell und mit schlichtem Abschied von Noske aufgelöst wurde: Sie ließ sich nicht auflösen, sie wehrte sich, die Arbeiter des Berliner Nordostens fielen ihr bei, und acht Tage lang kämpften die »irregeleiteten Massen«, die es nicht verstehen konnten, daß ihre eigene Regierung wieder ihre Feinde gegen sie führte, einen verzweifelten, aussichtslosen und furchtbar erbitterten Kampf. Der Ausgang stand von vornherein fest, und die Rache der Sieger war schrecklich. Es ist bemerkenswert, daß damals, im Frühjahr 1919, als die linke Revolution sich vergebens bemühte, Form zu gewinnen, die spätere Nazirevolution, nur ohne Hitler, bereits fertig und mächtig dastand: Die Freicorps, von denen sich damals Ebert und Noske retten ließen, waren bis zur personellen Identität, und erst recht in Ansichten, Gehaben und Kampfstil einfach dasselbe wie die späteren Nazi-Sturmtruppen. Sie hatten bereits das »Erschießen auf der Flucht« erfunden, sie waren schon ein gutes Stück weit in die Folterwissenschaft eingedrungen, und sie hatten bereits eine großzügige Art, unbedeutendere Kampfgegner einfach ohne viel Fragen und ohne Unterschied an die Wand zu stellen, die den 30. Juni 1934 vorausnimmt. Es fehlte nur noch die Theorie zur Praxis: Die lieferte später Hitler.

7

Wenn ich es recht bedenke, muß ich sagen, daß auch die Hitlerjugend damals schon fast fertig dastand. In unserer Klasse zum Beispiel hatten wir damals einen Club gebildet, der sich »Rennbund Altpreußen« nannte und das Motto führte: Anti-Spartakus, Sport und Politik! Die Politik bestand darin, daß wir einige Unglückliche, die erklärten, sie seien für die Revolution, gelegentlich auf dem Schulweg verprügelten. Im übrigen war die Hauptbetätigung der Sport: Wir organisierten Wettläufe auf Schulhöfen oder in öffentlichen Anlagen, hatten dabei das Gefühl, uns überaus antispartakistisch zu betätigen, kamen uns sehr wichtig und patriotisch vor und rannten fürs Vaterland. Was war das eigentlich anderes als die spätere Hitlerjugend? Wiederum fehlten nur noch ein paar Züge, die Hitlers persönliche Neigungen später hinzugefügt haben, zum Beispiel der Antisemitismus. Bei uns rannten unsere jüdischen Mitschüler noch genau so antispartakistisch und patriotisch mit wie alle anderen; ein Jude war sogar unser bester Läufer. Ich kann beeiden, daß sie nichts taten, um die nationale Einigkeit zu unterminieren.

Während der Märzkämpfe 1919 fand die normale Tätigkeit des Rennbunds Altpreußen eine vorübergehende Unterbrechung, weil unsere Sportplätze sich für einige Zeit in Schlachtfelder verwandelten. Unser Stadtviertel rückte in den Mittelpunkt der Straßenkämpfe. Unsere

Schule wurde ein Hauptquartier der Regierungstruppen, eine danebenliegende Volksschule, wie symbolisch!, ein Stützpunkt der »Roten«, und tagelang wurde um den Besitz der beiden Gebäude gekämpft. Unser Direktor, der in seiner Amtswohnung geblieben war, wurde totgeschossen, die Hausfassade war, als wir sie wiedersahen, ganz durchlöchert von Einschüssen, und unter meiner Schulbank war noch wochenlang, als die Schule wieder stattfand, ein nicht zu beseitigender riesiger Blutfleck. Wir hatten unprogrammäßige Ferien, wochen- und wochenlang, und wir empfingen während dieser Zeit sozusagen unsere Feuertaufe: Denn wann immer wir nur konnten, drückten wir uns zu Hause davon und suchten die Stellen auf, wo gekämpft wurde, um »etwas zu sehen«.

Viel bekamen wir nicht zu sehen – selbst die Straßenkämpfe zeigten die »moderne Leere des Schlachtfeldes«. Aber umso mehr gab es zu hören: Gegen den Klang von normalen Maschinengewehren, Feldartillerie oder gar Schützenfeuer waren wir bald ganz abgehärtet. Aufregend wurde es erst, wenn Minenwerfer und schwere Geschütze herauszuhören waren.

Es wurde ein Sport, in abgesperrte Straßen hineinzukommen, indem man durch Häuser, Höfe und Keller schlich und plötzlich im Rücken der Absperrungstruppen auftauchte, weit hinter den Schildern: »Halt! Wer weitergeht, wird erschossen.« Wir wurden nicht erschossen. Niemand tat uns etwas.

Die Absperrungen funktionierten überhaupt nicht immer besonders gut, und das normale zivile Straßenleben vermischte sich oft mit den Kampfhandlungen auf eine Art, die den Sinn für das Groteske wecken mußte. Ich erinnere mich an einen schönen Sonntag, einen der ersten warmen Sonntage im Jahr, mit Massen von Spaziergängern eine breite Allee entlangwogend; es war überaus friedlich, nicht einmal Schießen irgendwo zu hören. Auf einmal flutete alles Volk rechts und links in die Hauseingänge, Panzerwagen kamen herangerasselt, man hörte draußen furchtbar nahe Detonationen, Maschinengewehre erwachten plötzlich, fünf Minuten lang war die Hölle los – dann rasselten die Wagen weiter und davon, entfernten sich, das Maschinengewehrfeuer starb weg. Wir Jungen wagten uns als erste aus dem Hausflur und sahen ein seltsames Bild; die ganze Allee leergefegt von Menschen, dafür aber vor jedem Haus kleinere und größere Haufen von Glasscherben: die Fensterscheiben hatten die Erschütterung der nahen Schüsse nicht ausgehalten. Dann kamen, da nichts mehr geschah, schüchtern die Spaziergänger wieder aus den Hausfluren hervor, und ein paar Minuten später wogte die Straße wieder von frühlingshaft spazierengehendem Volk, als ob nichts geschehen wäre.

Seltsam unwirklich war das alles. Man bekam auch nie eine Erklärung für Einzelheiten. Nie erfuhr ich zum Beispiel, was gerade diese Schießerei bedeutet hatte. Die Zeitungen brachten nichts darüber. Dagegen erfuhr man aus ihnen, daß gerade an diesem Sonntag, während wir unter dem blauen Frühlingshimmel spazieren gingen, wenige Kilometer entfernt, im Vorort Lichtenberg, mehrere hundert (oder gar tausend? die Zahlenangaben schwankten) gefangene Arbeiter zusammengetrieben und durch Reihenfeuer »umgelegt« worden waren. Das erschreckte uns. Es war so viel näher und wirklicher als alles, was die Jahre vorher im fernen Frankreich geschehen war.

Da aber nichts darauf erfolgte, niemand von uns einen der Toten gekannt hatte und auch die Zeitungen am nächsten Tage schon wieder anderes zu berichten hatten, wurde der Schrecken auch wieder vergessen. Das Leben ging weiter. Das Jahr rückte vor, in den schönen Sommer hinein. Die Schule fing irgendwann wieder an, und auch der »Rennbund Altpreußen« nahm seine segensreiche und patriotische Tätigkeit wieder auf.

8

Seltsamerweise hielt sich die Republik. Seltsamerweise – so muß man wohl sagen angesichts der Tatsache, daß ihre Verteidigung spätestens vom Frühjahr 1919 ab ausschließlich in den Händen ihrer Feinde ruhte; denn damals waren alle militanten revolutionären Organisationen zerschlagen, ihre Führer tot, ihre Mannschaften dezimiert, und nur die »Freicorps« trugen Waffen – die Freicorps, die in Wirklichkeit bereits gute Nazis waren, nur ohne den Namen. Warum stürzten sie ihre schwachen Herren nicht und richteten schon damals ein Drittes Reich auf? Schwer wäre es kaum gewesen.

Ja, warum taten sie es nicht? Warum enttäuschten sie die Hoffnungen, die sicher viele auf sie setzten, nicht nur wir vom »Rennbund Altpreußen«?

Wahrscheinlich aus demselben höchst irrationalen Grunde, aus dem später die Reichswehr die Hoffnungen all der vielen enttäuschte, die in den ersten Jahren des Dritten Reichs dachten, sie würde eines Tages der entsetzlichen Kompromittierung ihrer eigenen Ideale und Ziele durch Hitler ein Ende machen: Weil deutsches Militär keine Zivilcourage hat.

Zivilcourage – also der Mut zum eigenen Entschluß und zur eigenen Verantwortung – ist in Deutschland ohnehin eine rare Tugend, wie schon Bismarck in einem bekannten Ausspruch bemerkt hat. Aber sie verläßt den Deutschen vollkommen, wenn er eine Uniform anzieht. Der deutsche Soldat und Offizier, zweifellos hervorragend tapfer auf dem Schlachtfeld, fast stets auch bereit, auf Befehl der Obrigkeit auf seine zivilen Landsleute zu schießen, wird furchtsam wie ein Hase, wenn er sich gegen diese Obrigkeit stellen soll. Der Gedanke daran zaubert ihm sofort das Schreckbild eines Erschießungspelotons vor Augen, und das lähmt ihn vollkommen. Er fürchtet gewiß nicht den Tod: Aber diese eine bestimmte Todesart fürchtet er, und sie fürchterlich. Dieser Umstand macht jeden Ungehorsams- und Staatsstreichversuch deutschen Militärs ein für allemal unmöglich – mag regieren, wer will.

Das einzige scheinbare Gegenbeispiel ist in Wirklichkeit gerade ein Beispiel für meine Behauptung: Der Kapp-Putsch vom März 1920, der Staatsstreichversuch einiger antirepublikanischer politischer Außenseiter. Obwohl sie einen Teil der republikanischen Heerführung ganz und den Rest halb und halb auf ihrer Seite hatten, obwohl die Administration sofort ihre Schwäche zeigte und keinen eigenen Widerstand wagte, obwohl Leute mit solcher militärischen Werbekraft wie Ludendorff mit von der Partie waren, war es doch schließlich nur ein einziger Truppenteil, die sogenannte Brigade Ehrhardt, die das Unternehmen mitmachte. Alle anderen Freicorps blieben »regierungstreu« – und sorgten dann freilich dafür, daß auch dieser Putschversuch der Rechten mit einer Züchtigung der Linken endete.

Das ist eine trübe Geschichte, und sie ist schnell erzählt. Als die Brigade Ehrhardt eines Sonnabends morgens durch das Brandenburger Tor marschierte, entwich die Regierung und brachte sich in Sicherheit, nachdem sie noch schnell die Arbeiter zum Generalstreik aufgerufen hatte.

Kapp, der Führer des Putschs, rief die nationale Republik unter der schwarzweißroten Fahne aus, die Arbeiter streikten, die Armee blieb »regierungstreu«, die neue Administration kam nicht in Gang, und fünf Tage später dankte Kapp wieder ab.

Die Regierung kam zurück und forderte die Arbeiter auf, wieder an die Arbeit zu gehen. Die aber verlangten jetzt ihren Lohn: Mindestens sollten erst einige gar zu offensichtlich kompromittierte Minister verschwinden, voran der berüchtigte Noske – worauf die Regierung wieder ihre treuen Truppen gegen sie einsetzte; und die leisteten aufs neue großzügige Blutarbeit, namentlich in Westdeutschland, wo es zu richtigen Schlachten kam.

Jahre später hörte ich einen ehemaligen Freicorpsmann davon erzählen, der dabeigewesen war. Nicht ohne ein gewisses gutmütiges Mitgefühl berichtete er von den Opfern, die damals zu Hunderten gefallen oder »auf der Flucht erschossen« worden waren. »Es war die Blüte der Arbeiterjugend«, sagte er mehrfach gedankenvoll und melancholisch. Dies war offenbar die Formel, unter der er die Ereignisse in seinem Gehirn aufbewahrte. »Tapfere Jungens zum Teil«, fuhr er anerkennend fort. »Nicht wie 1919 in München: Das waren Schlawiner, Juden und Tagediebe, mit denen hatte ich keinen Funken Mitleid. Aber 1920 im Ruhrgebiet, das war wirklich die Blüte der Arbeiterjugend. Um manche hat es mir richtig leidgetan. Aber sie waren so dickköpfig, sie ließen uns gar keine Wahl, wir mußten sie eben erschießen. Wenn wir ihnen eine Chance geben wollten und beim Verhör fragten: Also, ihr seid nur verführt, nicht wahr, dann schrien sie, nein, und nieder mit den Arbeitermördern und Volksverrätern. Na, da half es ja dann nichts, und wir mußten sie eben erschießen, immer dutzendweise. Unser Oberst sagte am Abend, so weh wäre ihm nie ums Herz gewesen. Ja, das war die Blüte der Arbeiterjugend, die da gefallen ist, 1920 im Ruhrgebiet.«

Als diese Dinge geschahen, wußte ich freilich nichts von ihnen. Sie geschahen ja auch fern im Ruhrgebiet; in Berlin ging es weniger dramatisch zu, ja geradezu unblutig und zivil. Nach den wilden Schießereien von 1919 wirkte dieser März 1920 lautlos und unheimlich. Gerade daß nichts geschah, und nur alles Leben stillstand, war das Unheimliche. Eine seltsame Revolution. Ich will erzählen:

An einem Sonnabend geschah es. Mittags im Bäckerladen erzählten sich die Leute, daß jetzt »Der Kaiser wiederkäm«. Nachmittags in der Schule – wir hatten damals oft nachmittags Schule, die Hälfte der Schulgebäude war wegen Kohlenknappheit geschlossen, und je zwei Schulen teilten sich vor- und nachmittags in ein Gebäude – fiel der Unterricht aus, und wir spielten bei schönem Wetter auf dem Schulhof »Rote und Nationale«, wobei die Schwierigkeit darin bestand, daß keiner Roter sein wollte. Alles war durchaus erfreulich, nur einstweilen noch etwas unglaubhaft; es war so plötzlich gekommen, und man wußte keine Einzelheiten.

Man erfuhr auch weiterhin keine, denn bereits am Abend gab es keine Zeitungen, und übrigens, wie sich nachher herausstellte, auch kein Licht. Am nächsten Morgen gab es, zum ersten Mal, auch kein Wasser. Auch die Post bestellte nicht. Es fuhren auch keine Verkehrsmittel. Und die Läden waren geschlossen. Es gab, mit einem Wort, überhaupt nichts.

An einigen Straßenecken in unserer Gegend gab es noch altertümliche Brunnen, die nichts mit den Wasserwerken zu tun hatten. Diese Brunnen erlebten jetzt große Tage: Zu Hunderten standen die Leute vor ihnen Schlange, mit Kannen und Eimern, und holten sich ihre Wasserrationen; ein paar rüstige junge Männer pumpten. Vorsichtig balancierte man nachher mit seinen vollen Eimern durch die Straßen, um nichts von dem kostbaren Naß zu verschütten.

Sonst, wie gesagt, geschah nichts. Es geschah sogar gewissermaßen weniger als nichts, nämlich nicht einmal das, was an jedem gewöhnlichen Tag ohnehin geschieht. Keine Schießereien, keine Demonstrationszüge, keine Aufläufe und Straßendiskussionen. Nichts.

Am Montag fiel auch die Schule wieder aus. Es herrschte immer noch eitel Befriedigung dort, gemischt freilich mit leichter Beklemmung, weil alles gar seltsam vonstatten ging. Unser Turnlehrer, der sehr »national« war (alle Lehrer waren »national«, aber niemand mehr als die Turnlehrer) erklärte zwar mehrfach mit Überzeugung: »Man merkt doch gleich, daß eine ganz andere Hand am Steuer ist«. Aber, um die Wahrheit zu sagen, man merkte überhaupt nichts, und auch er sagte das wohl nur, um sich darüber hinwegzutrösten, daß er überhaupt nichts merkte.

Wir zogen von der Schule aus nach den »Linden«, aus einem dunklen Gefühl heraus, daß man an großen vaterländischen Tagen »Unter den Linden« sein müsse, und auch in der Hoffnung, man werde dort etwas sehen oder etwas erfahren. Aber es war nichts zu sehen und nichts zu erfahren. Ein paar Soldaten standen gelangweilt hinter überflüssigerweise aufgebauten Maschinengewehren herum. Niemand kam, sie anzugreifen. Alles wirkte eigentümlich sonntäglich, besinnlich und friedlich. Das machte der Generalstreik.

In den nächsten Tagen wurde es einfach langweilig. Das Anstehen nach Wasser am Brunnen, das zuerst immerhin den Reiz der Neuheit gehabt hatte, wurde bald ebenso lästig wie das Nichtfunktionieren der WCs, der Mangel irgendwelcher Neuigkeiten oder auch nur Briefe, die

Schwierigkeit, Nahrungsmittel zu beschaffen, die abendliche Stockdunkelheit und überhaupt der ganze ewige Übersonntag. Auch geschah nichts national Begeisterndes zum Ausgleich, keine Truppenparaden, keine Aufrufe »An mein Volk«, nichts, gar nichts. (Ja, wenn es das Radio schon gegeben hätte!) Nur einmal erschienen Maueranschläge: »Das Ausland interveniert nicht.« Nicht einmal das also!

Und dann hieß es eines Tages plötzlich wieder, Kapp habe abgedankt. Genaueres erfuhr man nicht, aber da man am nächsten Tag hier und da wieder Schießen hörte, merkte man schon, die gute alte Regierung war wieder da. Irgendwann begann es in den Wasserleitungen wieder zu schnauben und zu sausen. Kurz darauf war wieder Schule. Alles sah dort ein wenig begossen aus. Und dann gab es sogar wieder Zeitungen.

Nach dem Kapp-Putsch erlahmte unter uns Jungen das Interesse an der Tagespolitik allgemein. Alle Richtungen waren jetzt gleichermaßen blamiert, und das ganze Gebiet verlor seinen Reiz. Der »Rennbund Altpreußen« löste sich auf. Viele von uns suchten neue Interessengebiete: Markensammeln zum Beispiel, Klavierspielen oder Theater. Nur ein paar blieben der Politik treu, und zwar fiel es mir zum ersten Mal auf, daß das komischerweise mehr die Dummen, Rohen und Unsympathischen waren. Sie traten jetzt in »richtige« Bünde ein, in den Deutschnationalen Jugendverein zum Beispiel oder in den Bismarckbund (die Hitlerjugend gab es noch nicht), und bald zeigten sie in der Schule Schlagringe, Gummiknüppel oder gar »Totschläger« vor, rühmten sich gefährlicher nächtlicher Plakatanklebe- oder Plakatabreißpartien und begannen, einen bestimmten Jargon zu sprechen, der sie von allen anderen unterschied. Auch fingen sie an, sich unkameradschaftlich gegen die Juden unter uns zu benehmen.

Einen von ihnen sah ich damals, bald nach dem Kapp-Putsch, in einer langweiligen Stunde seltsame Figuren auf sein Heft kritzeln, immer wieder dasselbe: Ein paar Striche, die sich auf überraschende und befriedigende Weise zu einem symmetrischen, kästchenartigen Ornament formten. Ich war gleich in Versuchung, es nachzumachen. »Was ist das?« fragte ich, flüsternd, denn es war in einer, wenn auch langweiligen, Schulstunde. »Antisemitenabzeichen«, flüsterte er im Telegrammstil zurück. »Haben die Ehrhardt-Truppen am Stahlhelm getragen. Bedeutet: Juden raus. Muß man kennen.« Und er kritzelte geläufig weiter.

Das war meine erste Bekanntschaft mit dem Hakenkreuz. Es war das einzige, was der Kapp-Putsch Bleibendes hinterließ. Man sah es öfter in der nächsten Zeit.

9

Erst zwei Jahre später wurde Politik mit einem Schlage wieder interessant, und zwar dank dem Auftreten eines einzigen Mannes: Walther Rathenau.

Nie vorher und nie nachher hat die deutsche Republik einen Politiker hervorgebracht, der so auf die Phantasie der Massen und der Jugend wirkte. Stresemann und Brüning, die längere Wirkungszeiten hatten und die durch ihre Politik in gewissem Sinne zwei kurze Geschichtsperioden prägten, hatten niemals als Personen dieselbe Magie. Höchstens Hitler kann in einem bestimmten Sinn zum Vergleich herangezogen werden, und auch mit einer Einschränkung: Um ihn ist seit langem soviel bewußt gelenkte Publicity, daß es heute kaum mehr möglich ist, die echte Wirkung der Person von der Mache zu unterscheiden.

Zu Rathenaus Zeiten gab es noch kein politisches Star-
wesen, und er selbst tat nicht das Geringste, um sich in
Szene zu setzen. Er ist das stärkste Beispiel, das ich erlebt
habe, für den geheimnisvollen Vorgang, der stattfindet,
wenn in der öffentlichen Sphäre »der große Mann«
erscheint: ein plötzlicher Kontakt mit der Masse durch alle
Winde hindurch; ein allgemeines Wittern und Aufhorchen,
eine plötzliche Spannung, ein Interessantwerden des Unin-
teressanten; ein »Nicht-um-ihn-herumkommen«, unvermeidliche leidenschaftliche Parteinahme; aufschießende
Legende, aufschießender Persönlichkeitskult, Liebe, Haß.
Das alles unwillkürlich und unvermeidlich, fast unbewußt.
Es ist die Wirkung des Magneten in einem Haufen von
Eisenspänen – genau so unvernünftig, genau so unentrinn-
bar, genau so unerklärlich.

Rathenau wurde Wiederaufbauminister, dann Außenminister – und auf einmal fühlte man, daß Politik wieder stattfand. Wenn er auf eine internationale Konferenz reiste,
hatte man zum ersten Mal wieder das Gefühl, daß
Deutschland vertreten war. Er schloß ein »Sachlieferungs-
abkommen« mit Loucheur, er schloß einen Freundschafts-
vertrag mit Tschitscherin – und obwohl kaum einer sich
vorher unter »Sachlieferungen« irgendetwas hatte vorstellen können, und obwohl der Text des russischen Vertrages
mit seiner diplomatischen Formalsprache den wenigsten
etwas sagte, redete man über beides erregt in den Lebens-
mittelläden und vor den Zeitungsständen, und wir Sekun-
daner boten uns Ohrfeigen an, weil die einen die Verträge
»genial« nannten, während die andern von »jüdischem
Volksverrat« sprachen.

Aber es war nicht die Politik allein. Man sah in den illu-
strierten Zeitungen das Gesicht, wie das aller anderen Politiker, und während man die anderen vergaß, verfolgte

einen dies und sah einen an: mit dunklen Augen voller Klugheit und Trauer. Man las seine Reden und man spürte, jenseits des Inhalts, einen unüberhörbaren Ton, in dem Anklage, Forderung und Verheißung war: einen Prophetenton. Viele griffen zu seinen Büchern (auch ich tat es): Und wieder spürte man einen dunkel-pathetischen Appell, etwas zugleich Bezwingendes und Überredendes, Forderndes und Werbendes. *Zugleich*: In diesem Zugleich lag ihr tiefer Reiz. Sie waren zugleich nüchtern und phantastisch, zugleich desillusionierend und aufrüttelnd, zugleich skeptisch und gläubig. Das kühnste sprachen sie mit der zögerndsten, leisesten Stimme aus.

Rathenau hat seltsamerweise noch nicht die große Biographie gefunden, die er verdient. Er gehört ohne jeden Zweifel zu *den* fünf, sechs großen Persönlichkeiten dieses Jahrhunderts. Er war ein aristokratischer Revolutionär, ein idealistischer Wirtschaftsorganisator, als Jude deutscher Patriot, als deutscher Patriot liberaler Weltbürger, und als liberaler Weltbürger wiederum ein Chiliast und strenger Diener des Gesetzes (also, in dem einzigen ernsthaften Sinn: Jude). Er war gebildet genug, um über Bildung, reich genug, um über Reichtum, Weltmann genug, um über die Welt erhaben zu sein. Es war zu spüren, daß er, wäre er nicht deutscher Außenminister von 1922 gewesen, auch ein deutscher Philosoph von 1800, ein internationaler Finanzkönig von 1850, ein großer Rabbi oder ein Anachoret hätte sein können. Er vereinte in sich das Unvereinbare auf eine gefährliche, gerade dieses eine Mal mögliche, etwas beängstigende Weise. Die Synthese eines ganzen Bündels von Kulturen und Ideenströmen war in ihm – nicht: Gedanke; nicht: Tat; aber: Person geworden.

Sieht so ein Massenführer aus? wird man fragen. Seltsamerweise heißt die Antwort: Ja. Die Masse – womit ich nicht das Proletariat meine, sondern jenes anonyme Kollektivwesen, zu dem wir alle, hoch oder niedrig, immer wieder in gewissen Augenblicken zusammenschießen – die Masse reagiert am stärksten auf den, der ihr am unähnlichsten ist. Normalität, gepaart mit Tüchtigkeit, mag populär machen; aber letzte Liebe und letzter Haß, Vergottung und Verteufelung, gilt nur dem äußerst Abnormalen, der Masse ganz Unerreichbaren, mag er weit über oder weit unter ihr stehen. Wenn irgendetwas, glaube ich dies aus meiner deutschen Erfahrung zu wissen. Rathenau und Hitler sind die beiden Erscheinungen gewesen, die die Phantasie der deutschen Masse aufs äußerste gereizt haben: der eine durch seine unfaßliche Kultur, der andere durch seine unfaßliche Gemeinheit. Beide, das ist das Entscheidende, kamen aus unzugänglichen Regionen, aus irgendeinem »Jenseits«. Der eine aus jener Sphäre letzter Spiritualität, wo die Kulturen dreier Jahrtausende und zweier Erdteile ihr Symposion halten – der andere aus einem Dschungel weit unterhalb der Lotung letzter Schundliteratur, aus einer Unterwelt, wo dem zusammengebrauten Muff von Kleinbürgerhinterzimmern, Obdachlosenasylen, Kasernenaborten und Hinrichtungshöfen Dämonen entsteigen. Beide besaßen, aus ihrem »Jenseits« heraus, echte Zauberkraft; gleichgültig, was ihre Politik war.

Es ist schwer zu sagen, wohin Rathenaus Politik Deutschland und Europa geführt hätte, hätte er Zeit gehabt, sie durchzuführen. Bekanntlich hatte er diese Zeit nicht, da er nach einem halben Jahr Amtsführung ermordet wurde.

Ich erzählte schon, daß Rathenau massenhaft echte Liebe und echten Haß erregte. Dieser Haß war ein wilder, irrationaler, zu keiner Diskussion bereiter Urhaß, wie ihn wiederum seither nur ein deutscher Politiker geerntet hat: Hitler. Es versteht sich, daß die Hasser Rathenaus und die

Hasser Hitlers sich irgendwie entsprechend von einander unterschieden wie diese beiden Persönlichkeiten selbst. »Das Schwein muß gekillt werden« – das war die Sprache der Gegner Rathenaus. Dennoch war es überraschend, daß eines Tages die Mittagszeitungen ganz schlicht und ohne weiteres die Überschrift hatten: Außenminister Rathenau ermordet. Man hatte ein Gefühl, als wiche einem der Boden unter den Füssen, und dies Gefühl verstärkte sich, wenn man las, wie überaus leicht, mühelos und geradezu selbstverständlich die Tat vonstattengegangen war:

Rathenau fuhr allmorgendlich um eine bestimmte Zeit von seinem Haus im Grunewald im offenen Auto zur Wilhelmstraße. Eines Morgens nun wartete in der stillen Villenstraße ein anderes Auto, fuhr hinter dem Wagen des Ministers her, überholte es – und im Moment des Überholens schossen seine Insassen, drei junge Leute, alle zugleich, aus nächster Nähe, ihre Revolver auf Kopf und Brust des Opfers ab. Dann mit Vollgas davon. (Heut steht ein Gedenkstein für sie an der Stelle.)

So einfach war das also. Ein Columbus-Ei, in gewissem Sinne. Hier war es passiert, bei uns in Berlin-Grunewald, nicht etwa in Caracas oder Montevideo. Man konnte sich die Stelle ansehen: Eine Vorortstraße wie alle andern. Die Täter, wie man bald erfuhr, waren Jungens wie wir, der eine ein Obersekundaner. Hätte es nicht ebensogut dieser oder jener Mitschüler sein können, der neulich noch erklärt hatte: »... muß gekillt werden.«? Neben aller Empörung, allem Zorn und allem Schmerz, war etwas von der fast Lachreiz erregenden Wirkung der erfolgreichen Frechheit zu spüren: Natürlich, furchtbar einfach, man wäre gar nicht darauf gekommen vor Einfachheit. Auf diese Art wurde es wirklich unheimlich, ja *unheimlich* leicht, Geschichte zu machen. Offenbar gehörte die Zukunft nicht den Rathenaus, die sich die Mühe machten, ungewöhnliche Persönlichkeiten zu werden, sondern den Techows und Fischers, die einfach Autofahren und Schießen lernten.

Diese Empfindung wurde freilich im Augenblick übertönt von einer überwältigenden Mischung aus Trauer und Wut. Nicht die Erschießung der tausend Arbeiter in Lichtenberg 1919 hatte die Massen so aufgebracht wie jetzt die Ermordung dieses einen Mannes, der eigentlich sogar ein Kapitalist gewesen war. Ein paar Tage über den Tod hinaus hielt der Persönlichkeitszauber noch an; es herrschte, einige Tage, etwas, was ich später nie mehr erlebt habe: echte Revolutionsstimmung. Zur Bestattung fanden sich, ohne Zwang und ohne Drohung, ein paar hunderttausend Menschen ein. Und nachher gingen sie nicht auseinander, sondern zogen stundenlang durch die Straßen, in nicht endenden Zügen, schweigend, grimmig, fordernd. Man spürte: Hätte man diese Massen an diesem Tage aufgefordert, Schluß zu machen mit denen, die damals noch »Reaktionäre« hießen und in Wahrheit bereits die Nazis waren, sie hätten es ohne weiteres getan, rasch, durchgreifend und gründlich.

Niemand forderte sie dazu auf. Man forderte sie vielmehr auf, Disziplin und Ordnung zu bewahren. Die Regierung beriet viele Wochen lang über ein »Gesetz zum Schutze der Republik«, das leichte Gefängnisstrafen für Ministerbeleidigung einführte und rascher Lächerlichkeit verfiel. Ein paar Monate später stürzte sie trübe und lautlos in sich zusammen und machte einer Rechts-Regierung Platz.

Das letzte, was die kurze Rathenau-Epoche als Nachgefühl zurückließ, war die Bestätigung dessen, was schon 1918/19 gelehrt hatten: daß nichts, was die Linke tut, klappt.

10

Es kam das Jahr 1923. Dieses phantastische Jahr ist es wahrscheinlich, was in den heutigen Deutschen jene Züge hinterlassen hat, die der gesamten übrigen Menschheit unverständlich und unheimlich und die auch dem normalen »deutschen Volkscharakter« fremd sind: jene hemmungslos zynische Phantastik, jene nihilistische Freude am »Unmöglichen« um seiner selbst willen, jene zum Selbstzweck gewordene »Dynamik«. Einer ganzen deutschen Generation ist damals ein seelisches Organ entfernt worden: ein Organ, das dem Menschen Standfestigkeit, Gleichgewicht, freilich auch Schwere gibt, und das sich je nachdem als Gewissen, Vernunft, Erfahrungsweisheit, Grundsatztreue, Moral oder Gottesfurcht äußert. Eine ganze Generation hat damals gelernt – oder zu lernen geglaubt – daß es ohne Ballast geht. Die Jahre vorher waren eine gute Vorschule des Nihilismus. Im Jahre 1923 aber wurden seine höheren Weihen ausgeteilt.

Kein Volk der Welt hat etwas erlebt, was dem deutschen »1923«-Erlebnis entspricht. Den Weltkrieg haben alle erlebt, die meisten auch Revolutionen, soziale Krisen, Streiks, Vermögensumschichtungen, Geldentwertungen. Aber keins die phantastische, groteske Übersteigerung von alledem auf einmal, die 1923 in Deutschland stattfand. Keins diesen gigantischen karnevalistischen Totentanz, dieses nicht endende blutig-groteske Saturnalienfest, in dem nicht nur das Geld, in dem alle Werte entwertet wurden. Das Jahr 1923 machte Deutschland fertig – nicht speziell zum Nazismus, aber zu jedem phantastischen Abenteuer. Die psychologischen und machtpolitischen Wurzeln des Nazismus liegen tiefer zurück, wie wir sahen. Aber damals entstand das, was ihm heute seinen Wahnsinnszug gibt: die kalte Tollheit, die hochfahrend hemmungslose, blinde Entschlossenheit zum Unmöglichen; das »Recht ist, was uns nutzt« und »das Wort unmöglich gibt es nicht«. Offenbar liegen Erlebnisse dieser Art jenseits der Grenze dessen, was Völker ohne seelischen Schaden durchmachen können. Ich schaudere bei dem Gedanken, daß wahrscheinlich ganz Europa nach dem Kriege ein vergrößertes 1923 erleben wird – wenn nicht sehr weise Männer den Frieden machen.

Das Jahr 1923 begann mit einer patriotischen Hochstimmung, fast war es eine Wiedergeburt von 1914. Poincaré besetzte das Ruhrgebiet, die Regierung rief zum passiven Widerstand auf, und bei der deutschen Bevölkerung überwand das Gefühl nationaler Erniedrigung und Gefahr – wahrscheinlich echter und ernster als 1914 – die angehäuften Bürden der Müdigkeit und Enttäuschung. Das Volk »erhob sich«, es machte eine leidenschaftliche Seelenanstrengung und zeigte seine Bereitschaft – ja wozu? zum Opfer? zum Streit? Es war nicht ganz klar. Nichts wurde von ihm erwartet. Der »Ruhrkrieg« war kein Krieg. Niemand wurde eingezogen. Es gab keine Kriegsberichte. Ohne ein Ziel ließ die kriegerische Stimmung nach. Überall intonierten tagelang Menschenmengen den Rütli-Schwur aus Wilhelm Tell.

Allmählich bekam die Geste etwas Lächerliches, Schamhaftes, weil sie in einer solchen Leere zur Schau gestellt wurde. Außerhalb des Ruhrgebietes geschah überhaupt nichts. An der Ruhr selbst gab es eine Art bezahlten Streik. Nicht nur wurden die Arbeiter bezahlt, sondern auch die Arbeitgeber – nur zu gut bezahlt, wie bald bekannt wurde. Vaterlandsliebe – oder Ersatz für entfallenen Gewinn? Einige Monate später bekam der Ruhrkrieg, der so vielversprechend mit dem Rütli Schwur begonnen hatte, den unverkennbaren Geruch der Korruption. Bald regte er nie-

manden mehr auf. Keiner kümmerte sich um das Ruhrgebiet, weil viel verrücktere Sachen zu Hause sich ereigneten.

Der Zeitungsleser konnte in jenem Jahr wieder eine
Variante des aufregenden Zahlenspiels spielen, wie
während des Krieges, als die Gefangenenzahlen und die
Höhe der Beute die Schlagzeilen beherrscht hatten. Diesmal bezogen sich die Ziffern nicht auf kriegerische Ereignisse, obwohl das Jahr so kriegerisch begonnen hatte, sondern auf eine sonst ganz uninteressante alltägliche
Börsenangelegenheit, nämlich die Notierung des Dollar-
kurses. Die Schwankungen des Dollarwertes waren das
Barometer, an dem man mit einer Mischung aus Angst und
Erregung den Sturz der Mark ablas. Man konnte mehr
beobachten. Je höher der Dollar stieg, desto wilder wurden
unsere Flüge ins Reich der Phantasie.

Es war eigentlich nichts Neues an der Abwertung der
Mark. Schon 1920 hatte die erste Zigarette, die ich heimlich geraucht habe, fünfzig Pfennig gekostet. Bis Ende
1922 hatten sich die Preise allmählich auf das Zehn- bis
Hundertfache des Vorkriegsniveaus erhöht, und der Dollar
stand bei etwa 500 Mark. Dies hat sich jedoch *allmählich*
ereignet; Löhne, Gehälter und Preise hatten sich im
großen und ganzen gleichmäßig erhöht. Es war etwas un-
bequem mit den großen Zahlen zu rechnen, aber sonst
nicht außergewöhnlich. Viele Leute redeten noch von
»Preisanstieg«. Es gab Aufregenderes als das.

Aber nun wurde die Mark verrückt. Schon bald nach
dem Ruhrkrieg schoß der Dollar auf 20 000, hielt eine
Weile an, kletterte auf 40 000, zögerte kurze Zeit, und fing
dann an, mit kleinen periodischen Schwankungen stoß-
weise die Zehntausende und Hunderttausende abzuleiern.
Keiner wußte genau, wie es geschah. Wir folgten augenrei-
bend dem Vorgang, als ob es sich um ein bemerkenswertes

Naturphänomen handelte. Der Dollar wurde Tagesthema, und dann plötzlich sahen wir uns um und erkannten, daß das Ereignis unser Alltagsleben zerstört hatte.

Wer ein Sparkonto, eine Hypothek oder sonst eine Geldanlage besaß, sah es über Nacht verschwinden. Bald machte es nichts aus, ob es sich um einen Spargroschen oder ein Großvermögen handelte. Alles wurde ausgelöscht. Viele Leute wechselten schnell ihre Anlagen, nur um zu sehen, daß es überhaupt nichts ausmachte. Bald wurde es klar, daß etwas geschehen war, das alle ihr Vermögen verlorengehen ließ und ihre Gedanken auf etwas viel dringlicheres richten ließ.

Die Lebensunterhaltskosten hatten angefangen davon zu jagen, denn die Händler folgten dem Dollar dicht auf den Fersen. Ein Pfund Kartoffeln, das noch am Vortage fünfzigtausend Mark gekostet hatte, kostete heute schon hunderttausend; ein Gehalt von fünfundsechzigtausend Mark, das man am vorigen Freitag nach Hause gebracht hatte, reichte am Dienstag nicht aus, um ein Paket Zigaretten zu kaufen.

Was sollte geschehen? Plötzlich entdeckten Leute eine Insel der Sicherheit: Aktien. Das war die einzige Form der Geldanlage, die irgendwie der Geschwindigkeit standhielt. Nicht regelmäßig und nicht alle im gleichen Maße, aber sie schafften es ungefähr schrittzuhalten. Also ging man und kaufte Aktien. Jeder kleine Beamte, jeder Angestellte, jeder Schichtarbeiter wurde Aktionär. Man bezahlte seine täglichen Einkäufe, indem man Aktien verkaufte. An Zahltagen gab es einen allgemeinen Ansturm auf die Banken, und die Aktienkurse schossen himmelwärts wie Raketen. Die Banken waren von Reichtum aufgeschwemmt. Unbekannte neue Banken schossen wie Pilze aus dem Boden und machten ein reißendes Geschäft. Täglich verschlang die ganze Bevölkerung den Börsenbericht. Manchmal stürzten einige der Aktien, und mit ihnen stürzten Tausende schreiend dem

Abgrund entgegen. In jedem Laden, jeder Fabrik, jeder Schule wurden einem Aktientips zugeflüstert.

Den Alten und Weltfremden ging es am schlechtesten. Viele wurden zum Betteln getrieben, viele zum Selbstmord. Den Jungen, Flinken ging es gut. Über Nacht wurden sie frei, reich, unabhängig. Es war eine Lage, in der Geistesträgheit und Verlaß auf frühere Erfahrung mit Hunger und Tod bestraft, aber Impulshandeln und schnelles Erfassen einer neuen Lage mit plötzlichem ungeheurem Reichtum belohnt wurde. Der einundzwanzigjährige Bankdirektor trat auf, wie auch der Primaner, der sich an die Börsenratschläge seiner etwas älteren Freunde hielt. Er trug Oscar-Wilde-Schlipse, organisierte Champagnerfeste, und unterhielt seinen verlegenen Vater.

Unter soviel Leid, Verzweiflung und Bettelarmut, gedieh eine fieberhafte, heißblütige Jugendhaftigkeit, Lüsternheit und ein allgemeiner Karnevalsgeist. Jetzt hatten auf einmal die Jungen und nicht die Alten das Geld; und überdies noch hatte seine Natur sich so geändert, daß es seinen Wert nur wenige Stunden hielt, und es wurde ausgegeben wie nie vorher oder seither; und für andere Sachen als solche, für die alte Leute ihr Geld ausgeben.

Zahllose Bars und Nachtklubs sprangen plötzlich auf. Junge Paare wirbelten durch die Straßen der Vergnügungsviertel, wie in einem Film über die oberen Zehntausend. Überall war jeder mit der Liebe beschäftigt mit Hast und Lust. Ja die Liebe selbst hatte einen inflationären Charakter angenommen. Die Gelegenheit mußte ergriffen werden; die Masse mußte sie bieten.

Der »neue Realismus« der Liebe wurde entdeckt. Es gab einen Ausbruch, sorgloser, hektischer, fröhlicher Leichtlebigkeit. Typisch folgten Liebesaffären einem extrem schnellen Lauf ohne Umwege. Die Jungen, die in jenen

Tagen lieben lernten, übersprangen die Romantik und umarmten den Zynismus. Ich selber und meine Zeitgenossen gehörten nicht dazu. Wir waren mit fünfzehn, sechzehn gerade zwei, drei Jahre zu jung. In den folgenden Jahren, als wir die Rolle des Liebhabers mit rund zwanzig Mark Taschengeld spielen mußten, haben wir oft insgeheim die älteren Jungen beneidet, die damals ihre Chance gehabt hatten. Wir hatten gerade einen flüchtigen Blick durchs Schlüsselloch getan; gerade genug um den Duft der Zeit für immer in der Nase zu behalten. Zu einem Fest mitgenommen zu werden, wo Verrücktes sich ereignen mußte; ein frühreifes, ermüdendes Sichgehenlassen, und ein kleiner Kater von zu vielen Cocktails; all die Geschichten der älteren Jungen, deren Gesichter seltsam ihre ausschweifenden Nächte verrieten; der plötzliche, entzückende Kuß eines gewagt geschminkten Mädchens.

Es gab eine andere Seite des Bildes. Die Bettler häuften sich mit einem Mal; auch die Berichte über Selbstmorde in den Zeitungen, und die »Gesucht wegen Einbruch«-Anzeigen der Polizei auf den Litfaßsäulen, denn Raub und Diebstahl fanden überall in großem Maße statt. Einmal sah ich eine alte Frau – vielleicht sollte ich eine alte Dame sagen – seltsam steif auf einer Parkbank sitzen. Eine kleine Menge hatte sich angesammelt. »Tot«, sagte einer; »Verhungert«, sagte ein anderer. Es hat mich nicht besonders gewundert. Zu Hause hungerten wir auch manchmal.

Ja, mein Vater war einer von denen, die die Zeit nicht verstanden, oder nicht verstehen wollten, wie er sich schon geweigert hatte, den Krieg zu verstehen. Er begrub sich hinter dem Leitspruch »Ein preußischer Beamter spekuliert nicht« und kaufte keine Aktien. Damals hielt ich das für ein außerordentliches Beispiel von Engstirnigkeit, das schlecht zu seinem Charakter paßte, denn er war einer der klügsten Männer, die ich gekannt habe. Heute verstehe ich ihn besser. Rückblickend kann ich ein bißchen den Ekel nachempfinden, mit dem er »diese Ungeheuerlichkeit« ablehnte, und die ungeduldige Abscheu, die sich hinter der Platitüde, daß nicht sein kann, was nicht sein darf, verbarg. Leider artete das praktische Ergebnis solcher hohen Prinzipien manchmal in Posse aus. Und die Posse hätte zur Tragödie werden können, wenn sich meine Mutter nicht auf ihre Art der Lage angepaßt hätte.

So gestaltete sich äußerlich das Leben in der Familie eines hohen preußischen Beamten. Am 31. oder ersten des Monats bekam mein Vater sein Monatsgehalt, das unseren Lebensunterhalt darstellte – Bankguthaben und Sparbriefe waren längst wertlos geworden. Wieviel das Gehalt wert war, war schwer abzuschätzen; sein Wert schwankte von Monat zu Monat; einmal konnten hundert Millionen eine beachtliche Summe darstellen, wenig später waren eine halbe Milliarde ein Taschengeld. Auf jeden Fall versuchte mein Vater, eine Monatskarte für die U-Bahn so schnell wie möglich zu kaufen, so daß er wenigstens im nächsten Monat zur Arbeit und nach Hause fahren konnte, obwohl dieses Transportmittel einen beträchtlichen Umweg und Zeitverlust mit sich brachte. Dann wurden Schecks für die Miete und das Schulgeld ausgestellt, und am Nachmittag ging die ganze Familie zum Friseur. Was übrig blieb wurde meiner Mutter ausgehändigt – und am nächsten Tag stand die ganze Familie, auch das Dienstmädchen, nur nicht mein Vater, um vier oder fünf Uhr früh auf, und fuhr mit dem Taxi zum Großmarkt. Dort wurde ein Großeinkauf organisiert und innerhalb einer Stunde wurde das Monatsgehalt eines Oberregierungsrates für unverderbliche Speisen ausgegeben. Riesige Käse, ganze Schinken, Kartoffeln zentnerweise wurden in das Taxi geladen. Wenn der Platz nicht ausreichte, besorgte das Dienstmädchen mit einem von uns noch einen Handkarren. Ungefähr um acht Uhr, noch vor Schulanfang kehrten wir nach Hause, mehr oder weniger für eine einmonatige Belagerung versorgt. Und das war das Ende. Es gab einen Monat lang kein weiteres Geld. Ein freundlicher Bäcker lieferte Brot auf Kredit. Sonst lebte man von Kartoffeln, Geräuchertem, Büchsen, Suppenwürfel. Gelegentlich kam eine unerwartete Nachzahlung, aber es war gut möglich, daß man einen Monat lang so arm war, wie der Ärmste der Armen, nicht einmal imstande, eine einfache Straßenbahnfahrt oder eine Zeitung zu bezahlen. Ich weiß nicht, was geschehen wäre, wenn uns etwas zugestoßen wäre, eine schwere Krankheit oder ein anderes Unglück.

Für meine Eltern muß dies eine böse und schwere Zeit gewesen sein. Für mich war sie seltsam eher als unangenehm. Die Tatsache, daß mein Vater zur Arbeit einen überaus umständlichen Umweg nehmen mußte, hielt ihn den größten Teil des Tages von Zuhause fern, und gab mir dadurch viele unbeaufsichtigte Stunden der absoluten Freiheit. Ich hatte kein Taschengeld mehr; aber meine älteren Schulgenossen waren buchstäblich reich, und man raubte ihnen nichts, indem man sich zu ihren verrückten Festen einladen ließ. Ich schaffte es, eine gewisse Gleichgültigkeit gegenüber unserer Armut zu Hause und dem Reichtum meiner Freunde zu bewahren. Ich bedauerte weder das eine, noch beneidete ich das andere, sondern fand beides nur seltsam und merkwürdig. In der Tat lebte ich damals nur mit einem Teil meines Ichs in der Gegenwart, so anregend sie auch immer sein mochte. Viel aufregender war die Welt der Bücher, in die ich eintauchte, und die den größeren Teil meines Wesens erobert hatte. Ich las die »Buddenbrooks« und »Tonio Kröger«, »Niels Lyhne« und »Malte Laurids Brigge« und die Gedichte von Verlaine, dem frühen Rilke,

George und Hofmannsthal, Flauberts »Novembre«, Wildes »Dorian Gray«, und Heinrich Manns »Flöten und Dolche«.

Ich verwandelte mich in etwas den Helden dieser Bücher ähnliches, einen weltmüden, *fin-de-siècle* dekadenten Schönheitssuchenden. Ein schäbiger, etwas wild aussehender Sechzehnjähriger, der seinen Anzügen entwachsen war und einen Haarschnitt dringend nötig hatte, ging ich durch die fieberhaften, leprösen Straßen des inflationären Berlins mit der Haltung und dem Gefühl eines Mannschen Patriziers oder eines Wildeschen Dandys. Es tat diesen Gefühlen keinen Abbruch, daß ich am gleichen Morgen mit dem Dienstmädchen Schachteln Käse und Säcke Kartoffeln auf eine Karre gestapelt hatte.

Und waren diese Gefühle ganz ungerechtfertigt? Waren sie nur durch den Lesestoff eingeimpft worden? Ganz abgesehen davon, daß ein Sechzehnjähriger zwischen Herbst und Frühling zur Lebensmüdigkeit, Langeweile, und Trübsinn neigt, hatten wir nicht genug hinter uns – ich und meinesgleichen – um uns das Recht zu geben, das Leben mit müden skeptischen, blasierten, leicht höhnischen Augen anzusehen, und in uns selbst etwas von Thomas Buddenbrook und Tonio Kröger zu finden?

Wir hatten das große Kriegsspiel hinter uns, und den Schock des Ausgangs; einen sehr desillusionierenden politischen Lehrgang in Revolution, und jetzt das tägliche Schaustück des Zusammenbruchs aller Lebensregeln und des Bankrotts von Alter und Erfahrung. Wir hatten schon eine ganze Reihe widersprüchlicher Glauben durchgemacht. Zunächst waren wir eine Weile Pazifisten gewesen, dann Nationalisten, später hatte uns die marxistische Aufklärung unterworfen (ein Vorgang, der viel mit der sexuellen Aufklärung gemein hat: beide sind inoffiziell und etwas illegal; beide benutzen die Schockmethode der Erziehung, und beide machen den Fehler, einen einzigen Teil, wichtig, aber im öffentlichen Umgang verpönt und aus Gewohnheits-Anstand ignoriert, für das Ganze zu halten, die Liebe in dem einen Fall und die Geschichte im anderen). Rathenau und sein Ende hatten uns die Sterblichkeit auch eines großen Mannes gelehrt; der Ruhrkrieg, daß edle Absichten und anrüchige Geschäfte mit gleicher Leichtigkeit geschluckt werden konnten. Gab es noch etwas, das uns begeistern konnte? (Denn die Begeisterung ist für die Jugend die Würze des Lebens.) Nichts außer der Betrachtung zeitloser Schönheit, wie sie die Gedichte von George und Hofmannsthal durchglühte, der Arroganz des Skeptikers, und nicht zu vergessen, den Träumen der Liebe.

Kein Mädchen hatte bisher meine Liebe erweckt, aber ein Junge, der meine Ideale teilte und meinen Büchergeschmack. Es war eines jener fast pathologischen, ätherischen, verschämten, leidenschaftlichen Verhältnisse, wie sie nur Jungen miteinander unterhalten können, und nur solange Mädchen noch nicht richtig in ihr Leben eingetreten sind. Die Fähigkeit dazu verwelkt bald. Nach der Schule pflegten wir die Straßen stundenlang zu durchwandern, den Dollarkurs irgendwo nachzuschlagen, uns mit einem herablassenden Minimum an Gedanken und Worten über die politische Lage zu einigen, und dann über Bücher zu reden. Wir hatten ausgemacht, bei jedem Gang ein neues Buch gründlich zu analysieren, und das taten wir. Schüchtern und voll ängstlicher Erregung tasteten wir uns so jeder durch des anderen Seele. Inzwischen tobte um uns herum das Fieber, die Gesellschaft zerbröckelte fast spürbar, und das deutsche Reich brach in Trümmer zusammen – aber nur um einen Hintergrund für tiefe Erörterungen über, sagen wir, das Wesen des Genies und ob es sich mit moralischer Schwäche und Dekadenz verträgt, zu stellen.

Was für ein Hintergrund: unvorhersehbar – unvergeß-
lich.

Im August erreichte der Dollar die Million. Wir lasen es
mit leichten Atemstocken, als ob es die Ansage eines
unglaublichen Rekords gewesen wäre. Vierzehn Tage später neigten wir schon dazu, darüber zu lachen, denn als ob
er neue Energie an der Millionengrenze aufgenommen
hatte, erhöhte der Dollar sein Tempo um das Zehnfache
und fing sofort an, in Hundert-Millionen- und dann Milli-
ardenschritten zu steigen. Im September hatte die Million
keinen praktischen Wert mehr und die Milliarde wurde die
Zahlungseinheit. Ende Oktober war es die Billion. Inzwischen ereignete sich Schreckliches. Die Reichsbank hörte
auf, Noten zu drucken. Bei den Bankschaltern vorgelegt
hatten einige ihrer Scheine – 10 Millionen? 100 Millionen?
– nicht mit den Ereignissen Schritt gehalten. Der Dollar
und die allgemeine Preisentwicklung waren ihnen zuvor-
gekommen. Es gab nichts, das als Geld für praktische
Bedürfnisse fungieren konnte. Einige Tage lang kam der
Handel zum Stillstand, und in den ärmeren Stadtteilen
bedienten sich die Leute, aller Zahlungsmittel beraubt,
ihrer Fäuste und plünderten die Kolonialwarenläden. Einmal wieder wurde die Stimmung revolutionär.

Mitte August fiel die Regierung unter wilden Straßen-
unruhen. Wenig später wurde der »Ruhrkrieg« aufgegeben.
Wir dachten überhaupt nicht mehr daran. Wie lange war es
her, daß die Besetzung des Ruhrgebietes uns hatte schwö-
ren lassen, ein einig Volk von Brüdern zu sein! Statt dessen
erwarteten wir jetzt den Staatssturz, ja die Auflösung des
Reichs – irgendein entsetzliches politisches Ereignis, das
den Geschehnissen in unserem Privatleben entsprach. Nie
hatte es so viel Gerüchte gegeben: das Rheinland war
abtrünnig geworden, Bayern war abtrünnig geworden, der

Kaiser war zurückgekehrt, die Franzosen waren einmarschiert. Die politischen »Bünde«, der Linken wie der Rechten, die jahrelang dahinvegetiert hatten, wurden plötzlich fieberhaft aktiv. Sie hielten Gewehrübungen in den Wäldern um Berlin; Gerüchte einer »schwarzen Reichswehr« sickerten durch, und man hörte eine Menge über »den Tag«.

Es war schwer, das Mögliche vom Unmöglichen zu unterscheiden. Eine rheinische Republik bestand tatsächlich einige Tage. In Sachsen gab es für einige Wochen eine kommunistische Regierung, gegen die die Reichswehr von der Reichsregierung losgeschickt wurde. Und eines schönen Tages erklärte die Zeitung, daß die Garnison von Küstrin zu einem »Marsch auf Berlin« angetreten sei.

Um diese Zeit verbreitete sich das Schlagwort »Verräter werden von der Feme gerichtet«. Und zu den Diebstahlsanzeigen der Polizei gesellten sich auf den Litfaßsäulen Vermißten- und Mord-Anzeigen. Es verschwanden Leute dutzendweise. Fast immer war es jemand, der etwas mit den »Bünden« zu tun hatte. Jahre später wurden ihre Skelette in den Wäldern um Berlin oder in der Nähe ausgegraben. Innerhalb der Bünde war es Usus geworden, unzuverlässige oder verdächtige Kameraden ohne viel Federlesens zu beseitigen und sie irgendwo einzuscharren.

Wenn das Gerücht darüber einen erreichte, schien es nicht so unglaublich, wie es in »normalen«, zivilisierten Tagen gewesen wäre. Allmählich war die Stimmung sogar apokalyptisch geworden. Erlöser rannten in Berlin hundertweise herum, Leute mit langem Haar, härenen Hemden, die erklärten, von Gott zur Errettung der Welt gesandt worden zu sein, und die durch diese Mission irgendwie ein Leben fristeten. Der erfolgreichste war ein gewisser Häusser, der mit Litfaßsäulenreklamen und Massenversammlungen arbeitete, und viele Anhänger hatte.

Sein Münchner Gegenstück war laut den Zeitungen ein gewisser Hitler, der sich jedoch vom ersteren in seinen Reden unterschied, die einen aufregenden Gebrauch der Gemeinheit aufwiesen, die sie zu einem unerreichten Grad steigerten, in der Übertriebenheit ihrer Drohungen und unverhohlenen Grausamkeit. Während Hitler das Tausendjährige Reich durch den Massenmord aller Juden herbeiführen wollte, gab es in Thüringen einen gewissen Lamberty, der es durch allgemeinen Volkstanz, Singen und Luftsprünge erreichen wollte. Jeder Erlöser hatte seinen eigenen Stil. Nichts und niemand war überraschend; die Überraschung war etwas schon lange vergessenes.

Der Münchner Häusser, das heißt Hitler, füllte die Schlagzeilen zwei Tage lang im November mit der unglaublichen Unternehmung, eine Revolution in einem Bierkeller zu veranstalten. In Wirklichkeit war der Revolutionszug durch eine Feuerrunde der Polizei gewaltsam auseinander getrieben worden, sobald er den Keller verlassen hatte, und das war das Ende der Revolution. Einen ganzen Tag lang jedoch dachten Leute ernsthaft, dies sei die erwartete Revolution. Unser Griechischlehrer hat, als er die Nachricht hörte, uns freudig mit einem nicht unsicheren Instinkt vorhergesagt, daß wir in wenigen Jahren alle wieder Soldaten sein würden. Und war nicht die Tatsache, daß ein solches Abenteuer überhaupt stattfinden konnte, viel interessanter als sein Fehlschlag? Die Erlöser hatten offensichtlich eine Chance. Nichts war unmöglich. Der Dollar stand bei einer Billion. Und das Paradies war um Haaresbreite versäumt worden.

Dann passierte etwas seltsames. Die unglaubliche Mär begann eines Tages die Runde zu machen, es würde bald wieder Geld »von beständigem Wert« geben, und etwas später wurde es Wirklichkeit. Kleine häßlich grau-grüne

Scheine mit dem Schriftzug »eine Rentenmark«. Wenn jemand sie zum ersten Mal in Zahlung gab, wartete er etwas erstaunt um zu sehen, was geschehen würde. Es geschah nichts. Sie wurden tatsächlich angenommen und er erhielt seine Ware – Ware im Werte einer Billion. Das gleiche geschah am nächsten Tag, und am Tag danach, und am folgenden Tag. Unglaublich.

Der Dollar hörte auf zu steigen. Aktien auch. Und wenn man sie in Rentenmark verwandelte, siehe! sie waren zu nichts geworden, wie alles andere. Also behielt keiner etwas. Aber plötzlich wurden Löhne und Gehälter in Rentenmark ausgezahlt, und etwas später, Wunder über Wunder, erschienen sogar Groschen und Sechser, feste blinkende Münzen. Man konnte sie in der Tasche klingen lassen, und außerdem behielten sie ihren Wert. Man konnte am Donnerstag noch etwas kaufen mit dem Geld, das man am vorigen Freitag erhalten hatte. Die Welt war voller Überraschungen.

Einige Wochen davor war Stresemann Kanzler geworden. Die Politik wurde mit einem Schlage viel ruhiger. Niemand sprach mehr von Reichsverfall. Murrend zogen sich die »Bünde« in eine Art Winterschlaf zurück. Viele Mitglieder wurden abtrünnig. Man hörte kaum noch von Vermißten. Die Erlöser verschwanden aus den Städten. Die Politik schien ausschließlich aus einem Streit unter den Parteien zu bestehen darüber, wer die Rentenmark erfunden hatte. Die Nationalisten behaupteten es sei Helfferich, ein konservativer Abgeordneter und früherer Minister unter dem Kaiser. Das wurde von der Linken feurig abgestritten: sie behauptete es sei ein zuverlässiger Demokrat und fester Republikaner, ein gewisser Dr. Schacht. Das waren die Tage nach der Sintflut. Alles war verloren – aber die Wasser ließen nach. Die Alten konnten noch nicht auf der Alterserfahrung herumleiern; die Jungen waren etwas vor den Kopf gestoßen. Die einundzwanzigjährigen Bankdirektoren mußten wieder Gehilfenstellen suchen und die Primaner mußten sich wieder mit ihren zwanzig Mark Taschengeld begnügen. Natürlich gab es einige »Opfer der Währungsstabilisation«, die Selbstmord begingen. Aber die Zahl derer war viel größer, die jetzt zaghaft aus ihren Schlupflöchern hervorlugten und sich fragten, ob es wieder möglich war zu leben.

Eine Katerstimmung hing in der Luft, aber auch eine gewisse Erleichterung. Zu Weihnachten wurde ganz Berlin ein riesiger Weihnachtsmarkt. Alles kostete zehn Pfennig und jeder kaufte Klappern, Marzipantiere und sonstiges kindisches Zeug, nur um sich zu beweisen, daß man wieder etwas für zehn Pfennig kaufen konnte. Vielleicht auch um das letzte Jahr, die ganzen letzten zehn Jahre, zu vergessen und sich wieder wie ein Kind zu fühlen.

An allen Ständen hingen Plakate: »Friedenspreise wieder«. Zum ersten Mal sah es wirklich nach Frieden aus.

11

Und so war es. Die einzige echte Friedenszeit, die meine Generation in Deutschland erlebt hat, war angebrochen: ein Zeitraum von sechs Jahren, 1924 bis 1929, in dem Stresemann die deutsche Politik vom Außenamt beherrschte. »Die Stresemann Epoche«.

Vielleicht kann man von der Politik das gleiche sagen wie von den Frauen, die Beste ist die am wenigsten beredete. Wenn das stimmt, war Stresemanns Politik überragend. Zu seiner Zeit gab es kaum eine politische Diskussion. Ein bißchen die ersten zwei oder drei Jahre: das Aufräumen der Verwüstungen der Inflation, der Dawes-Plan, Locarno, Thoiry, und der Beitritt zum Völkerbund waren Ereignisse, die noch diskutiert wurden, aber nur diskutiert. Auf einmal war Politik nicht mehr etwas, über das man Teller zerbrach.

Nach etwa 1926 gab es überhaupt nichts mehr beredenswertes. Die Zeitungen mußten ihre Schlagzeilen in fernen Ländern suchen.

Bei uns war nichts Neues, alles war geordnet, alles ging seinen ruhigen Gang. Manchmal gab es einen Regierungswechsel, manchmal regierten die Rechtsparteien, manchmal die Linksparteien. Man merkte keinen großen Unterschied. Immer hieß der Außenminister Gustav Stresemann. Das bedeutete: Frieden, keine Krisen zu erwarten, business as usual.

Es kam Geld ins Land, das Geld behielt seinen Wert, die Geschäfte gingen gut, die älteren Leute fingen an, ihre Lebenserfahrung wieder aus der Rumpelkammer zu holen, blank zu putzen und zur Schau zu stellen, als wäre sie nie außer Kurs gesetzt gewesen. Die letzten zehn Jahre gerieten in Vergessenheit wie ein böser Traum. Das Himmelreich war wieder weit entfernt, keinerlei Nachfrage nach Heilanden oder Revolutionären. In der öffentlichen Sphäre konnte man nur ordentliche Verwaltungsbeamte gebrauchen, in der privaten tüchtige Kaufleute. Es gab jedes vernünftige Maß von Freiheit, Ruhe, Ordnung, wohlwollendste Liberalität weit und breit, gute Löhne, gutes Essen und ein wenig öffentliche Langeweile. Jedermann war seinem Privatleben zurückgegeben und herzlichst eingeladen, sich sein Leben nach seinem Geschmack einzurichten und auf seine Fasson selig zu werden.

Nun aber ereignete sich etwas Seltsames – und hiermit glaube ich eins der fundamentalsten politischen Ereignisse unserer Zeit bekanntzugeben, das in keiner Zeitung gestanden hat: Diese Einladung blieb im großen und ganzen unbefolgt. Man wollte gar nicht. Es zeigte sich, daß eine ganze Generation in Deutschland mit dem Geschenk eines freien Privatlebens nichts anzufangen wußte.

Ungefähr zwanzig Jahrgänge junger und jüngster Deutscher waren daran gewöhnt worden, ihren ganzen Lebensinhalt, allen Stoff für tiefere Emotionen, für Liebe und Haß, Jubel und Trauer, aber auch alle Sensationen und jeden Nervenkitzel sozusagen gratis aus der öffentlichen Sphäre geliefert zu bekommen – sei es auch zugleich mit Armut, Hunger, Tod, Wirrsal und Gefahr. Nun, da diese Belieferung plötzlich ausblieb, standen sie ziemlich hilflos da, verarmt, beraubt, enttäuscht und gelangweilt. Wie man aus eigenem lebt, wie man ein kleines privates Leben groß, schön und lohnend machen kann, wie man es genießt und wo es interessant wird, das hatten sie nie gelernt. So empfanden sie das Aufhören der öffentlichen Spannung und die Wiederkehr der privaten Freiheit nicht als Geschenk, sondern als Beraubung. Sie begannen sich zu langweilen, sie kamen auf dumme Gedanken, sie wurden mürrisch – und sie warteten schließlich geradezu gierig auf die erste Störung, den ersten Rückschlag oder Zwischenfall, um die ganze Friedenszeit zu liquidieren und neue kollektive Abenteuer zu starten.

Um genau zu sein – die Angelegenheit verdient Genauigkeit, denn nach meiner Ansicht bildet sie den Schlüssel zu dem ganzen weltgeschichtlichen Abschnitt, in dem wir leben –: Nicht alle, nicht jeder einzelne aus der jüngeren deutschen Generation reagierte so. Es gab auch welche, die in dieser Zeit, ein wenig unbeholfen und verspätet, sozusagen leben lernten, die Geschmack am eigenen Leben fanden, sich erfolgreich vom Fusel der Kriegs- und Revolutionsspiele entwöhnten und begannen, Persönlichkeiten zu werden. Tatsächlich bereitete sich damals, vollkommen unsichtbar und unregistriert, jener ungeheure Riß vor, der heute das deutsche Volk in Nazis und Nichtnazis spaltet.

Ich erwähnte schon im Vorübergehen, daß die Begabung meines Volkes zum persönlichen Leben und persönlichen Glück ohnehin schwächer ausgebildet ist als die anderer Völker. Ich habe später in Frankreich und England mit einem gewissen Staunen und nicht ohne Neid beobachtet und nachempfinden gelernt, welche Fälle von unverwelklichem Glück und welche unerschöpfliche Quelle von lebenslänglicher Unterhaltung etwa der Franzose aus dem verständig-geistreichen Essen und Trinken, dem männlichen Redestreit und der heidnisch-künstlerisch kultivierten Liebe, der Engländer aus seinen Gärten, dem Umgang mit Tieren und seinen vielen, kindlich-ernsthaft betriebenen Spielen und Hobbys gewinnt. Der Durchschnittsdeutsche hat nichts Entsprechendes. Nur eine bestimmte Bildungsschicht – nicht gar zu klein, aber doch natürlich eine Minderheit – fand und findet ähnliche Lebensinhalte und Lebensfreuden in Büchern und Musik, eigenem Denken und dem Bilden einer eigenen »Weltanschauung«. Gedankenaustausch, nachdenkliches Gespräch beim Glase Wein, treu und etwas sentimental bewahrte und gepflegte wenige Freundschaften, schließlich, nicht zu vergessen, ein inniges und intensives Familienleben – das sind die Lebensgüter und -freuden, die in dieser Schicht zu Hause waren. Fast alles davon war in der Dekade 1914–24 in Unordnung und Verfall geraten, und die Jüngeren wuchsen in keine feste Gewohnheit und Überlieferung hinein.

Jenseits der Bildungsschicht heißt und hieß die große Gefahr des Lebens in Deutschland immer: Leere und Langeweile. (Ausgenommen vielleicht in gewissen geographischen Randgebieten: Bayern, Rheinland – wo etwas Süden, Romantik und Humor ins Bild kommen.) Über den großen Flächen Nord- und Ost-Deutschlands, in seinen farblosen Städten, hinter seinen allzu fleißig, gründlich und pflichtbewußt betriebenen Geschäften und Organisationen droht und drohte immer der Stumpfsinn. Und zugleich der horror vacui und der Wunsch nach »Erlösung«: Erlösung durch Alkohol, durch Aberglauben oder, am besten, durch einen großen, alles überschwemmenden, billigen Massenrausch.

Dieser Grundtatbestand, daß in Deutschland nur eine Minderheit (die sich übrigens weder mit der Aristokratie noch mit dem »Besitz« deckt) etwas vom Leben versteht und etwas mit dem Leben anzufangen weiß – nebenbei gesagt, ein Tatbestand, der Deutschland grundsätzlich ungeeignet zur demokratischen Regierungsweise macht – dieser Grundtatbestand hatte durch die Ereignisse von 1914 bis 1924 eine furchtbar bedrohliche Zuspitzung erfahren. Die ältere Generation war in ihren Idealen und Vorstellungen unsicher und schüchtern geworden; man begann abdankungslüstern auf »die Jugend« zu blicken, sie zu umschmeicheln und Wunder von ihr zu erwarten. Diese Jugend selbst kannte nichts als öffentlichen Lärm, Sensation, Anarchie und den gefährlichen Reiz unverantwortlicher Zahlenspiele. Sie wartete nur darauf, das alles in noch größerem Stil, als man es ihr vorgemacht hatte, selber veranstalten zu können, und fand inzwischen alles private Leben »langweilig«, »bürgerlich« und »vorgestrig«. Die Massen waren gleichfalls an alle Sensationen der Unordnung gewöhnt – und übrigens in ihrem letzten großen Aberglauben, dem pedantisch und orthodox zelebrierten Glauben an die Wunderkraft des allwissenden St. Marx und die Unvermeidlichkeit der von ihm prophezeiten automatischen Entwicklung schwach und wankend geworden.

So lag, unter der Oberfläche, bereits alles bereit für ein großes Unheil.

Inzwischen aber herrschte in der sichtbaren öffentlichen Welt durchaus goldener Friede, Windstille, Ordnung, Wohlwollen und guter Wille. Selbst die Vorboten des kommenden Unheils schienen durchaus in das freundliche Bild zu passen.

12

Einer dieser Vorboten, der durchaus mißverstanden und gar noch öffentlich gefördert und belobigt wurde, war der Sportfimmel, der in jenen Jahren die deutsche Jugend ergriff.

In den Jahren 1924, 25 und 26 entwickelte sich Deutschland schlagartig zu einer Sportgroßmacht. Nie vorher war Deutschland ein Sportland gewesen, nie ist es im Sport eigentlich schöpferisch und erfinderisch gewesen, wie England und Amerika, und der eigentliche Geist des Sports, das selbstvergessen-spielerische Aufgehen in einer Phantasiewelt mit ihren eigenen Regeln und Gesetzen, ist der deutschen Seelenverfassung ganz fremd. Dennoch verzehnfachten sich in jenen Jahren auf einmal die Mitgliederzahlen der Sportclubs und die Zuschauerzahlen der Sportfeste. Boxer und Hundertmeterläufer wurden zu Volkshelden, und die Zwanzigjährigen hatten den ganzen Kopf voll von Rennergebnissen, Namen und jenen Zahlenhieroglyphen, in die sich in den Zeitungen bestimmte Schnelligkeits- und Gewandtheitsleistungen verwandeln.

Es ist der letzte große deutsche Massenwahn, dem ich selbst miterlegen bin. Zwei Jahre lang stand mein geistiges Leben fast still, und ich trainierte verbissen Mittel- und

Langstreckenlauf und hätte meine Seele unbedenklich dem Teufel dafür verkauft, ein einziges Mal 800 Meter unter 2 Minuten zu laufen. Ich ging zu jedem Sportfest, und ich kannte jeden Läufer und die beste Zeit, die er laufen konnte, nicht zu reden von der Liste der deutschen und Weltrekorde, die ich im Schlafe hätte herunterschnurren können. Die Sportberichte spielten eine Rolle wie vor zehn Jahren die Heeresberichte, und was damals Gefangenenzahlen und Beuteziffern gewesen waren, das waren jetzt Rekorde und Rennzeiten. »Houben läuft 100 Meter in 10,6«, das löste genau dieselben Empfindungen aus wie seinerzeit »20 000 Russen gefangen«, und »Peltzer gewinnt die englische Meisterschaft in Weltrekordzeit« entsprach sogar Ereignissen, zu denen es, ach, im Kriege nie gekommen war, etwa »Paris genommen« oder »England bittet um Frieden«. Ich träumte Tag und Nacht davon, es den Peltzer und Houben gleichzutun. Ich versäumte kein Sportfest. Ich trainierte dreimal in der Woche, ich hörte auf zu rauchen und machte statt dessen Freiübungen vor dem Schlafengehen. Und ich empfand das volle Glück, mich dabei mit Tausenden, Zehntausenden, ja eigentlich mit allen in voller Übereinstimmung zu befinden. Es gab keinen Altersgenossen, mochte er noch so fremd, noch so ungebildet, noch so unsympathisch sein, mit dem ich mich nicht sofort beim ersten Sehen glänzend und stundenlang unterhalten konnte – über Sport natürlich. Alle hatten dieselben Zahlen im Kopf. Alle dachten sich, unausgesprochen und selbstverständlich, dasselbe dabei. Es war fast so schön, wie es im Kriege gewesen war. Es war noch einmal dasselbe große Spiel. Wir verstanden uns alle ohne jede Verständigung. Unseres Geistes Nahrung waren Zahlen, und unsere Seele zitterte ständig vor Spannung: Würde Peltzer auch Nurmi schlagen können? Würde Körnig 10,3 erreichen? Würde endlich ein deutscher 400-Meter-Läufer unter 48 kommen? Und mit den Gedanken ganz bei unseren »deutschen Meistern« auf den internationalen Sportfeldern, trainierten wir und liefen unsere eigenen kleinen Rennen, wie wir im Kriege auf den Spielplätzen und Straßen, mit den Gedanken ganz bei Hindenburg und Ludendorff, auf Spielplätzen und Straßen mit Teschings und Holzsäbeln unsere eigenen kleinen Schlachten geschlagen hatten. Welch leichtes, welch aufregendes Leben!

Das Komische ist, daß die Politiker von rechts bis links dieser auffallenden anfallsweisen Massenverblödung der Jugend nicht Lob genug zu spenden wußten. Nicht genug, daß wir wieder einmal dem alten Laster unserer Generation frönen konnten, dem Rauschgift des kalten, wirklichkeitsentblößten Zahlenspiels: Wir taten es diesmal unter der konzentrierten Aufmerksamkeit und dem einmütigen Beifall unserer Erzieher. Die »Nationalen«, dumm und plump wie immer, fanden, wir hätten mit gesundem Instinkt einen prächtigen Ersatz für die fehlende Militärdienstpflicht entdeckt. Als ob es irgendeinem von uns auf die »körperliche Ertüchtigung« angekommen wäre! Die »Linken«, überschlau und daher im Ergebnis fast noch dümmer als die »Nationalen« (wie immer), hielten es für eine großartige Erfindung, daß von nun an die kriegerischen Instinkte auf dem friedlichen grünen Rasen mit Rennen und Freiübungen »abreagiert« würden, und sahen den Weltfrieden gesichert. Es fiel ihnen nicht auf, daß die »deutschen Meister« sich ausnahmslos schwarz-weiß-rote Schleifchen ansteckten, obwohl die Reichsfarben damals schwarz-rot-gold waren. Sie kamen nicht auf die Idee, daß der Reiz des Kriegsspiels, die alte Figur des großen, spannenden Wettkampfs der Nationen, hier nur geübt und wachgehalten wurde – keineswegs »kriegerische Instinkte« »abreagiert«. Sie sahen die Verbindung nicht und nicht den Rückfall.

Der einzige, der anscheinend ein Gefühl dafür hatte, daß die Kräfte, die er freigesetzt hatte, einen falschen und gefährlichen Weg einschlugen, war Stresemann selber. Er machte gelegentlich befremdliche Bemerkungen über die »neue Bizeps-Aristokratie«, die zu seiner Unpopularität beitrugen. Er mochte eine Ahnung davon haben, was sich hier zeigte: daß die blinden Kräfte und Süchte, denen er die Züge zur Politik verstopft hatte, nicht etwa tot waren; daß sie sich sofort irgendein Ventil suchten. Daß die Generation, die »dran war«, sich weigerte, ehrlich und menschlich leben zu lernen, und daß sie jede Freiheit nur zu irgendeinem kollektiven Unfug benutzte.

Im übrigen hielt die Sportkrankheit als Massenerscheinung nur etwa drei Jahre vor. (Ich persönlich überwand sie noch schneller.) Zu einem längeren Leben fehlte ihr die Vorstellung von dem, was im Kriege »der Endsieg« gewesen war: ein Ziel und ein Ende. Es war im Grunde immer dasselbe: dieselben Namen, dieselben Zahlen, dieselben Sensationen. Es konnte endlos so weiter gehen. Aber es konnte nicht endlos die Phantasie beschäftigen. Obwohl Deutschland bei der Amsterdamer Olympiade von 1928 den zweiten Platz besetzt hatte, trat unmittelbar danach merkliche Enttäuschung und Abkühlung ein. Die Sportberichte verschwanden wieder von den Frontseiten der Zeitungen und kehrten in den Sportteil zurück. Die Sportplätze wurden leerer. Es war nicht mehr ohne weiteres sicher, daß jeder Zwanzigjährige die letzte »Zeit« jedes Hundertmeterläufers parat im Kopfe hatte. Es gab sogar wieder welche, die nicht einmal die Weltrekorde auswendig wußten.

Aber zugleich begannen jene »Bünde« und Parteien, in denen Politik als Sport getrieben wurde und die ein paar Jahre lang fast tot gewesen waren, langsam, langsam wieder aufzuleben.

13

Nein, eine »große Zeit« war die Stresemannzeit nicht. Sie war kein voller Erfolg, nicht einmal, solange sie dauerte. Zuviel Unheil grollte unter der Oberfläche, zuviel dämonisch böse Kräfte blieben im Hintergrund fühlbar, zwar gebunden und stumm gemacht für den Augenblick, aber nicht wirklich ausgelöscht. Und kein großes Zeichen wurde aufgerichtet, das die Dämonen bannen konnte. Die Zeit blieb ohne Pathos, ohne Größe, ohne volle Überzeugung von der eigenen Sache. Eine schüchterne Restaurationsepoche. Die alten, bürgerlich-patriotischen, friedlich-liberalen Anschauungen waren noch einmal in Geltung gesetzt – aber mit einer deutlichen Geste von Platzhalterschaft und Lückenbüßertum, von »faute de mieux« und »bis auf weiteres«. Keine Epoche, um später als »große Vergangenheit« einer trüben Gegenwart entgegengestellt zu werden.

Und doch ...

Talleyrand hat gesagt, wer nicht vor 1789 gelebt habe, habe die Süßigkeit des Lebens nie gekannt. Ältere Deutsche haben ähnliche Aussprüche mit Bezug auf die Zeit vor 1914 getan. Es würde ein wenig lächerlich klingen, wollte man etwas so Radikales über die Stresemannzeit sagen. Aber wie auch immer, für uns jüngere Deutsche ist sie, mit all ihren Schwächen, die beste gewesen, die wir erlebt haben. Und was wir überhaupt an Süßigkeit des Lebens erfahren haben, verbindet sich mit ihr. Es war die einzige Zeit, in der die Grundtonart des Lebens einmal nicht Moll, sondern ein, wenn auch etwas zages und verwaschenes, Dur war. Es war die einzige Zeit, in der man überhaupt eigentlich leben konnte. Die meisten, wie schon erzählt, wußten nichts damit anzufangen oder scheiterten daran. Für uns andere knüpft sich doch das Beste, wovon wir zehren, an diese Zeit.

Es ist schwer, von Dingen zu reden, die sich nie entfaltet haben, von Ansätzen, die im Stadium des »Vielleicht« und »Beinahe« stecken blieben. Und doch will mir scheinen, als ob damals in Deutschland, zwischen viel Unheildrohendem und außermenschlich Bösem, auch einiges Rare und Köstliche sich zu entwickeln begann. Der größere Teil der aufsteigenden Generation war unheilbar verdorben. Die übrigbleibende Minderheit aber trug vielleicht mehr Verheißung als irgendeine Generation der letzten hundert Jahre. Die wüste Dekade von 1914 bis 1923 hatte allen Halt und alle Tradition weggeschwemmt, aber auch allen Muff und alles Gerümpel. Die meisten fanden sich danach als haltlose Zyniker wieder. Die aber überhaupt wieder leben lernten, lernten es gleichsam in einer Klasse für Vorgeschrittene – jenseits der Illusion und Torheiten, mit denen sich eine eingesperrte Jugend nährt. Wir waren rauhen Winden ausgesetzt gewesen, aber dafür nicht eingesperrt; wir waren verarmt, auch an geistigen Traditionswerten, aber dafür auch befreit von ererbten Vorurteilen; wir waren abgebrüht und abgehärtet. Entgingen wir der Gefahr der Verhärtung – die Gefahr der Verweichlichung drohte uns nicht. Entgingen wir dem Zynismus – wir brauchten nicht zu fürchten, parsifalhafte Schwärmer zu werden. Bei den Besten der deutschen Jugend von 1925 bis 1930 bereitete sich damals in aller Stille etwas sehr Schönes, sehr Zukunftsträchtiges vor: ein neuer Idealismus jenseits des Zweifels und der Enttäuschung; eine zweite Liberalität, die weiter, umfassender und reifer war als der politische Liberalismus des 19. Jahrhunderts; ja, vielleicht sogar die Grundlagen einer neuen Vornehmheit, einer neuen Aristie, einer neuen Ästhetik des Lebens. Das alles war noch weit davon entfernt, Wirklichkeit und Macht zu werden; es war noch kaum Gedanke und Wort geworden, als die Quadrupeden kamen und alles zertrampelten.

Es war damals, trotz allem, viel frische Luft in Deutschland zu spüren und eine bemerkenswerte Abwesenheit der konventionellen Lüge. Die Schranken zwischen den Klassen waren dünn und brüchig geworden – vielleicht ein segensvolles Nebenergebnis der allgemeinen Verarmung. Viele Studenten waren nebenbei Arbeiter – und viele junge Arbeiter nebenbei Studenten. Klassendünkel und Stehkragengesinnung waren einfach unmodern geworden. Die Beziehungen zwischen den Geschlechtern waren offener und freier als je – vielleicht ein segensvolles Nebenergebnis der langen Verwilderung. Wir hatten schon nicht einmal mehr verächtliche Überlegenheitsgefühle, sondern nur noch staunendes Mitleid für jene Generationen, die in ihrer Jugend nur unerreichbare Jungfrauen zum Anschwärmen und Huren zum Abreagieren vorgefunden hatten. Schließlich begann sogar in den Beziehungen zwischen den Nationen eine neue Möglichkeit aufzudämmern, eine größere Unbefangenheit, ein größeres Interesse füreinander und eine ausgesprochene Freude an der Buntheit, die die Welt dadurch bekam, daß es so viele Völker gibt. Berlin war damals eine ziemlich internationale Stadt. Und freilich gab es im Hintergrund, mit tiefem Ekel von »uns« wahrgenommen, immer schon damals jene düsteren Nazi-Typen, die mordblickend von »östlichem Geschmeiß« redeten oder naserümpfend von »Amerikanisierung«; aber »wir« – ein undefinierbarer Teil der deutschen Jugend, der sich erkannte, wo er sich begegnete – waren nicht nur fremdenfreundlich, sondern fremdenenthusiastisch: Wieviel interessanter, schöner und reicher wurde das Leben, dadurch, daß es nicht nur Deutsche gab! Unsere Gäste waren uns alle willkommen, gleichgültig ob sie freiwillig kamen, wie die Amerikaner und Chinesen, oder als Vertriebene, wie die Russen. Es herrschte

Aufgeschlossenheit, liebevoll-neugieriges Wohlwollen, ein bewußter Vorsatz, gerade das Fremdeste verstehen und lieben zu lernen; manche Freundschaft, manche Liebe knüpfte sich damals mit dem fernsten Osten und dem fernsten Westen.

Für mich verbinden sich meine köstlichsten und geliebtesten Erinnerungen mit einem solchen heimatlich-internationalen Kreis, einem Stück Globus mitten in Berlin. Es war ein kleiner akademischer Tennisclub, in dem wir Deutschen kaum stärker vertreten waren als andere Nationen. Franzosen und Engländer waren seltsamerweise rar, aber sonst war der ganze Erdball bei uns vertreten: Amerikaner und Skandinavier, Balten und Russen, Chinesen und Japaner, Ungarn und Balkanleute, sogar ein witzig-melancholischer Türke fehlte nicht. Nie habe ich wieder eine so gelöste, jugendlich-offene Atmosphäre gefunden – es sei denn, als flüchtiger Gast, im Pariser Quartier Latin. Die tiefste Wehmut ergreift mich, wenn ich an die Sommerabende denke, die wir nach den Spielen, oft tief in die Nächte hinein, im Clubhaus verbrachten, noch in unsern Tennishosen in Korbsesseln sitzend, bei Wein und Scherzen, bei langen eifrigen Gesprächen, die so gar nichts von den bohrenden politischen Diskussionen der früheren und der späteren Jahre hatten, und die wir manchmal unterbrachen, um eine Partie Ping-Pong zu spielen oder um das Grammophon in Gang zu setzen und zu tanzen. Wieviel Harmlosigkeit und jugendlicher Ernst, welche Zukunftsträume, wieviel Aufgeschlossenheit, Weltfreundlichkeit und Vertrauen! Ich muß mich an die Stirn fassen, wenn ich daran denke; ich weiß nicht, was heute schwerer zu begreifen ist: daß es dies einmal in Deutschland gegeben hat, vor kaum zehn Jahren – oder: daß dies so völlig, so spurlos weggewischt werden konnte, in kaum zehn Jahren.

Es ist auch dieser Kreis, in dem ich meine tiefste, nachhaltigste Liebeserfahrung erlebte. Ich glaube, sie gehört in diesen Zusammenhang, weil sie eine überpersönliche Seite hat. Es ist gewiß eine romantische Lüge – wenn auch eine, die im vorigen Jahrhundert weiteste Popularität genoß – daß man »nur einmal wirklich liebe«, und es ist auch ziemlich müßig, unter allen unvergleichbaren Liebeserlebnissen Rangordnungen zu machen und zu sagen: »Die oder die habe ich am meisten geliebt«. Aber etwas anderes ist wahr: daß es einmal, meist um das zwanzigste Jahr herum, einen Zeitpunkt im Leben gibt, in dem das Liebeserlebnis und die Liebeswahl mehr als sonst schicksal- und charakterbestimmend wird; in dem man in einer Frau etwas anderes liebt als eben nur diese Frau: nämlich einen ganzen Weltaspekt, eine ganze Lebenskonzeption – wenn man will: ein Ideal; aber ein lebendig gewordenes, in Fleisch und Blut wandelndes Ideal. Es ist das Vorrecht der Zwanzigjährigen – und auch nicht aller – einmal in einer Frau das zu lieben, was später der Mann als seinen Stern empfinden wird.

Heut muß ich abstrakte Ausdrücke suchen, um zu beschreiben, was ich auf der Welt liebe, was ich auf der Welt um jeden Preis bewahrt sehen will, und was man nicht verraten darf, man sterbe denn des ewigen Feuers: Freiheit und menschliche Klugheit, Mut, Grazie, Witz und Musik – und ich weiß nicht einmal, ob man mich versteht. Damals brauchte ich nur einen Namen für dasselbe auszusprechen, einen Kosenamen sogar: Teddy, und ich konnte sicher sein, daß wenigstens in unserm Kreise jeder mich verstehen würde. Wir liebten sie alle, die Trägerin dieses Namens, eine kleine Österreicherin, honigblond, sommersprossig, beweglich wie eine Flamme, und wir lernten und verlernten um ihretwillen die Eifersucht, wir erlebten Komödien und kleine Tragödien und wir empfanden Hymnen und Dithyramben ihretwegen, und wir erfuhren, daß das Leben schön wird, wenn man es mit Mut und Klugheit führt, mit Grazie und Freiheit, wenn man auf seinen Witz zu lauschen versteht und auf seine Musik. Wir hatten, in unserm Kreis, eine Göttin. Die Frau, die damals Teddy hieß, mag inzwischen älter und menschlicher geworden sein, und keiner von uns mag auf der Höhe seines damaligen Gefühls geblieben sein: daß es sie einmal gab und dies Gefühl einmal gab, ist nicht auszulöschen. Es formte uns mächtiger und nachhaltiger als irgendein »historisches Ereignis«.

Teddy schwand früh aus unserm Kreis, wie Göttinnen pflegen. Schon 1930 ging sie fort, nach Paris, schon damals mit dem Vorsatz, nicht umzukehren. Sie war vielleicht die erste Emigrantin. Sie spürte, ahnungsvoller und empfindlicher als wir, schon längst vor Hitler das Anwachsen und Bedrohlichwerden des *Dummen und Bösen* in Deutschland. Einmal im Sommer kam sie noch alljährlich zu Besuch zurück und fand die Luft jedesmal stickiger und schwerer zu atmen. Das letzte Mal kam sie 1933. Dann nicht mehr.

Schon lange vorher waren »wir« – dies unbestimmte »wir«, das keinen Namen hat, keine Partei, keine Organisation und keine Macht – eine Minderheit in Deutschland. Wir spürten es auch. Das selbstverständliche Gefühl des allgemeinen Verstehens, das die Zahlenspiele sei es des Krieges, sei es der Sportzeiten begleitet hatte, war längst in sein Gegenteil verkehrt: Wir wußten, mit vielen unserer Altersgenossen konnten wir kein Wort reden, weil wir eine andere Sprache sprachen. Wir fühlten um uns herum das »braune Deutsch« entstehen – »Einsatz«, »Garant«, »fanatisch«, »Volksgenosse«, »Scholle«, »artfremd«, »Untermensch« – ein abscheuliches Idiom, das in jeder Vokabel eine ganze Welt von gewalttätiger Dummheit implizierte. Auch wir hatten unsere Geheimsprache. Wir verständigten uns über Menschen sehr kurz dahin, ob sie »klug« seien – was nicht hieß, daß ihre Intelligenz besonders gut arbeitete, sondern daß sie eine Ahnung davon hatten, was persönliches Leben heißt; also: zu »uns« gehörten. Wir wußten, daß die Dummen überwältigend in der Überzahl waren. Aber solange Stresemann da war, empfanden wir eine gewisse Sicherheit, daß sie in Schach gehalten waren. Wir bewegten uns unter ihnen mit der Sorglosigkeit, mit der die Menschen in einem modernen, käfiglosen Zoo zwischen den Raubtieren herumgehen, im Vertrauen darauf, daß die Gräben und Hecken alle gerade richtig berechnet sind. Die Raubtiere ihrerseits mochten ein entsprechendes Gefühl haben: Mit tiefem Haß prägten sie für die unsichtbare Ordnung, die sie bei aller Freiheit in Schranken hielt, ein vielsagendes Wort: »Das System«. Aber sie blieben in ihren Schranken.

Sie machten in all den Jahren nicht einmal einen Mordanschlag auf Stresemann, obwohl es leicht gewesen wäre. Denn er hatte keine Leibwache und er verschanzte sich nicht. Öfters sahen wir ihn Unter den Linden spazierengehen, einen unauffälligen, untersetzten Mann mit einem Derby-Hut. »Ist das nicht Stresemann da drüben?« fragte einer, und richtig, er war es. Man sah ihn etwa am Pariser Platz vor einem Blumenbeet stehen, eine Blume mit dem Spazierstock anheben und gedankenvoll mit seinen vorquellenden Augen betrachten. Vielleicht sann er nach, welches ihr botanischer Name war.

Seltsam: Hitler, heutzutage, zeigt sich nur im Auto, in raschem Tempo, umgeben von zehn oder zwölf Autos mit schwer bewaffneter SS. Wahrscheinlich tut er auch gut daran. Rathenau, 1922, verzichtete auf bewaffnete Begleitung und wurde dann auch prompt ermordet. Aber Stresemann, in der Zwischenzeit, konnte unbewaffnet und unbegleitet am Pariser Platz Blumen betrachten. Vielleicht war er doch ein Zauberer, der breite, unauffällige, unschöne, unpopuläre Mann mit dem Stiernacken und den vorquellenden Augen. Oder war es gerade nur seine Unpopularität und Unauffälligkeit, was ihn schützte?

Wir folgten ihm von weitem mit den Augen, wie er, langsam und gedankenvoll schlendernd, von den Linden zur Wilhelmstraße einbog – viele erkannten und beachteten ihn nicht einmal; andere grüßten ihn, und er grüßte höflich und zivil wieder, durch Hutabnehmen, nicht etwa durch Armausstrecken, und einzeln, nicht massenweise – und wir fragten uns, ob er wohl »klug« sei. Und wie auch die Antwort ausfiel, wir fühlten ein stilles Vertrauen und eine respektvolle Dankbarkeit für den Unauffälligen. Mehr kaum. Er war nicht der Mann, heiße Gefühle zu entzünden.

Das stärkste Gefühl erregte er durch seinen Tod: einen plötzlichen kalten Schreck. Er war lange leidend gewesen, aber man wußte nicht, wie sehr. Freilich, später erinnerte man sich: Das letzte Mal, vor vier Wochen Unter den Linden, hatte er bleicher und aufgeschwemmter als gewöhnlich ausgesehen. Aber er war so unauffällig. Man hatte es nicht besonders bemerkt. Er starb auch überaus unauffällig: nach einem anstrengenden Tage, abends, während er sich wie jeder schlichteste Bürger vor dem Zubettgehen die Zähne putzte. Auf einmal taumelte er, so las man später, das Mundwasserglas fiel ihm aus der Hand ... Am nächsten Tag hatten die Zeitungen die Überschrift: Stresemann †.

Und wir, die es lasen, empfanden einen eisigen Schreck. Wer sollte jetzt die Bestien bändigen? Gerade hatten sie begonnen, sich zu rühren, mit einem unglaubwürdig-tollen »Volksbegehren«, dem ersten seiner Art: Alle Minister, die weiterhin Verträge »auf der Grundlage der Kriegsschuldlüge« abschlossen, sollten mit Zuchthaus bestraft werden.

Es war so etwas für die Dummen. Plakate und Umzüge, Massenversammlungen, Märsche, hier und da eine Schießerei. Die Friedenszeit ging zu Ende. Solange Stresemann da war, hatte man es noch nicht so recht geglaubt. Jetzt auf einmal wußte man es.

Oktober 1929. Böser Herbst nach einem schönen Sommer, Regen und rauhes Wetter, und obendrein in der Luft etwas Drückendes, das nicht vom Wetter herrührte. Böse Worte an den Anschlagsäulen; auf den Straßen, zum ersten Mal, kotbraune Uniformen und unerfreuliche Gesichter darüber; das Rattern und Pfeifen einer ungewohnten, schrill-ordinären Marschmusik. In den Ämtern Verlegenheit, im Reichstag Lärmszenen, die Zeitungen voll von einer schleichenden, nicht endenden Regierungskrise. Es war alles trüb bekannt; es roch nach 1919 oder 20. War nicht auch der arme Hermann Müller Reichskanzler, der es damals schon gewesen war? Solange Stresemann Außenminister gewesen war, hatte man nicht viel nach dem Reichskanzler gefragt. Sein Tod war der Anfang vom Ende.

14

Im Frühjahr 1930 wurde Brüning Reichskanzler, und zum ersten Mal, seit wir denken konnten, hatte Deutschland einen strengen Herrn. Von 14 bis 23 waren alle Regierungen schwächlich gewesen. Stresemann hatte sehr geschickt und durchgreifend regiert, aber mit weicher Hand, ohne irgend jemand wehzutun. Brüning tat ständig sehr vielen Leuten weh, es war sein Stil, und er war mit einem gewissen Stolz »unpopulär«. Ein harter, knochiger Mann, der mit streng zusammengekniffenen Augen durch eine randlose Brille blickte. Alles Verbindliche und Abrundende war seiner Natur entgegen. Seine Erfolge – unbestreitbar erzielte er einige – hatten durchweg das Schema »Operation gelungen, Patient tot« oder »Stellung gehalten, Mannschaft aufgerieben«. Um die Reparationszahlungen ad absurdum zu führen, ließ er es zu, daß die deutsche Wirtschaft fast zu Bruch ging, die Banken schlossen, die Arbeitslosenziffer auf 6 Millionen stieg. Um den Staatshaushalt bei all dem in Ordnung zu halten, wandte er eisern und grimmig das Rezept des strengen Hausvaters an: »den Gürtel enger schnallen«. In regelmäßiger Folge, etwa jedes halbe Jahr, kam eine »Notverordnung« heraus, die die Gehälter, Pensionen, sozialen Wohlfahrtsleistungen, schließlich sogar die privaten Löhne und Zinsen heruntersetzte und wieder heruntersetzte. Eins erzwang das andere, und mit zusammengebissenen Zähnen zog Brüning jede schmerzhafte Konsequenz. Manches von dem, was später zu Hitlers effektvollsten Folterinstrumenten gehören sollte, wurde von Brüning eingeführt: die »Devisenbewirtschaftung«, die die Auslandsreisen, die »Reichsfluchtsteuer«, die die Auswanderung unmöglich machte; sogar die Beschränkung der Pressefreiheit und die Knebelung des Parlaments gehen, in den Anfängen, auf ihn zurück. Dabei tat er das alles, paradox genug, im tiefsten Grunde zur Verteidigung der Republik. Aber die Republikaner begannen sich begreiflicherweise allmählich zu fragen, was ihnen nach alledem eigentlich noch zu verteidigen blieb.

Meines Wissens ist das Brüningregime die erste Studie und, sozusagen, das Modell gewesen zu einer Regierungsart, die seither in vielen Ländern Europas Nachahmung gefunden hat: Der Semi-Diktatur im Namen der Demokratie und zur Abwehr der echten Diktatur. Wer sich der Mühe unterziehen würde, die Regierungszeit Brünings eingehend zu studieren, würde hier schon alle die Elemente vorgebildet finden, die diese Regierungsweise im Effekt fast unentrinnbar zur Vorschule dessen machen, was sie eigentlich bekämpfen soll: die Entmutigung der eigenen Anhänger; die Aushöhlung der eigenen Position; die Gewöhnung an Unfreiheit; die ideelle Wehrlosigkeit gegen die feindliche Propaganda; die Abgabe der Initiative an den Gegner; und schließlich das Versagen in dem Augenblick, wo alles sich zu einer nackten Machtfrage zuspitzt.

Brüning hatte keine wirkliche Gefolgschaft. Er wurde »toleriert«. Er war das kleinere Übel: der strenge Schullehrer, der die Züchtigung seiner Schüler mit dem Spruch begleitet: »Es tut mir mehr weh als euch« – gegen den hochsadistischen Foltermeister. Man deckte Brüning, weil er der einzige Schutz gegen Hitler zu sein schien. Da er dies natürlich wußte, durfte er Hitler, von dessen Bekämpfung – und somit: von dessen Existenz – er politisch lebte, auf keinen Fall vernichten. Er mußte Hitler zwar bekämpfen, aber zugleich erhalten. Hitler durfte nicht wirklich zur Macht kommen, mußte aber immer gefährlich bleiben. Ein schwieriger Balanceakt! Brüning hielt ihn, mit Pokerface und zusammengebissenen Zähnen, zwei Jahre lang durch, und schon das war eine große Leistung. Der Augenblick, in dem er aus dem Gleichgewicht kommen mußte, konnte unmöglich ausbleiben. Was dann? Hinter der ganzen Brüningzeit stand die Frage: Was dann? Es war eine Zeit, in der eine trübe Gegenwart nur durch die Aussicht auf eine grauenvolle Zukunft gemildert wurde.

Brüning selbst hatte dem Lande nichts zu bieten als Armut, Trübsinn, Freiheitsbeschränkung und die Versicherung, daß etwas Besseres nicht zu haben sei. Allenfalls noch die Aufforderung zu einer stoischen Haltung. Aber er war eine zu karge Natur, um auch nur dieser Aufforderung eindrucksvolle Worte zu verleihen. Er warf keine Idee, keinen

Appell ins Land. Er warf nur einen Schatten von Freud-
losigkeit darüber.

Inzwischen sammelten sich geräuschvoll die Kräfte, die
so lange brach gelegen hatten.

Am 14. September 1930 fanden jene Reichstagswahlen
statt, in denen die Nazis mit einem Schlage von einer
lächerlichen Splitterpartei zur zweitstärksten herauf-
schnellten, von 12 Mandaten auf 107. Von diesem Tage an
war die Mittelpunktsfigur schon der Brüningzeit nicht
mehr Brüning, sondern Hitler. Die Frage hieß nicht mehr:
Wird Brüning bleiben?, sondern: Wird Hitler kommen?
Die quälenden und erbitterten politischen Diskussionen
gingen nicht mehr darum, ob man für oder gegen Brüning,
sondern: ob man für oder gegen Hitler sei. Und in den Vor-
städten, wo das Schießen wieder anging, schossen sich
nicht etwa die Brüninganhänger und Brüninggegner, sondern die Hitleranhänger und Hitlergegner tot.

Dabei mochte Hitlers Person, seine Vergangenheit, sein
Wesen, sein Reden, zunächst eher ein Handicap für die
Bewegung sein, die sich hinter ihm sammelte. In weiten
Kreisen war er 1930 noch eine eher peinliche Figur aus
grauer Vergangenheit: der Münchener Heiland von 1923,
der Mann des grotesken Bierhausputsches. Zudem war
seine persönliche Atmosphäre für den normalen Deutschen
(nicht etwa nur für die »Klugen«) durchaus abstoßend: die
Zuhälterfrisur; die Talmieleganz; der Wiener Vorstadtdia-
lekt; das viele und lange Reden überhaupt, das Epileptiker-
gehaben dazu, die wilde Gestikulation, der Geifer, der
abwechselnd flackernde und stierende Blick. Und dann der
Inhalt der Reden: die Freude am Drohen, die Freude am
Grausamen, die blutrünstigen Hinrichtungsphantasien. Die
meisten der Leute, die ihm 1930 im Sportpalast zuzuju-
beln begannen, hätten es wahrscheinlich vermieden, sich

von diesem Mann auf der Straße Feuer geben zu lassen. Aber hier zeigte sich bereits das Seltsame: die Faszination gerade des ganzen Widerlichen, Pfuhlhaften, triefend Eklen – wenn es auf die Spitze getrieben wird. Kein Mensch hätte sich gewundert, wenn dieses Lebewesen bei seiner ersten Rede von einem Schutzmann am Kragen genommen und irgendwo abgestellt worden wäre, wo man nie wieder etwas von ihm sah und wohin es ohne Zweifel gehörte. Da nichts dergleichen geschah, da der Mensch sich im Gegenteil immer weiter steigerte, immer wahnsinniger und monströser und dabei nur immer berühmter und unübersehbarer wurde, schlug die Wirkung um: Die Faszination durch das Monstrum setzte ein; und zugleich das eigentliche Geheimnis des Falles Hitler, jene seltsame Benebelung und Betäubung der Gegner, die mit dem Phänomen einfach nicht fertig wurden und gleichsam unter der Wirkung eines Basiliskenblicks standen, unfähig zu erfassen, daß die personifizierte Unterwelt sie herausforderte.

Hitler, vor dem höchsten deutschen Gericht als Zeuge vorgeladen, brüllte in den Gerichtssaal, eines Tages werde er, streng legal, zur Macht kommen, und dann würden Köpfe rollen. Nichts geschah. Der weißhaarige Senatspräsident kam nicht auf den Gedanken, den Zeugen abführen zu lassen. Hitler, im Reichspräsidentenwahlkampf mit Hindenburg, erklärte, dieser Kampf sei ohnehin für ihn gewonnen. Sein Gegner sei 85, er 43 Jahre alt; er könne warten. Nichts geschah. Als er es zum zweiten Male sagte, in der nächsten Versammlung, lachte das Publikum bereits wie gekitzelt. – Sechs Sturmtruppleute, die einen »Andersdenkenden« eines Nachts in seinem Bett überfallen und buchstäblich totgetrampelt hatten, wurden dafür zum Tode verurteilt. Hitler sandte ihnen ein Telegramm mit Anerkennungs- und Belobigungsworten. Nichts geschah.

Doch, es geschah etwas. Die sechs Mörder wurden begnadigt.

Es war seltsam zu beobachten, wie sich dies gegenseitig steigerte: die wilde Frechheit, die den unangenehmen kleinen Hetzapostel allmählich zum Dämon wachsen ließ, die Begriffsstutzigkeit seiner Bändiger, die immer erst einen Augenblick zu spät erfaßten, was er eigentlich gerade gesagt oder getan hatte – nämlich, wenn er es durch ein noch tolleres dictum oder eine noch monströsere Tat gerade schon wieder in den Schatten gestellt hatte; und die Hypnose seines Publikums, das dem Zauber des Ekelhaften und dem Rausch des Bösen immer widerstandsloser erlag.

Hitler versprach im übrigen allen alles, und das brachte ihm selbstverständlich eine große, lose Gefolgs- und Wählerschaft von Urteilslosen, Enttäuschten und Verarmten ein. Das Entscheidende aber war nicht dies. Jenseits der bloßen Demagogie und der Programmpunkte versprach er, deutlich und fühlbar ehrlich, zweierlei: die Wiederherstellung des großen Kriegsspiels von 1914–18; und die Wiederholung des großen sieghaft-anarchischen Beutezuges von 1923. Mit anderen Worten: seine spätere Außenpolitik und seine spätere Wirtschaftspolitik. Er brauchte dies nicht wörtlich zu versprechen; er konnte ihm sogar scheinbar widersprechen (wie in den späteren »Friedensreden«): man verstand ihn doch. Und das schuf ihm seine wirklichen Jünger, den Kern der eigentlichen Nazipartei. Es appellierte an die beiden großen Erlebnisse, die sich der jüngeren Generation eingeprägt hatten. Es sprang als elektrischer Funke auf alle über, die heimlich diesen Erlebnissen nachhingen. Draußen blieben nur die, die gerade diese Erlebnisse abgeschrieben und innerlich mit einem negativen Vorzeichen versehen hatten. Also »wir«.

»Wir« aber hatten keine andere Partei, keine Fahne, der

wir folgen konnten, kein Programm und keinen Kampfruf. Wem hätten wir folgen sollen? Außer den Nazis, den Favoriten, gab es jene zivilisierten bürgerlichen Reaktionäre, die sich um den »Stahlhelm« sammelten, Leute, die sich ein wenig unklar für das »Fronterlebnis« und die »Scholle« begeisterten und zwar nicht die rasante Pöbelhaftigkeit der Nazis, aber durchaus ebenfalls ihre ganze ressentimentale Dumpfheit und inhärente Lebensfeindschaft besaßen. Es gab die längst vor dem Kampf geschlagenen, vielfach blamierten Sozialdemokraten, und es gab schließlich die Kommunisten mit ihrem sektiererischen Dogmatikerzug und dem Kometenschweif von Niederlage hinter sich. (Seltsam, die Kommunisten, was auch immer sie unternahmen, waren zum Schluß stets sie die Geschlagenen und auf der Flucht Erschossenen. Das schien ein Naturgesetz zu sein.)

Im übrigen gab es die sphinxhafte Reichswehr, geführt von einem intrigenfreudigen Bürogeneral, und die preußische Polizei, von der man hörte, sie sei ein guttrainiertes, zuverlässig republikanisches Machtinstrument. Man hörte es freilich, nach allen Erfahrungen, nicht ohne Mißtrauen.

Das waren die Kräfte im Spiel. Das Spiel selbst schleppte sich zäh und trübe hin, ohne Höhepunkte, ohne Dramatik, ohne sichtbare Entscheidungen. Die Atmosphäre in Deutschland erinnerte in vielem an die Atmosphäre in Europa heute: Gelähmtes Warten auf das Unentrinnbare, dem man doch bis zum letzten Augenblick zu entrinnen hofft. Was heute in Europa der kommende Krieg ist, war damals in Deutschland die kommende Machtergreifung Hitlers und die »Nacht der langen Messer«, von der die Nazis vorausschauend redeten. Selbst die Einzelheiten waren ähnlich: das langsame Näherkommen des Furchtbaren, die Zerfahrenheit der Abwehrkräfte, ihr hoffnungsloses Festhalten an den Spielregeln, die der Feind täglich brach, der einseitig geführte Krieg, der Schwebezustand zwischen »Ruhe und Ordnung« und »Bürgerkrieg« (es gab keine Barrikaden, aber es gab täglich sinnlose und kindische Schlägereien und Schießereien, Überfälle auf »Parteilokale« und ständig auch Tote). Es gab sogar schon damals die Denkfigur des »Appeasement«: Mächtige Gruppen waren dafür, Hitler »unschädlich zu machen«, indem man ihn »in die Verantwortung« zöge. Es gab ständige politische Diskussionen, unfruchtbar und erbittert, überall: in den Cafés, in den Kneipen, in den Läden, in den Schulen, in den Familien. Es gab, nicht zu vergessen, wieder Zahlenspiele: Ständig fanden kleinere und größere Wahlen statt, und jetzt hatte jeder Stimmen und Mandatsziffern im Kopf. Die Zahlen der Nazis stiegen ständig. Was es nicht mehr gab, war Lebensfreude, Liebenswürdigkeit, Harmlosigkeit, Wohlwollen, Verständnis, Gutwilligkeit, Großzügigkeit und Humor. Es gab auch kaum mehr gute Bücher, und sicher keine Leute mehr, die sich dafür interessierten. Die Luft in Deutschland war rapide stickig geworden.

Bis zum Sommer 1932 wurde sie immer stickiger. Dann stürzte Brüning, grundlos und über Nacht, und es kam das seltsame Zwischenspiel Papen-Schleicher: eine Regierung von adligen Herren, von denen eigentlich niemand wußte, wer sie waren, und sechs Monate eines wilden politischen Husarenritts. Damals wurde die Republik liquidiert, die Verfassung außer Kraft gesetzt, der Reichstag aufgelöst, neugewählt, wieder aufgelöst und wieder neugewählt, Zeitungen verboten, die preußische Regierung entlassen, die ganze höhere Verwaltung umbesetzt – und dies alles ging in einer fast heiteren Atmosphäre letzten und äußersten Hazards vonstatten. Das Jahr 1939 schmeckt in ganz Europa sehr nach jenem deutschen Sommer 1932: Man war nun wirklich nur noch um Haaresbreite von dem Ende entfernt, das Gefürchtete konnte täglich eintreten; die Nazis füllten mit ihren jetzt endgültig erlaubten Uniformen schon alle Straßen, warfen schon Bomben, entwarfen schon Proskriptionslisten; schon verhandelte man, im August, mit Hitler, ob er nicht Vizekanzler werden wolle, und im November, nachdem sich Papen und Schleicher entzweit hatten, bot man ihm sogar die Kanzlerschaft an; zwischen Hitler und der Macht stand nichts mehr als das Spielerglück einiger adliger politischer Kavaliere, alle ernsthaften Hindernisse waren weggeräumt, keine Verfassung mehr, keine Rechtsgarantien, keine Republik, nichts, nichts, auch keine republikanische preußische Polizei mehr. So ist heute der Völkerbund versunken und die kollektive Sicherheit, der Wert der Verträge und der Sinn der Verhandlungen, so ist Spanien gefallen, Österreich und die Tschechoslowakei: Und doch breitete sich damals wie heute gerade im letzten, gefährlichsten, verlorensten Augenblick noch einmal ein kranker und seliger Optimismus aus, ein Spieleroptimismus, ein heiteres Vertrauen, daß alles um Haaresbreite gut gehen würde. Waren nicht Hitlers Kassen leer? Sind nicht Hitlers Kassen leer? Waren nicht endlich selbst die ehemaligen Freunde Hitlers jetzt zum Widerstand entschlossen? Sind sie es nicht auch heute? War nicht noch einmal Bewegung und Leben in das erstarrte politische Bild gekommen – wie 1939 in Europa?

Damals, wie heute, begann man eben mit dem Gedanken zu spielen, das Schlimmste sei vorüber.

15

Wir sind soweit. Die Anreise ist beendet. Wir sind am Kampfplatz. Das Duell kann beginnen.

DIE REVOLUTION

16

Ich: das war Anfang 1933 ein junger Mann von 25 Jahren, gut ernährt, gut angezogen, gut erzogen, freundlich, korrekt, schon ein wenig abgeschliffen und geglättet, jenseits der eigentlichen schlenkrigen Studentenjugendlichkeit, aber im Ernst noch unausprobiert – ein Durchschnittsprodukt der deutschen bürgerlichen Bildungsschicht im Ganzen und im übrigen ein ziemlich unbeschriebenes Blatt. Abgesehen davon, daß ich ständig vor einem ziemlich interessanten und dramatischen zeitgeschichtlichen Hintergrund gelebt hatte, hatte mein Leben bis dahin keine besonders interessanten und dramatischen Züge aufzuweisen. Die einzigen persönlichen Erlebnisse, die tiefer gegangen waren und bereits ein paar Narben, Erfahrungen, Charakterzüge hinterlassen hatten, waren jene lustvollen und schmerzlichen Experimente mit der Liebe, die jeder junge Mensch dieses Alters anstellt; sie interessierten mich damals noch tiefer als irgendetwas anderes; sie waren das eigentliche »Leben«. Im übrigen war ich – wiederum wie jeder junge Mensch meines Alters und meiner Klassenzugehörigkeit in Deutschland – noch ein Haussohn: gut ernährt und gut angezogen, aber aus Prinzip mit Taschengeld knapp gehalten von einem bedeutenden, alternden, interessanten, unbequemen aber heimlich geliebten Vater. Mein Vater war, wenn ich auch manchmal darüber nicht allzu erbaut war, damals durchaus die Hauptperson meines Lebens. Wollte ich etwas Ernsthaftes unternehmen oder entscheiden, so konnte ich nicht umhin, meinen Vater zu fragen. Will ich schildern, was ich damals war – oder besser: zu werden angelegt war, so kann ich noch heute nicht umhin, meinen Vater zu schildern.

Mein Vater war der Gesinnung nach ein Liberaler, der Haltung und Lebensführung nach ein preußischer Puritaner.

Es gibt eine spezifisch preußische Abart des Puritanismus, die vor 1933 eine der beherrschendsten Geistesmächte im deutschen Leben war und noch heute unter der Oberfläche eine gewisse Rolle spielt. Sie ist dem klassischen englischen Puritanismus verwandt, aber mit einigen charakteristischen Unterschieden. Ihr Prophet ist Kant, nicht Calvin; ihr großes Beispiel ist Fridericus, nicht Cromwell. Wie der englische Puritanismus fordert der preußische Strenge, Würde, Enthaltsamkeit gegenüber den Freuden des Lebens, Pflichterfüllung, treu und Ehrenhaftigkeit bis zur Selbstverleugnung, Weltverachtung bis zur Düsterkeit. Wie der englische Puritaner gibt der preußische seinen Söhnen aus Prinzip wenig Taschengeld und runzelt die Brauen über ihre jugendlichen Experimente mit der Liebe. Aber der preußische Puritanismus ist säkularisiert. Er dient und opfert nicht Jehovah, sondern dem roi de Prusse. Seine Auszeichnungen und irdischen Belohnungen sind nicht private Reichtümer, sondern amtliche Würden. Und, was vielleicht das Wichtigste ist: der preußische Puritanismus hat eine Hintertür ins Freie und Unkontrollierte, an der das Wort »Privat« steht.

Der düstere Asket Fridericus, diese Denkmalfigur des preußischen Puritanismus, war bekanntlich »privat« ein Flötenspieler, Versemacher, Freigeist und Freund Voltaires. Fast alle seine Jünger, diese hohen preußischen Bürokraten und Offiziere zweier Jahrhunderte, mit ihren streng zusammengefalteten Gesichtern, waren privat etwas Ähnliches. Der preußische Puritanismus liebt die Figur »rauhe Schale – weicher Kern«. Der preußische Puritaner ist der Erfinder jener seltsamen deutschen Selbstaufstellung, die da spricht: »Als Mensch sage ich Ihnen... Aber als Beamter sage ich Ihnen...« Er ist die Grundlage des bis heute von vielen Ausländern nie recht verstandenen Zustandes, daß Preußen – und Preußen-Deutschland – als Ganzes stets wie eine unmenschliche, grausam-gefräßige Maschine handelt und wirkt, aber im einzelnen, wenn man es besucht und mit den einzelnen Preußen und Deutschen »privat« in Fühlung kommt, oft einen durchaus sympathischen, menschlichen, harmlosen und liebenswürdigen Eindruck macht. Deutschland führt als Nation ein Doppelleben, weil fast jeder einzelne Deutsche ein Doppelleben führt.

Mein Vater war »privat« ein leidenschaftlicher Literatur-kenner und -liebhaber. Er hatte eine Bibliothek von eini-gen 10 000 Bänden, die er bis zu seinem Tode erweiterte und ausbaute, und die er nicht nur »hatte«, sondern gele-sen hatte. Die großen Namen des europäischen 19. Jahr-hunderts – Dickens und Thackeray, Balzac und Hugo, Tur-genjew und Tolstoj, Raabe und Keller (um nur seine Favoriten unter ihnen zu nennen) – für ihn waren sie nicht Namen, sondern intime Bekannte, mit denen er leiden-schaftliche lange stumme Diskussionen gehabt hatte. Nie blühte er im Gespräch so auf, als wenn er jemand traf, mit dem er diese Diskussionen laut fortsetzen konnte.

Nun ist aber Literatur ein seltsames Hobby. Man kann wohl »privat« und ungestraft ein Sammler und Blumen-züchter, vielleicht sogar noch ein Bilder- und Musikkenner sein: Aber der tägliche Umgang mit dem lebendigen Geist bleibt nie »privat«. Es ist leicht vorzustellen, daß ein Mann, der jahrelang »privat« alle Abgründe und Gipfel des europäischen Dichtens und Denkens durchmißt, eines

Tages einfach unfähig wird, ein enger, strenger, pedantisch pflichtgetreuer preußischer Beamter zu sein. Nicht so mein Vater. Er blieb es. Aber er bildete, ohne die preußisch-puritanische Daseinsform zu zerbrechen, eine skeptisch-weise Liberalität in sich aus, die sein Beamtengesicht mehr und mehr zur bloßen Maske werden ließ. Das Mittel, beides zusammenzuhalten, war eine sehr sublime, nie lautwerdende geheime Ironie – das einzige Mittel übrigens, wie mir scheint, das den menschlich hochproblematischen Typus des Beamten adeln und legitim machen kann. Ein immer waches Wissen darum, daß der mächtige und würdige Mann hinter der Schranke und der schwache und ausgelieferte vor ihr beide Menschen und nichts weiter sind; daß sie Rollen in einem Spiel haben; daß die Rolle des Beamten zwar Strenge und Kühle verlangt, aber ebenso größte Behutsamkeit, Wohlwollen und Umsicht; daß eine im kältesten Amtsdeutsch zu schreibende Verfügung in einer heiklen Sache mehr Zartgefühl verlangen kann als ein lyrisches Gedicht, mehr Weisheit und Sinn für Balance als die Lösung eines Roman-Knotens. Auf den Spaziergängen, die mein Vater in diesen Jahren mit mir zu machen liebte, versuchte er mich vorsichtig in diese höheren Geheimnisse der Bürokratie einzuweihen.

Denn ihm lag daran, daß ich Beamter wurde. Er hatte nicht ohne eine gewisse Bestürzung wahrgenommen, daß das, was bei ihm Lektüre und Diskussion geblieben war, bei mir die Tendenz zeigte, ins Schreiben auszuarten, und er hatte es nicht übermäßig ermutigt. Selbstverständlich war er nicht mit plumpen Verboten vorgegangen, gewiß nicht, keineswegs: Ich mochte in meiner Freizeit soviel Romane, Novellen und Essays schreiben, wie ich wollte, und sollten sie gedruckt werden und mich ernähren, umso besser. Aber inzwischen hatte ich »etwas Vernünftiges« zu studieren und meine Examina zu machen. Im tiefsten Grunde sah er mit puritanischem Mißtrauen auf eine Existenz, die darin bestand, in Caféhäuser zu gehen und zu unregelmäßigen Zeiten Blätter vollzukritzeln; und war mit liberaler Weisheit abgeneigt dagegen, den Staat und die Verwaltung den Banausen zu überlassen, die sich in Machtgenuß und Schikane gefielen, das hohe Kapital von wirklicher Staatsautorität mit sinnlosem Auftrumpfen und Dekretieren verschleuderten und, seiner Meinung nach, ohnehin bereits in allen Verwaltungen überhandnahmen. Er tat das Seinige, um das aus mir zu machen, was er gewesen war: einen gebildeten Beamten. Und wahrscheinlich glaubte er damit sowohl mir wie dem Deutschen Reich den besten Dienst zu erweisen.

So hatte ich also Jura studiert und war »Referendar« geworden. Anders als in den angelsächsischen Ländern, wird in Deutschland der angehende Richter oder Verwaltungsbeamte unmittelbar nach beendetem Studium – mit 22, 23 Jahren – an die Ausübung von Autorität gewöhnt: Als »Referendar«, d.h., ungefähr, Volontär, arbeitet er an allen Gerichten und Behörden wie ein Richter oder Regierungsbeamter mit, nur ohne eigene Verantwortung und eigene Entscheidungsgewalt (auch ohne Gehalt). Immerhin: Viele Urteile, von Richtern unterzeichnet, sind von Referendaren abgefaßt; in den Beratungen hat der Referendar zwar keine Stimme, aber Vortragsrecht und gar nicht so selten tatsächlichen Einfluß; an zwei meiner Ausbildungsstellen ließ mich der Richter, entlastungsfroh, sogar die Verhandlungen leiten ... Diese plötzliche Amtsgewalt ist für einen jungen Menschen, der sonst nichts als ein Haussohn ist, zweifellos ein Erlebnis, das, zum Guten oder zum Schlechten, erheblichen Einfluß auf ihn haben muß. Mir gab es, zum mindesten, zweierlei: eine bestimmte

»Haltung« – eine Attitüde von Kühle, Ruhe und wohlwollender Trockenheit, die man vielleicht nur hinter einer Amtsschranke lernt; und eine gewisse Fähigkeit zum Denken in »Behördenlogik«, in einer gewissen Art von legaler Abstraktion. Wie alles wurde, habe ich wenig Gelegenheit gehabt, von beidem den vorgesehenen Gebrauch zu machen. Wohl aber hat es – namentlich das zweite – ein paar Jahre später mir und meiner Frau buchstäblich das Leben gerettet; das konnte mein Vater freilich nicht ahnen, als er dafür sorgte, daß ich es lernte.

Abgesehen hiervon kann ich heute nur mitleidig lächeln, wenn ich mich frage, wie ich auf das Abenteuer vorbereitet war, das mir bevorstand. Ich war es überhaupt nicht. Ich konnte nicht einmal boxen oder Jiu-Jitsu – gar nicht zu reden von solchen Wissenschaften wie Schmuggeln, Grenzen passieren, Geheimzeichen benutzen usw.; lauter Dinge, deren Kenntnis in den nächsten Jahren überaus nützlich gewesen wäre. Aber auch mit meiner spirituellen Vorbereitung auf das Bevorstehende war es überaus schwach bestellt. Sagt man nicht, daß die Generalstäbe ihre Armeen in Friedenszeiten immer vorzüglich vorbereiten – auf den letztvergangenen Krieg? Ich weiß nicht, wie es damit ist. Aber sicher erziehen alle gewissenhaften Familien ihre Söhne stets vorzüglich für die letztvergangene Epoche. Ich besaß das gesamte intellektuelle Rüstzeug, um eine gute Rolle in der bürgerlichen Epoche von vor 1914 zu spielen; und außerdem, aus gewissen zeitgeschichtlichen Erfahrungen heraus, ein gewisses Vorgefühl dafür, daß es mir möglicherweise wenig nützen würde. Das war aber auch alles. Von dem, womit ich im Begriff war konfrontiert zu werden, hatte ich bestenfalls einen warnenden Geruch in der Nase; aber ich besaß keine Begriffswelt, in der es unterzubringen gewesen wäre.

So ging es freilich nicht nur mir, sondern im großen und ganzen meiner gesamten Generation, und der älteren natürlich erst recht. (Und so geht es noch heute den meisten Ausländern, die den Nazismus nur aus den Zeitungen und Filmwochenschauen kennen). All unser Denken spielte sich innerhalb einer gewissen Zivilisation ab, in der die Grundlagen selbstverständlich – und vor lauter Selbstverständlichkeit schon fast vergessen waren. Wenn wir uns um gewisse Antithesen stritten – Freiheit und Bindung etwa, oder Nationalismus und Humanismus, oder Individualismus und Sozialismus – so geschah es doch immer unbeschadet gewisser christlich-humanistisch-zivilisatorischer Selbstverständlichkeiten, die außerhalb aller Diskussion standen. Nicht einmal alle, die damals Nazis wurden, wußten recht eigentlich, was sie damit wurden; sie mochten meinen, für Nationalismus, für Sozialismus, gegen die Juden, für 1914–18 zu sein, und heimlich freuten sich die meisten von ihnen auf neue öffentliche Abenteuer und ein neues 1923 – aber alles natürlich in den »humanen« Formen eines »Kulturvolkes«. Die meisten von ihnen hätten einen wahrscheinlich ganz erschreckt angesehen, wenn man sie gefragt hätte, ob sie (um nur ein paar Augenfälligkeiten zu nennen, die gewiß nicht die letzte, schauerlichste Pointe sind) für permanente staatliche Folterstätten und für staatlich angeordnete Pogrome seien. Es gibt heute noch Nazis, die einen ganz erschreckt ansehen, wenn man ihnen solche Fragen stellt.

Ich selbst hatte damals keine entschiedenen politischen Ansichten. Es fiel mir sogar schwer, zu entscheiden, ob ich, um nur die allerallgemeinste politische Grundtendenz festzulegen, »rechts« oder »links« sei. Als mir einmal jemand 1932 diese Gewissensfrage stellte, antwortete ich, betroffen und sehr zögernd: »Eher rechts...« In Tagesfragen nahm ich nur von Fall zu Fall innerlich Partei; in manchen gar nicht. Von den bestehenden politischen Parteien zog mich keine besonders an, so groß die Auswahl war. Allerdings hätte mich auch, ut exempla docent, die Zugehörigkeit zu keiner davor geschützt, ein Nazi zu werden.

Was mich davor schützte, war – meine Nase. Ich besitze einen ziemlich ausgebildeten geistigen Geruchssinn, oder, anders ausgedrückt, ein Gefühl für die ästhetischen Valeurs (und Non-valeurs!) einer menschlichen, moralischen, politischen Haltung oder Gesinnung. Den meisten Deutschen fehlt leider das gerade vollständig. Die Klügsten unter ihnen sind imstande, sich mit lauter Abstraktionen und Deduktionen vollständig dumm zu diskutieren über den Wert einer Sache, von der man einfach mittels seiner Nase feststellen kann, daß sie übelriechend ist. Ich meinerseits hatte schon damals die Gewohnheit, meine wenigen feststehenden Überzeugungen vermittels meiner Nase zu bilden.

Was die Nazis betraf, so entschied meine Nase ganz eindeutig. Es war einfach ermüdend, darüber zu reden, was unter ihren vorgeblichen Zielen und Absichten etwa doch diskutabel oder wenigstens »historisch gerechtfertigt« sei, da das Ganze so roch, wie es roch. Daß die Nazis Feinde seien – Feinde für mich und für alles, was mir teuer war – darüber täuschte ich mich keinen Augenblick. Worüber ich mich freilich vollkommen täuschte, war, wie furchtbare Feinde sie sein würden. Ich neigte damals noch dazu, sie nicht ganz ernstzunehmen – eine verbreitete Haltung unter ihren unerfahrenen Gegnern, die ihnen viel geholfen hat und heute noch hilft.

Es gibt wenig so Komisches, wie die unbeteiligt-überlegene Ruhe, mit der wir, ich und meinesgleichen, den

Anfängen der Nazi-Revolution in Deutschland wie von einer Theaterloge aus zusahen – einem Vorgang, der immerhin exakt darauf abzielte, uns aus der Welt zu schaffen. Noch komischer ist es vielleicht nur, daß noch Jahre später, mit unserm Beispiel vor Augen, ganz Europa sich dieselbe überlegen-amüsierte, tatenlose Zuschauerhaltung leistete, während die Nazis schon längst dabei waren, es an allen vier Ecken anzuzünden.

17

Im Anfang sah diese Revolution auch tatsächlich so aus, als würde sie ein »historisches Ereignis« werden wie gehabt: eine Angelegenheit der Zeitungen und allenfalls der öffentlichen Atmosphäre.

Die Nazis feiern als den Tag ihrer Revolution den 30. Januar. Mit Unrecht. Der 30. Januar 1933 brachte keine Revolution, sondern einen Regierungswechsel. Hitler wurde Reichskanzler, übrigens beileibe nicht als Führer einer Nazi-Regierung (nur zwei Nazis saßen außer ihm im Kabinett), und schwur Treue der Weimarer Reichsverfassung. Die Sieger des Tages waren, in der allgemeinen Auffassung, keineswegs die Nazis, sondern die Leute der bürgerlichen Rechten, die die Nazis »eingefangen« hatten und ihrerseits alle Schlüsselpositionen in der Regierung besetzten. Verfassungsrechtlich war der Vorgang weit normaler und unrevolutionärer als das meiste, was sich im Jahr zuvor abgespielt hatte. Und äußerlich verlief der Tag ebenfalls ohne alle revolutionären Merkmale – wenn man nicht einen Fackelzug der Nazis durch die Wilhelmstraße und eine belanglose nächtliche Schießerei in einem Vorort als solche gelten lassen will.

Für uns andere bestand das Erlebnis des 30. Januar tatsächlich nur in Zeitungslektüre – und den Empfindungen, die sie auslöste.

Morgens hieß die Überschrift: Hitler zum Reichspräsidenten gerufen – und man empfand einen gewissen hilflosen nervösen Ärger: Hitler war im August und war im November zum Reichspräsidenten gerufen worden und hatte den Vizekanzler- und Kanzlerposten angeboten bekommen; jedesmal hatte er unmögliche Bedingungen gestellt, und jedesmal war danach feierlich erklärt worden: Nie wieder... Das »Nie wieder« hielt jeweils immer gerade ein Vierteljahr vor. Es herrschte damals in Deutschland bereits dieselbe krankhafte Sucht unter Hitlers Gegenspielern, ihm alles, was er wünschte, unverdrossen immer wieder und immer billiger anzubieten und geradezu aufzudrängen, wie heute in der Welt. Immer wieder wurde diesem »appeasement« feierlich abgeschworen, und immer wieder, wenn es darauf ankam, feierte es fröhliche Auferstehung – genau wie heute. Damals wie heute war die einzige Hoffnung, die einem blieb, Hitlers eigene Verblendung. Mußte sie nicht schließlich selbst die Geduld seiner Gegner erschöpfen? Damals wie heute zeigte sich, daß diese Geduld in der Tat durch nichts zu erschöpfen war...

Mittags hieß die Überschrift: Hitler verlangt wieder zuviel. Man nickte halbberuhigt. Sehr glaubhaft. Es hätte seiner Natur durchaus nicht entsprochen, weniger als zuviel zu verlangen. So mochte der Kelch noch einmal vorübergehen. Hitler – die letzte Rettung vor Hitler.

Gegen 5 Uhr dann waren die Abendzeitungen da: Kabinett der nationalen Konzentration gebildet – Hitler Reichskanzler.

Ich weiß nicht genau, wie die allgemeine erste Reaktion war. Die meine war etwa eine Minute lang richtig: Eisiger

Schreck. Gewiß, es war »drin« gewesen, schon lange. Man hatte damit rechnen müssen. Dennoch, es war so phantastisch. So unglaubhaft, wenn man es jetzt wirklich schwarz auf weiß vor sich sah. Hitler – Reichskanzler... Einen Augenblick spürte ich fast körperlich den Blut- und Schmutzgeruch um diesen Mann Hitler, und ich empfand etwas wie die zugleich bedrohliche und ekelerregende Annäherung eines mörderischen Tiers – eine schmutzige scharfkrallige Pfote an meinem Gesicht.

Dann schüttelte ich das ab, versuchte zu lächeln, versuchte nachzudenken, und fand in der Tat viel Grund zur Beruhigung. Am Abend diskutierte ich die Aussichten der neuen Regierung mit meinem Vater, und wir waren uns einig darüber, daß sie zwar eine Chance hatte, eine ganz hübsche Menge Unheil anzurichten, aber kaum eine Chance, lange zu regieren. Eine schwarz-reaktionäre Regierung im ganzen, mit Hitler als Mundstück. Bis auf diesen Zusatz unterschied sie sich wenig von den beiden letzten, die Brüning gefolgt waren. Eine Reichstagsmehrheit würde sie auch mit den Nazis nicht haben. Gut, den Reichstag konnte man immer wieder auflösen. Aber auch in der Bevölkerung hatte die Regierung eine klare Mehrheit gegen sich; vor allem die kompakte Arbeiterschaft, die nach der endgültigen Blamage der maßvollen Sozialdemokraten wahrscheinlich kommunistisch werden würde. Natürlich konnte man die Kommunisten »verbieten« – und damit umso gefährlicher machen. Die Regierung würde inzwischen soziale und kulturelle Reaktionen treiben, wie bisher, wahrscheinlich schärfer als bisher, und außerdem, Hitler zuliebe, Antisemitismus. Werben würde sie damit keinen ihrer Gegner. Nach Außen wahrscheinlich eine Politik des Auftrumpfens; vielleicht ein Aufrüstungsversuch. Das mußte, zu den 60 Prozent im Lande, die gegen die Regierung standen, automatisch das ganze Ausland gegen sie versammeln. Außerdem, was waren das für Leute, die seit drei Jahren plötzlich Nazi wählten? Urteilslose größtenteils, Propagandaopfer, fluktuierende Masse; nach der ersten Enttäuschung würden sie auseinanderlaufen. Nein, alles in allem genommen, war diese Regierung kein Grund zur Beunruhigung. Fraglich nur, was eigentlich nach ihr kommen sollte; und zu befürchten möglicherweise, daß sie es bis zum Bürgerkrieg treiben würde. Den Kommunisten war es zuzutrauen, daß sie eines Tages losschlagen würden, ehe sie sich verbieten ließen.

Dies war, wie sich am nächsten Tag erwies, auch so ungefähr die Prognose der intelligenten Presse. Seltsam, wie überzeugend sie sich selbst heute noch liest, wo man doch weiß, wie alles gekommen ist. Wie konnte es nur so anders kommen? Etwa vielleicht gerade deshalb, weil wir alle so sicher waren, daß es nicht anders kommen könnte – und uns gar so fest darauf verließen – und so gar nichts ins Auge faßten, um es schlimmstenfalls zu *verhindern*, daß es anders käme – ?

Noch den ganzen Februar hindurch blieb alles, was geschah, auf Zeitungsnachrichten beschränkt – d.h. es spielte in einer Sphäre, die für 99 Prozent aller Menschen jede Realität in dem Augenblick verlieren würde, wo es einmal keine Zeitungen gäbe. In dieser Sphäre geschah freilich genug: Der Reichstag wurde aufgelöst, dann, unter flagranter Verfassungsverletzung durch Hindenburg, der preußische Landtag. Ein wilder Beamtenschub setzte in der höheren Verwaltung ein und ein wilder Terror im Wahlkampf. Die Nazis genierten sich nicht mehr, das mußte man zugeben: Sie brachen jetzt regelmäßig mit Sprengkolonnen in die Wahlversammlungen anderer Parteien ein, sie erschossen fast täglich einen bis zwei politische Gegner, in einem Berliner Vorort brannten sie auch eines Tages das ganze Haus einer sozialdemokratischen Familie nieder. Der neue preußische Innenminister (ein Nazi: ein gewisser Hauptmann Göring), promulgierte einen tollen Erlaß, in dem er die Polizei anwies, bei Zusammenstößen ohne Prüfung der Schuldfrage die Partei der Nazis zu nehmen und auf die andern ohne Warnung zu schießen – und wenig später wurde sogar eine »Hilfspolizei« aus S.A.-Leuten gebildet.

Indes, wie gesagt, das waren Zeitungsnachrichten. Mit seinen Augen und Ohren sah und hörte man nicht viel anderes, als woran man ohnehin in den letzten Jahren gewöhnt worden war. Braune Uniformen in den Straßen, Aufmärsche, Heilrufe – und im übrigen business as usual. Auf dem Kammergericht, dem höchsten preußischen Gericht, wo ich damals als Referendar arbeitete, änderte sich nichts im Justizbetrieb dadurch, daß der preußische Innenminister gleichzeitig tolle Erlasse herausgab. Die Verfassung mochte, laut Zeitungsnachrichten, zum Teufel gehen: Aber jeder einzelne Paragraph des Bürgerlichen Gesetzbuchs galt weiter und wurde so sorgfältig um- und umgedreht wie je zuvor. Wo lag die eigentliche Realität? Der Reichskanzler mochte täglich öffentlich wüste Schmähungen gegen die Juden ausstoßen – aber in unserm Senat saß nach wie vor ein jüdischer Kammergerichtsrat und machte seine überaus scharfsinnigen und gewissenhaften Urteile, und diese Urteile galten und setzten den vollen Staatsapparat zu ihrer Vollziehung in Aktion – mochte auch die höchste Spitze dieses Staatsapparats ihren Verfasser täglich als »Parasiten«, »Untermenschen« oder »Pest« bezeichnen. Wer war eigentlich der Blamierte dabei? Gegen wen richtete sich die Ironie dieses Zustandes?

Ich gestehe, ich neigte dazu, allein das ungestörte Weiterfunktionieren der Justiz, aber überhaupt alles ungestörte Weitergehen des Lebens wie einen Triumph über die Nazis zu empfinden: Mochten sie sich noch so laut und wild gebärden, seht doch, sie konnten höchstens die politische Oberfläche aufrühren – hier unten die ganze Meerestiefe des wirklichen Lebens blieb unberührt von ihnen.

Blieb sie ganz unberührt? Drang nicht schon damals etwas von den Wirbeln auf der Oberfläche bis hier herunter – in einer neuen zitternden Spannung, einer plötzlichen Unversöhnlichkeit und hitzigen Haßbereitschaft, die in die politischen Privatdiskussionen drang, überhaupt in diesem Stets-und-ständig-an-Politik-denken-müssen? War es nicht schon eine seltsame Wirkung der Politik auf das Privatleben, daß man auf einmal jedes normale unpolitische Weiterleben wie eine politische Demonstration empfand?

Wie dem auch sei: Noch klammerte ich mich an dieses normale unpolitische Weiterleben. Es gab keine Stelle, von wo aus ich gegen die Nazis kämpfen konnte. Nun gut, so wollte ich mich wenigstens nicht im geringsten von ihnen stören lassen. Es mochte sogar mit einem gewissen Trotz geschehen, daß ich beschloß, nun gerade auf einen großen Faschingsball zu gehen, obwohl mir gar nicht besonders nach Fasching zumute war. Aber das wollen wir doch erst sehen, ob die Nazis dem Fasching etwas anhaben können –!

18

Der Berliner Fasching ist, wie so viele Berliner Einrichtungen, eine etwas künstliche, gemachte und ausgedachte Sache. Er hat kein skurril-geheiligtes Ritual, wie in den katholischen Zentren, er hat auch nicht das Spontane, Herzliche und Mitreißende des Münchener Faschings. Seine wesentlichen Merkmale sind, sehr berlinisch, »Betrieb« und »Organisation«. Ein Berliner Faschingsfest ist, sozusagen, eine große, bunte, glänzend organisierte Liebestombola, mit Glückslosen und Nieten: eine Gelegenheit, ein Mädchen zu greifen wie man ein Tombolalos greift, sie zu küssen und binnen einer Nacht alle Vorbereitungsstadien einer Liebesgeschichte mit ihr zu durchlaufen. Das Ende ist im allgemeinen eine gemeinsame Taxenfahrt im Morgengrauen und der Austausch zweier Telefonnummern. Hiernach weiß man dann meistens, ob eine Geschichte gestartet ist, die hübsch zu werden verspricht, oder ob man sich nur gerade einen ehrlichen Katzenjammer verdient hat. Das Ganze spielt sich – und damit kommt der »Betrieb« zu seinem Recht – ab in einer überaus bunten und wilddekorierten Umgebung, unter dem Lärm durcheinanderspielender Tanzkapellen, unter großer Verschwendung von allen obligaten Faschingsutensilien wie Papierschlangen, Lampions usw., mit Hilfe von soviel Alkohol wie man bezahlen kann und in der sardinenbüchsenhaft engen Umgebung von einigen tausend Leuten, die alle dasselbe tun und sich daher gegenseitig wenig genieren.

Der Ball, auf den ich damals ging, hieß aus irgendeinem Grund »Dachkahn«, wurde von irgendeiner Kunstschule veranstaltet, und war ein großer, lauter, bunter, überfüllter Ball wie alle diese Berliner Faschingsbälle. Es war am 25. Februar, einem Sonnabend. Ich kam ziemlich spät, und es war schon voller Betrieb, eine wimmelnde Fülle von bunten Seidenfetzen, nackten Schultern und nackten Mädchenbeinen, ein Gedränge, in dem man nicht von der Stelle kam, kein Platz an den Garderoben, kein Platz an den Buffets. Die Fülle gehörte zum »Betrieb«.

Ich kam nicht ganz in der richtigen Stimmung, im Gegenteil, ich war ein wenig niedergeschlagen, als ich kam. Ich hatte beunruhigende Gerüchte gehört diesen Nachmittag: Der Wahlkampf ginge nicht nach Wunsch; die Nazis planten einen Staatsstreich, Massenverhaftungen, Schreckensherrschaft; man müsse sich auf einiges gefaßt machen in den nächsten Wochen. Unbehaglich – obwohl natürlich wieder nur Zeitungsstoff. Die Wirklichkeit war hier, nicht wahr?, in diesen vorbeischwirrenden Stimmen, dem Gelächter, der Tanzmusik, dem freigiebig verschenkten Mädchenlächeln.

Aber plötzlich, während ich unschlüssig und abgelenkt auf irgendeiner Stufe stand und den ganzen Strudel um mich herumwogen sah – hitzige, glühende, eifrig lächelnde Gesichter, so massenhaft, ach und so harmlos, alle nur darauf aus, sich eine nette Freundin, einen netten Freund auszulosen, für eine Nacht oder für einen Sommer, einen Tropfen Lebenssüßigkeit, ein kleines Abenteuer, ein Erlebnis zum Sich-dran-erinnern – plötzlich überkam mich ein seltsames, schwindlig machendes Gefühl: als wäre ich mit allen diesen tausend bunt herausgeputzten jungen Leuten eingeschlossen in einem riesigen, unentrinnbaren, schwer schlingernden und rollenden Schiff, in dessen entlegenster, mauseloch-kleinster Kajüte wir noch tanzten, während oben auf der Brücke gerade schon beschlossen war, diesen ganzen Schiffsteil zu überfluten und uns alle zu ersäufen, Mann und Maus.

Dann schob sich ein Arm von hinten unter meinem Arm, ich hörte eine nette bekannte Stimme, und ich kehrte – ja, wohin? Sagen wir also: in die Wirklichkeit – zurück. Es war eine alte Bekannte aus glücklichen Tenniszeiten, ein Mädchen namens Lisl, lange aus den Augen verloren, fast vergessen, nun also plötzlich wieder da, altbekannt und freundlich, sehr trost- und scherzbereit. Sie stellte sich resolut zwischen mich und meine schwarzen Gedanken, verdeckte mir mit ihrer kleinen, standfesten Person Gott, die Welt und die Nazis und führte mich zurück auf den Pfad meiner Faschingspflicht. Binnen einer Stunde war ich verkuppelt, mein Lotterielos war gezogen: ein kleines schwarzes Mädchen, gekleidet wie ein Türkenknabe, sehr zierlich anzusehen, große braune Frauenaugen im Gesicht. Flüchtig betrachtet, erinnerte sie ein wenig an die Schauspielerin Elisabeth Bergner. Das war auch ihr Ehrgeiz; es war der Ehrgeiz jedes Berliner Mädchens damals. Man durfte sich nichts besseres wünschen.

Lisl, mit aufmunterndem Winken, verlor sich im Gewühl, und das Bergnermädchen wurde meine Freundin für diese Nacht. Nicht nur für diese Nacht, für eine ganze elende Zeit, die kommen sollte. Keine ganz glückliche Freundschaft, aber was wußte ich davon jetzt! Sie war leicht wie eine Feder, sie lag angenehm im Arm beim Tanzen; sie sprach altklug mit einer kleinen hohen Stimme, sie machte, mit einem gewissen trocken-spröden berlinischen Charme, kleine freche Scherze und bekam dabei Lichter in ihre großen Augen, die älter waren als ihr Gesicht. Sie war reizend genug, ich war zufrieden mit meinem Lose. Eine Weile tanzten wir, dann gingen wir irgendwann etwas zusammen trinken, dann gingen wir spazieren, und irgendwo in einem kleinen Raum, wo die Tanzmusik nur gedämpft hereinlärmte, ließen wir uns nieder, versuchten, unsere Namen zu erraten, und zogen es schließlich vor, uns welche zu geben. Sie taufte mich »Peter«. Ich taufte sie »Charlie«. Gute Namen für ein Liebespaar aus einem Vicky-Baum-Roman. Man konnte sich keine besseren wünschen. Indem wir sie uns gaben, schickten wir uns an, ein braves kleines à-la-mode-Liebespaar zu werden. Einige andere Paare rechts und links waren mit sich beschäftigt. Sie störten uns nicht. Ein alter Schauspieler aber, einsam und gebietend im Raume aufgepflanzt, mischte sich wehmütig-segnend ein, nannte uns »Kinderchen« und bestellte Cocktails für alle. Es war fast eine Familienszene. Allmählich bekam man schon wieder Lust, ein wenig zu tanzen. Ich hatte auch Lisl versprochen, sie noch einmal irgendwo zu besuchen. Es kam aber anders.

Ich weiß nicht, wie es sich zuerst zu uns herumsprach, die Polizei sei im Haus. Es kamen ja immer einmal Leute hindurch, die sich weinselig bemerkbar zu machen suchten und mehr oder weniger gelungene Scherze in die Gegend riefen, jeder nach seinem Vermögen. Einer mochte geschrien haben: »Aufstehen, Polizei ist im Haus!« Ich hielt es für keinen besonders guten Witz. Dann verdichtete sich das Gerücht aber. Ein paar Mädchen wurden nervös, sprangen auf, verschwanden, gefolgt von ihren Rittern. Ein junger Mensch, schwarz angezogen von Kopf bis Fuß und ebenso schwarz von Haar und Auge, stand plötzlich wie ein Volksredner mitten im Raum und erklärte mit grimmiger, rauher Stimme, wir täten gut, alle zusammen zu machen, daß wir fortkämen, wenn wir nicht die Nacht am Alexanderplatz verbringen wollten. (Am Alexanderplatz war das Polizeipräsidium, und auch das Polizeigefängnis.) Er gebärdete sich halb und halb, als sei er selber die Polizei. Bei näherer Betrachtung sah ich, daß er lange Zeit hier selbst gesessen und friedlich mit einem Mädchen herumgeküßt hatte. Das Mädchen war verschwunden. Er übrigens trug, wie ich jetzt sah, ein Liktorenbündel an der Kappe, und sein schwarzes Kostüm, mein Gott, das war ja eine Faszistenuniform! Seltsames Kostüm! Seltsames Benehmen! Der alte Schauspieler erhob sich langsam von seinem Sitz und ging schweigend und schwer schwankend davon. Es war alles plötzlich ein wenig wie in einem Traum.

Irgendwo in einem Saal draußen ging das Licht aus, von dem wir hier mitbeleuchtet wurden, zugleich ertönte vielstimmiges Gekreisch von dort, und wir alle sahen mit einem Schlag fahl aus – ein Beleuchtungseffekt wie auf der Bühne. »Stimmt das tatsächlich mit der Polizei? fragte ich den Schwarzen. »Es stimmt, mein Sohn!« rief er mit Stentorstimme. »Und warum? Was ist los?« »Was los ist?« schrie der Schwarze. »Das kannst du dir vielleicht selber sagen. Es gibt eben Leute, die so etwas nicht gerne sehen«, und er schlug irgendein Mädchen, das in der Nähe stand, rauh und klatschend auf den nackten Schenkel. Es war mir nicht ganz klar, ob er damit die Partei der Polizei zu nehmen beabsichtigte, oder ob es eine verwahrloste Trotzgeste sein sollte. Ich zuckte die Achseln. »Wir wollen mal selber sehen, wie, Charlie?« sagte ich. Sie nickte und folgte mir treu und ergeben.

Tatsächlich, überall war aufgestörte Bewegung, Gewühl, Unbehagen und leichte Panik. Irgendetwas war los. Vielleicht war etwas Unangenehmes passiert, ein Unglücksfall, ein Streit? Sollten gar hier vielleicht ein paar Leute aufeinander geschossen haben, ein Nazi und ein Kommunist? Unmöglich schien es nicht. Wir wanden uns durch die Zimmer und Säle. Da! Da war wirklich Polizei. Tschakos und blaue Uniformen. Da standen sie zwischen den durcheinanderstrudelnden, aufgestörten Kostümen wie Felsen in der Brandung. Nun würde man ja alles erfahren. Ich wandte mich an einen, ein bißchen ungläubig, lächelnd und vertrauensvoll, wie man sich eben an einen Schutzmann um Auskunft wendet: »Müssen wir wirklich nach Hause gehen?«

– »Sie *dürfen* nach Hause gehen«, erwiderte er – und ich prallte fast zurück, so überaus drohend hatte er es gesagt, langsam, eisig und tückisch. Ich sah ihn an – und prallte zum zweiten Mal zurück: denn was für ein Gesicht war das! Das war nicht das übliche, bekannte, treue und biedere Schupogesicht. Es war ein Gesicht, das nur aus Zähnen zu bestehen schien. Der Mann hatte mir tatsächlich die Zähne entgegengefletscht, und zwar zeigte er unwahrscheinlicherweise beide Gebißreihen, ein seltener Anblick bei einem Menschen; seine Zähnchen standen klein, spitzig und böse da, wie bei einem Raubfisch. Und fischig, haifischig war das ganze blonde und blasse Gesicht unter dem Tschako: mit toten, wäßrigen, farblosen Augen, farblosen Haaren, farbloser Haut, farblosen Lippen und einer hechtartig vorspringenden Nase über den Zähnen. Sehr »nordisch«, das mußte man zugeben, aber freilich durchaus kein Menschengesicht mehr, sondern etwa das Gesicht eines Krokodils. Ich schauderte. Ich hatte das SS-Gesicht gesehen.

19

Zwei Tage später brannte der Reichstag.

Es gibt wenig zeitgeschichtliche Ereignisse, die ich so vollständig »versäumt« habe wie den Reichstagsbrand. Während er stattfand, war ich in einem Vorort bei einem Freund und Mitreferendar zu Besuch und redete Politik. Dieser Mann ist heute ein recht hoher Militärfunktionär, »streng unpolitisch« von Gesinnung, und nur berufseifrig und pflichtstreng mit der technischen Seite der Eroberung fremder Länder beschäftigt. Damals war er ein Referendar wie ich, ein guter Kamerad, etwas trocken von Wesensanlage und unter dieser Trockenheit leidend, allzugut behütet von einem Elternpaar, dessen einziger Sohn und einzige große Hoffnung er war, und außerstande, dem liebevollen Gefängnis dieses Elternhauses zu entrinnen. Der große Kummer seines Lebens war, daß es ihm niemals gelingen wollte, eine rechte Liebesgeschichte zu erleben: Er war kein Nazi, gewiß nicht. Die bevorstehende Reichstagswahl setzte ihn in Verlegenheit. Er war »national«, aber »für Rechtsstaat«. Er konnte aus diesem Konflikt nicht herausfinden. Bisher hatte er »Deutsche Volkspartei« gewählt, aber er fühlte, daß das jetzt keinen rechten Zweck mehr hatte. Vielleicht würde er gar nicht wählen.

Wir Besucher rangen um seine arme Seele. »Du mußt doch einfach merken,« sagte einer, »daß jetzt eine klare nationale Politik gemacht wird. Wie kann man da noch schwanken! Jetzt heißts Entweder – oder. Und wenn schon ein paar Paragraphen darüber zum Teufel gehen!« Ein anderer gab dagegen zu bedenken, daß die Sozialdemokraten immerhin das Verdienst gehabt hätten, »die Arbeiterschaft in den Staat hineinzuintegrieren.« Die jetzige Regierung gefährde dieses mühevolle Werk wieder. Ich erregte leichte Mißbilligung durch die »frivole« Bemerkung, gegen die Nazis zu wählen, schiene mir eine Angelegenheit des guten Geschmacks zu sein – ganz gleichgültig, wie man im übrigen politisch stehe. »Schön, dann wähle wenigstens schwarzweiß-rot«, bemerkte der Champion der Nazis gutmütig.

Während wir so dummes Zeug redeten und Moselwein tranken, brannte also der Reichstag, fand sich der unglückselige van der Lubbe mit jedem wünschenswerten Ausweispapier versehen im brennenden Hause vor, sprach Hitler flammenumloht wie ein Wagnerscher Wotan vor dem Reichstagsportal die großen Worte: »Wenn das die Kommunisten getan haben, *woran ich nicht zweifle*, dann gnade ihnen Gott!« Wir hatten keine Ahnung davon. Das Radio war nicht angestellt. Gegen Mitternacht fuhren wir schläfrig in späten Autobussen nach Hause, während schon überall die Überfallkommandos unterwegs waren und ihre Opfer aus den Betten holten, den ersten großen Schub für die ersten Konzentrationslager: linke Abgeordnete, linke Literaten, unbeliebte Ärzte, Beamte, Anwälte.

Erst am nächsten Morgen las ich in der Zeitung, der Reichstag brenne. Erst mittags las ich von den Verhaftungen. Ungefähr gleichzeitig wurde jene Verordnung Hindenburgs angeschlagen, die für die Privatleute Meinungsfreiheit, Brief- und Telefongeheimnis aufhob und der Polizei dafür unbeschränkte Haussuchungs-, Beschlagnahme- und Verhaftungsrechte gab. Am Nachmittag gingen Leute mit Leitern herum, biedere Handwerker, und begannen an allen Anschlagsäulen und Zäunen Wahlplakate säuberlich mit weißem Papier zu überkleben: Den Linksparteien war jede weitere Wahlpropaganda verboten worden. Die Zeitungen, soweit sie noch erschienen, berichteten fast ausnahmslos mit einem gewissen weichen, patriotisch-beseligten Jubelton über alles. Wir waren gerettet! Heil uns, Deutschland war frei! Am Sonnabend würden alle Deutschen mit dankgeschwelltem Herzen das Fest der nationalen Erhebung zusammen begehen! Fackeln heraus, Fahnen heraus!

So die Zeitungen. Die Straßen sahen genau so aus wie an gewöhnlichen Tagen. Die Kinos spielten, die Gerichte sprachen Recht. Revolution? Keine Spur. In den Wohnungen saßen die Leute, ein wenig verwirrt, ein wenig verängstigt, und versuchten sich über alles klar zu werden. Schwer, schwer war das in der kurzen Zeit!

Also die Kommunisten hatten den Reichstag angezündet. Soso. Das war schon möglich, das war sogar sehr glaublich. Komisch freilich, weshalb gerade den Reichstag – ein leeres Haus, von dessen Abbrennen keiner etwas hatte.

Nun, vielleicht hatte es wirklich ein »Fanal« für die Revolution sein sollen, und das »entschlossene Zupacken« der Regierung hatte die Revolution dann verhindert. So stand es in der Zeitung, und es ließ sich hören. Komisch allerdings auch, daß die Nazis sich gerade über den Reichstag so aufregten. Bis dahin hatten sie ihn immer »Quatschbude« genannt, und jetzt auf einmal war es wie eine Schändung des Allerheiligsten, daß ihn einer angezündet hatte. Nun ja, immer wie es gerade in den Kram paßt – das ist Politik, nicht wahr, Herr Nachbar? Davon verstehen wir Gott sei Dank nichts. Hauptsache, die Gefahr der kommunistischen Revolution ist nun vorüber, und wir können ruhig schlafen gehen. Gute Nacht.

Ernsthaft gesprochen: Das Interessanteste am Reichstagsbrand war vielleicht, daß die Beschuldigung der Kommunisten so gut wie allgemein geglaubt wurde. Selbst die Zweifler fanden es immerhin nicht ganz unmöglich. Daran waren die Kommunisten selbst schuld. Sie waren in den letzten Jahren eine starke Partei geworden, sie hatten stets und ständig mit ihrer »Bereitschaft« gedroht, und eigentlich niemand traute ihnen zu, daß sie sich ohne Gegenwehr würden »verbieten« und abschlachten lassen. Den ganzen Februar hindurch hatte man ein wenig »Augen links« gestanden und auf den Gegenzug der Kommunisten gewartet. Nicht der Sozialdemokraten – von denen erwartete niemand mehr etwas, seit am 20. Juli 1932 Severing und Grzesinski mit der vollen Legalität und 80 000 Mann schwerbewaffneter Polizei im Rücken »der Gewalt« einer Reichswehrkompagnie »gewichen« waren –; aber der Kommunisten. Die Kommunisten waren entschlossene Leute mit finsteren Gesichtern, sie hoben die Faust zum Gruß, hatten Waffen – jedenfalls schossen sie oft genug bei den üblichen Kneipenschießereien –, pochten fortgesetzt auf

ihre Stärke und Organisation und waren sicher von Rußland aus belehrt, wie man »so etwas« macht. Die Nazis
ließen keinen Zweifel, daß sie ihnen ans Leben wollten:
Also würden sie sich wehren. Das war eigentlich nur selbstverständlich. Man wunderte sich ohnehin, daß man von der
Gegenwehr so lange nichts merkte.

Man brauchte sehr lange, um in Deutschland dahinter-
zukommen, daß die Kommunisten Schafe im Wolfspelz
gewesen waren. Der Nazi-Mythos vom verhinderten kommunistischen Putsch fand einen Boden von Gläubigkeit,
den die Kommunisten selbst präpariert hatten. Daß hinter
ihren erhobenen Fäusten nichts gewesen war – wer hatte
das wissen können? Es gibt heute noch Leute in Deutschland, die auf den Kommunistenschreck hereinfallen – alles
der Kommunisten eigenes Werk. Sehr viele sind es freilich
jetzt nicht mehr. Die Blamage der deutschen Kommunisten hat sich allmählich ziemlich herumgesprochen. Selbst
die Nazis ziehen dieses Register heute nicht mehr gern.
Höchstens distinguierten Ausländern gegenüber; denen
kann man immer noch alles vormachen.

Daß die meisten Deutschen damals, im Februar 1933,
an die kommunistische Brandstiftung glaubten, kann man
ihnen, scheint mir, nach alledem nicht übelnehmen. Was
man ihnen übelnehmen kann, und worin sich zum ersten
Mal in der Nazizeit ihre schreckliche kollektive Charakter-
schwäche zeigte, ist, daß damit die Angelegenheit für sie
erledigt war. Daß man ihnen, jedem einzelnen von ihnen,
sein bißchen verfassungsmäßig garantierte persönliche
Freiheit und Bürgerwürde wegnahm, nur weil es im
Reichstag ein bißchen gebrannt hatte – das nahmen sie mit
einer schafsmäßigen Ergebenheit hin, als müßte es so sein.
Wenn die Kommunisten den Reichstag angesteckt hatten,
war es doch ganz in der Ordnung, daß die Regierung »hart

zupackte«! Am nächsten Morgen diskutierte ich diese Dinge mit ein paar Referendarkollegen. Alle waren sehr interessiert für die Täterschaftsfrage des Reichstagsbrandes, und mehr als einer äußerte seine augenzwinkernden Zweifel an der offiziellen Version. Aber keiner fand etwas Besonderes dabei, daß man in Zukunft seine Telefongespräche belauschen, seine Briefe öffnen und seinen Schreibtisch erbrechen durfte. »Ich empfinde es als persönliche Beleidigung«, sagte ich, »daß man *mich* verhindert, zu lesen welche Zeitung ich will – weil angeblich ein Kommunist den Reichstag angesteckt hat. Sie nicht?« Einer antwortete fröhlich und harmlos: »Nein. Wieso? Lasen Sie denn etwa bis jetzt den »Vorwärts« und »Die Rote Fahne«?«

– Am Abend des ereignisreichen Dienstags hatte ich drei Telefongespräche. Zuerst rief ich meine neue Freundin Charlie an und verabredete mich mit ihr. Ein wenig vielleicht aus echter Verliebtheit; aber weit mehr aus Trotz. Ich wollte mich nicht stören lassen. Nun gerade nicht! Außerdem war Charlie jüdisch.

Sodann rief ich eine Jiu-Jitsu-Schule an und fragte nach Prospekten und Bedingungen. Ich hatte das Gefühl, daß eine Zeit kam, wo man Jiu-Jitsu würde können müssen. (Bald darauf merkte ich freilich, daß die Zeit, wo Jiu-Jitsu noch half, schon vorüber war, und daß man sich vielmehr eine Art geistiges Jiu-Jitsu aneignen mußte.)

Und schließlich rief ich die gute Lisl an: nicht, um mich zu verabreden, nur um mich zu entschuldigen, daß ich sie auf dem Ball nicht mehr gesehen hatte, und zu fragen, »wie sie es überstanden hätte« – eine etwas berechtigtere Frage diesmal als für gewöhnlich.

Aber Lisl klang verweint am Telephon. Ich sei doch ein Justizmensch, sagte sie. Ob ich eine Ahnung hätte, was aus den Verhafteten von gestern nacht geworden sei? Ihre Stimme setzte aus, und dann fragte sie hart, ob sie wenigstens lebten. Sie war noch nicht an die Aufhebung des Telephongeheimnisses gewöhnt.

Ihr Freund war unter ihnen – nicht irgendein Faschingsfreund, sondern der Mann, den sie liebte. Er war ein sehr bekannter linker Stadtarzt. Er hatte einen berühmt großartigen sozial-medizinischen Dienst in seinem Bezirk – einem Arbeiterviertel – organisiert, und er hatte Aufsätze veröffentlicht, in denen er für Straflosigkeit der Abtreibung bei sozialen Notständen eingetreten war. Er hatte auf der ersten Liste der Nazis gestanden.

Ich sprach Lisl noch ein paarmal in den nächsten Wochen. Es war nicht möglich, ihr zu helfen, und es wurde immer schwerer, ihr etwas Tröstliches zu sagen.

20

Was ist eine Revolution?

Staatsrechtler sagen: Die Änderung einer Verfassung mit anderen als den in ihr vorgesehenen Mitteln. Akzeptiert man diese dürre Definition, dann war die Nazi-«Revolution» vom März 1933 keine Revolution. Denn alles ging streng »legal« vor sich, mit Mitteln, die durchaus in der Verfassung vorgesehen waren, »Notverordnungen« des Reichspräsidenten zunächst und schließlich einem Beschluß, die unbeschränkte Gesetzgebungsgewalt auf die Regierung zu übertragen, gefaßt von einer Zweidrittelmehrheit des Reichstages, wie sie für Verfassungsänderungen vorgesehen war.

Nun, das ist offensichtliche Spiegelfechterei. Aber wenn man die Sache sieht, wie sie wirklich war, bleiben immer noch Zweifel genug, ob das, was sich da im März abspielte, wirklich den Namen »Revolution« verdient. Einfach vom Standpunkt des common sense aus scheint das Wesentliche an einer Revolution doch zu sein, daß Leute mit Gewalt die bestehende Ordnung und ihre Vertreter: Polizei, Militär usw. angreifen und besiegen. Das braucht nichts durchweg Begeisterndes und Herrliches zu sein, es kann mit Ausschreitung, Gewalttat, Pöbelbrutalität, Plünderung, Mord und Brand einhergehen. Was man von Leuten, die »Revolutionäre« sein wollen, immerhin erwarten muß, ist, daß sie angreifen, Mut zeigen, ihr Leben riskieren. Barrikaden sind vielleicht etwas Veraltetes, aber irgendeine Form von Spontaneität, Erhebung, Einsatz und Aufstand scheint doch wohl essentiell zu einer echten Revolution zu gehören.

Der März 1933 enthielt nichts davon. Sein Geschehen war aus den seltsamsten Elementen zusammengebraut, aber das einzige, was völlig darin fehlte, war irgendeine Tat des Muts, der Tapferkeit und Hochherzigkeit von irgendeiner Seite. Vier Dinge brachte dieser März, als deren Ergebnis schließlich die unangreifbare Nazi-Herrschaft dastand: Terror; Feste und Deklamationen; Verrat; und schließlich einen kollektiven Kollaps – einen millionenfachen simultanen individuellen Nervenzusammenbruch. Viele, ja die meisten europäischen Staatswesen sind *blutiger* geboren worden. Aber es gibt keins, dessen Entstehung in diesem Maße *ekelhaft* war.

Die europäische Geschichte kennt zwei Formen von Terror: Die eine ist der zügellose Blutrausch einer losgelassenen, siegestrunkenen revolutionären Masse; die andere ist die kalte, überlegte Grausamkeit eines siegreichen, auf Abschreckung und Machtdemonstration bedachten Staatsapparats. Die beiden Formen sind, normalerweise, auf

Revolution und Repression verteilt. Die erste ist die revolutionäre; sie nimmt ihre Entschuldigung aus der Erregung und der Wut des Augenblicks, aus dem Außersichsein. Die zweite ist die repressive; sie nimmt ihre Entschuldigung aus der Vergeltung der vorangegangenen revolutionären Greuel.

Den Nazis ist es vorbehalten geblieben, beides zu kombinieren in einer Weise, für die beide Entschuldigungen nicht gelten. Der Terror von 1933 wurde geübt von echtem, blutberauschtem Pöbel (nämlich der SA – die SS spielte damals noch nicht die Rolle wie später) – aber die SA trat dabei als »Hilfspolizei« auf, sie handelte ohne jede Erregung und Spontaneität und insbesondere ohne jede eigene Gefahr; vielmehr aus völliger Sicherheit heraus, befehlsgemäß und in strikter Disziplin. Das äußere Bild war revolutionärer Terror: Wilder unrasierter Mob, nächtlich in Wohnungen einbrechend und Wehrlose in irgendwelche Folterkeller schleppend. Der innere Vorgang war repressiver Terror: Kalte, genau berechnete, staatliche Anordnung und Lenkung und volle polizeiliche und militärische Deckung. Das Ganze geschah nicht aus dem Erregungszustand, der einem siegreichen Kampf folgt, einer großen überstandenen Gefahr – nichts dergleichen hatte stattgefunden; es geschah auch nicht zur Vergeltung irgendwelcher vorher von der Gegenseite verübter Greuel – es hatte keine gegeben. Was stattfand, war vielmehr einfach die albtraumhafte Umkehrung der normalen Begriffe: Räuber und Mörder als Polizei auftretend, bekleidet mit der vollen Staatsgewalt; ihre Opfer als Verbrecher behandelt, geächtet und im Voraus zum Tode verurteilt. Ein Beispielfall, der wegen der Ausmaße, die er annahm, in die Öffentlichkeit drang: Ein Cöpenicker sozialdemokratischer Gewerkschaftsfunktionär setzte sich mit seinen

Söhnen gegen eine SA-Patrouille, die nachts in sein Haus einbrach, um ihn zu »verhaften«, zur Wehr, und erschoß in offensichtlicher Notwehr zwei SA-Leute. Darauf wurden zunächst, noch in der gleichen Nacht, er und seine Söhne von einer zweiten, stärkeren SA-Gruppe überwältigt und im Schuppen seines Hauses aufgehängt. Am nächsten Tag aber erschienen, befehlsgemäß und diszipliniert, SA-Patrouillen in Cöpenick in den Wohnungen *aller* Einwohner, die als Sozialdemokraten bekannt waren, und erschlugen sie an Ort und Stelle. Die Zahl der Toten ist nie bekannt geworden.

Diese Art von Terror hatte den Vorteil, daß man je nachdem bedauernd die Achseln zucken und von »unvermeidlichen traurigen Begleitumständen jeder Revolution« sprechen konnte – also die Entschuldigung des revolutionären Terrors – oder auch auf die strikte Disziplin hinweisen konnte und darlegen, daß vollkommene Ruhe und Ordnung herrschte, daß ausschließlich gewisse notwendige Polizeiaktionen stattfanden und daß revolutionäre Unordnung gerade dadurch von Deutschland ferngehalten würde – die Entschuldigung des repressiven Terrors. Beides geschah denn auch abwechselnd, je nach der Art des Publikums.

Diese Art der publicity trug und trägt freilich weiter dazu bei, den Nazi-Terror abstoßender zu machen als irgendeinen sonst in der europäischen Geschichte bekannten. Selbst Grausamkeit kann einen Zug von Größe haben, wenn sie mit dem Pathos höchster offener Entschlossenheit geübt wird; wenn die, die sie verüben, lodernd zu ihren Taten stehen – wie es in der französischen Revolution, in den russischen und spanischen Bürgerkriegen der Fall war. Die Nazis, im Gegensatz dazu, zeigten nie etwas anderes als die scheue, feige und bleiche Fratze des leugnenden Mörders. Während sie systematisch Wehrlose folterten und mordeten, versicherten sie täglich in edlen und weichen Tönen, daß niemandem ein Haar gekrümmt würde, und daß nie eine Revolution so human und so unblutig vonstatten gegangen sei. Ja, wenige Wochen nach dem Einsetzen der Greuel wurde durch ein Gesetz jedem, der auch nur in seinen vier Wänden die Behauptung aufstellte, daß Greuel geschähen, strenge Strafe angedroht.

Selbstverständlich bezweckte das nicht, die Greuel wirklich geheimzuhalten. Dann hätten sie ja ihren Zweck, allgemein Furcht, Schrecken und Unterwerfung hervorzubringen, nicht erreichen können. Vielmehr sollte die Terrorwirkung gerade durch das Geheimnis gesteigert werden und durch die Gefahr, die darin lag, auch nur darüber zu reden. Die offene Darstellung dessen, was in den SA-Kellern und Konzentrationslagern geschah – etwa von der Rednertribüne herab oder in den Zeitungen –, hätte möglicherweise selbst in Deutschland verzweifelte Gegenwehr hervorgerufen. Die heimlich herumgeflüsterten schaudervollen Geschichten – »Seien Sie nur vorsichtig, Herr Nachbar! Wissen Sie, was dem X passiert ist?« – brachen viel sicherer jedes Rückgrat.

Umso mehr, als man gleichzeitig vollkommen beschäftigt und abgelenkt wurde durch eine nicht abreißende Folge von Festen, Feiern und nationalen Weihestunden. Das begann bereits mit einer riesigen Siegesfeier vor den Wahlen, dem »Tag der nationalen Erhebung« am 4. März: Massenaufmärsche und Feuerwerke, Trommeln, Kapellen und Fahnen über ganz Deutschland, Hitler aus Tausenden von Lautsprechern tönend, Schwüre und Gelöbnisse – alles, obwohl ja noch gar nicht feststand, ob nicht die Wahlen den Nazis vielleicht eine Schlappe bringen würden. Tatsächlich taten sie das: Diese Wahlen, die letzten, die je in Deutschland abgehalten wurden, brachten den

Nazis nur 44 Prozent der Stimmen (vorher hatten sie 37 gehabt) – die Mehrheit wählte immer noch gegen sie. Wenn man bedenkt, daß der Terror schon in vollem Gange, daß den Linksparteien in der letzten entscheidenden Woche vor der Wahl bereits der Mund verboten war, muß man sagen, daß sich das deutsche Volk in seiner Masse noch ganz anständig gehalten hatte. Das war aber gar keine Störung. Die Niederlage wurde einfach wie ein Sieg gefeiert, der Terror verstärkt, die Feste verzehnfacht. Die Fahnen verschwanden jetzt für vierzehn Tage überhaupt nicht mehr aus den Fenstern, eine Woche später schaffte Hindenburg die alten Reichsfarben ab, und die Hakenkreuzfahne wurde zusammen mit der schwarzweißroten »vorläufige Reichsflagge«. Und zugleich täglich Umzüge, Massenweihestunden, Dankkundgebungen für die nationale Befreiung, Militärmusik von früh bis spät, Heldenehrungen, Fahnenweihen, schließlich, als Höhepunkt, die bombastische Schmierenvorstellung des »Tages von Potsdam«, mit dem alten Verräter Hindenburg am Grabe Friedrichs des Großen, Hitler zum x-ten Male Treue zu irgendetwas gelobend, Glockengeläute, feierlicher Zug der Abgeordneten zur Kirche, Militärparade, gesenkte Degen, fähnchenschwenkende Kinder, Fackelzüge.

Die ungeheuerliche Leere und Sinnentblößtheit dieser nicht abreißenden Veranstaltungen dürfte wiederum keineswegs unabsichtlich gewesen sein. Die Bevölkerung sollte eben daran gewöhnt werden, zu jubeln und sich zu erheben, auch ohne daß sie einen eigentlichen Grund dazu sah. Grund genug, daß Leute, die allzudeutlich nicht mitmachten – psst! – alltäglich und allnächtlich mit Stahlpeitschen und Drillbohrern zu Tode gebracht wurden. Jubeln wir also und heulen wir mit den Wölfen, heil, heil! Außerdem kam man auf den Geschmack dabei. Der März 1933 brachte wundervolles Wetter. War es nicht wirklich schön, festlich im Frühlingssonnenschein auf beflaggten Plätzen in hochgestimmten Mengen unterzutauchen und hehren Worten zu lauschen von Vaterland und Freiheit, Erhebung und heiligem Gelöbnis? (Besser jedenfalls, als unter Ausschluß der Öffentlichkeit in einer SA-Kaserne mit einem Wasserschlauch den Darm aufgepumpt zu bekommen.)

Man begann mitzumachen – zunächst aus Furcht. Nachdem man aber einmal mitmachte, wollte man es nicht mehr aus Furcht tun – das wäre ja gemein und verächtlich gewesen. So lieferte man die zugehörige Gesinnung nach. Dies ist die seelische Grundfigur des Sieges der nationalsozialistischen Revolution.

Freilich mußte noch etwas anderes hinzukommen, um ihn zu vollenden: das war der feige Verrat aller Partei- und Organisationsführer, denen sich die 56 Prozent Deutsche, die noch am 5. März 1933 gegen die Nazis wählten, anvertraut hatten. Dieser furchtbare und entscheidende Vorgang ist wenig ins historische Bewußtsein der Welt getreten: Die Nazis hatten kein besonderes Interesse daran, ihn hervorzuheben, weil er den Wert ihres »Sieges« beträchtlich herabmindern muß; und die Verräter selber – nun, sie hatten erst recht kein Interesse daran. Dennoch liefert nur dieser Verrat die letzte Erklärung für die zunächst unerklärlich scheinende Tatsache, daß ein großes Volk, das immerhin nicht *nur* aus Feiglingen besteht, widerstandslos der Schande verfallen konnte.

Der Verrat war durchgehend, allgemein und ausnahmslos, von links bis rechts. Daß die Kommunisten, hinter einer prahlerischen Façade von »Bereitschaft« und Bürgerkriegsvorbereitung, in Wahrheit nur die rechtzeitige Flucht ihrer höheren Funktionäre ins Ausland vorbereiteten, habe ich schon erzählt.

Was die sozialdemokratische Führung betrifft, so hatte ihr Verrat an ihrer treuen und blind-loyalen Millionengefolgschaft von anständigen kleinen Leuten bereits am 20. Juli 1932 begonnen, als Severing und Grzesinski »der Gewalt wichen«. Den Wahlkampf von 1933 führten die Sozialdemokraten bereits auf eine entsetzlich demütigende Weise, indem sie hinter den Parolen der Nazis herliefen und ihr »Auch-national-sein« betonten. Am 4. März, einen Tag vor der Wahl, fuhr ihr »starker Mann«, der preußische Ministerpräsident Otto Braun, im Auto über die Schweizer Grenze; er hatte sich vorsorglich im Tessin ein Häuschen gekauft. Im Mai, einen Monat vor ihrer Auflösung, waren die Sozialdemokraten dann so weit, daß sie im Reichstag geschlossen der Regierung Hitler das Vertrauen aussprachen und das Horst-Wessel-Lied mitsangen. (Der Parlamentsbericht bemerkte: »Nichtendenwollender Beifall und Händeklatschen im Haus und auf den Tribünen. Auch der Reichskanzler, zu den Sozialdemokraten gewendet, klatscht.«)

Das Zentrum, die große bürgerlich-katholische Partei, die in den letzten Jahren mehr und mehr auch das protestantische Bürgertum hinter sich gesammelt hatte, war bereits im März soweit. Es schuf durch seine Stimmen die Zweidrittelmehrheit, die der Regierung Hitler »legal« die Diktatur übertrug. Es handelte dabei unter Führung des einstigen Reichskanzlers Brüning. Dies ist im Ausland heute vielfach vergessen, und Brüning gilt dort vielfach noch als eine mögliche künftige Ablösung für Hitler. Aber man glaube mir: In Deutschland ist es unvergessen, und ein Mann, der noch am 23. März 1933 glaubte, aus taktischen Gründen die ihm anvertraute Partei in einer vitalen Abstimmung Hitler zuführen zu dürfen, ist dort für immer unmöglich geworden.

Die Deutschnationalen schließlich, die konservativen Rechtskreise, die »Ehre« und »Heroismus« geradezu als ihr Parteiprogramm vindizierten – o Gott, wie überaus ehrlos und feige war das Schauspiel, das ihre Führer ihren Anhängern im Jahre 1933 und seither vorführten! Nachdem sich die Erwartung des 30. Januar, daß sie die Nazis »eingefangen« hätten und »unschädlich machen« würden, enttäuscht hatten, erwartete man wenigstens von ihnen, daß sie »bremsen« und »das Schlimmste verhüten« würden. Nichts da; sie machten alles mit, den Terror, die Judenverfolgungen, die Christenverfolgungen, ja sie ließen sich nicht dadurch stören, daß man ihre Partei verbot, ihre Anhänger verhaftete. Sozialistische Funktionäre, die ihre Wähler und Anhänger im Stich lassen und fliehen, sind, als Erscheinung, trübselig genug. Was aber soll man zu adligen Offizieren sagen, die zusehen, wie ihre nächsten Freunde und Mitarbeiter erschossen werden – wie der Herr von Papen – und weiter im Amt bleiben und »Heil Hitler« rufen?!

Wie die Parteien, so die Bünde. Es gab einen »Kommunistischen Frontkämpferbund«, es gab ein »Reichsbanner Schwarz-Rot-Gold«, militärisch organisiert, nicht ganz waffenlos, mit Millionen Angehöriger, ausdrücklich dazu bestimmt, im Notfall die SA in Schach zu halten. Man bemerkte die ganze Zeit über nichts von diesem »Reichsbanner«, überhaupt nichts, nicht das Geringste. Es verschwand spurlos, als wäre es nie dagewesen. Widerstand gab es in ganz Deutschland höchstens als individuelle Verzweiflungstat – wie bei jenem Gewerkschaftsmann aus Cöpenick. Die Reichsbanneroffiziere schwangen sich nirgends auch nur zu einer Spur von Gegenwehr auf, wenn ihre Verbandshäuser von der SA »übernommen« wurden. Der »Stahlhelm«, die Armee der Deutschnationalen, ließ sich gleichschalten und später stückweise auflösen, murrend aber widerstandslos. Es gab nicht *ein* Beispiel von Verteidigungsenergie, Mannhaftigkeit, Haltung. Es gab nur Panik, Flucht und Überläuferei. Millionen waren im März 1933 noch kampfbereit. Sie fanden sich über Nacht führerlos, waffenlos und verraten. Ein Teil von ihnen suchte noch, verzweifelt, Anschluß beim »Stahlhelm« und bei den Deutschnationalen, als sich zeigte, daß die andern nicht kämpften. Deren Mitgliederzahlen schwollen ein paar Wochen lang unheimlich an. Dann wurden auch sie aufgelöst – und kapitulierten kampflos.

Dieses furchtbare moralische Versagen der gegnerischen Führung ist ein Grundzug der »Revolution« vom März 1933. Es machte den Nazis den Sieg sehr leicht. Es stellt freilich auch den Wert und die Dauerhaftigkeit dieses Sieges in Frage. Das Hakenkreuz ist in die deutsche Masse nicht hineingeprägt worden wie in eine widerstrebende, aber dafür auch formfähige, feste Substanz, sondern wie in einen formlos-nachgiebigen, breiigen Teig. Der Teig mag ebenso leicht und widerstandslos eine andere Form annehmen, wenn der Tag kommt. Freilich besteht seit März 1933 die unbeantwortete Frage, ob es überhaupt lohnt, ihn zu formen. Denn die moralische Wesensschwäche Deutschlands, die damals zutagegetreten ist, ist zu ungeheuerlich, als daß nicht die Geschichte eines Tages Konsequenzen aus ihr ziehen sollte.

Jede Revolution bei anderen Völkern hat, wieviel Blutverlust und momentane Schwächung sie immer mit sich bringen mochte, zu einer ungeheuren Steigerung aller moralischen Energien auf beiden kämpfenden Seiten geführt – und damit, auf lange Sicht, zu einer ungeheuren Stärkung der Nation. Man betrachte die ungeheure Menge von Heldenmut, Todesverachtung und menschlicher Größe, die – gewiß neben Ausschreitung, Grausamkeit und

Gewalt – von Jakobinern wie Royalisten im revolutionären Frankreich, von Francoleuten wie von Republikanern im heutigen Spanien entfaltet worden ist! Wie immer der Ausgang sein mag – die Tapferkeit, mit der um ihn gerungen wurde, bleibt als unerschöpflicher Kraftquell im Bewußtsein der Nation. Die heutigen Deutschen haben an der Stelle, wo dieser Kraftquell entspringen müßte, nur die Erinnerung an Schande, Feigheit und Schwäche. Das wird unfehlbar eines Tages seine Wirkungen zeigen; sehr möglicherweise in der Auflösung der deutschen Nation und ihrer staatlichen Form.

– Aus diesem Verrat der Gegner und dem Gefühl der Hilflosigkeit, der Schwäche und des Ekels, das er erzeugte, wurde das Dritte Reich geboren. Am 5. März waren die Nazis noch in der Minderheit geblieben. Drei Wochen später hätten sie, wäre noch einmal gewählt worden, wahrscheinlich wirklich die Mehrheit gehabt. Nicht nur der Terror hatte inzwischen seine Wirkung getan, nicht nur die Feste hatten viele berauscht (die Deutschen berauschen sich so gern an patriotischen Festen). Entscheidend war, daß die Wut und der Ekel gegen die eigene feig-verräterische Führung im Augenblick stärker wurde als die Wut und der Haß gegen den eigentlichen Feind. Zu Hunderttausenden traten auf einmal während des März 1933 Leute der Nazipartei bei, die bis dahin gegen sie gestanden hatten – die sogenannten »Märzgefallenen«, beargwöhnt und verachtet von den Nazis selbst. Zu Hunderttausenden gingen, jetzt zu allererst, auch Arbeiter aus ihren sozialdemokratischen oder kommunistischen Organisationen hinüber in die nazistischen »Betriebszellen« oder in die SA. Die Gründe, aus denen sie es taten, waren verschieden, und oft war es ein ganzer Knäuel von Gründen. Aber wie lange man auch sucht, man wird nicht *einen* starken, stichfesten, haltbaren und positiven darunter finden – nicht einen, der sich sehen lassen kann. Der Vorgang trug, in jedem Einzelfall, unverkennbar alle Merkmale eines Nervenzusammenbruchs.

Der einfachste Grund, und fast überall, wenn man bohrte, der innerste, war: Angst. Mitprügeln, um nicht zu den Geprügelten zu gehören. Sodann: ein wenig unklarer Rausch, Einigkeitsrausch, Magnetismus der Masse. Ferner bei vielen: Ekel und Rachsucht gegenüber denen, die sie im Stich gelassen hatten. Ferner, eine seltsam deutsche Figur, dieser Gedankengang: »Alle Voraussagen der Gegner der Nazis sind nicht eingetroffen. Sie haben behauptet, die Nazis würden nicht siegen. Nun haben sie doch gesiegt. Also hatten ihre Gegner Unrecht. Also haben die Nazis Recht.« Ferner bei einigen (namentlich Intellekuellen) der Glaube, jetzt noch das Gesicht der Nazipartei ändern und ihre Richtung abbiegen zu können, indem man selbst hineinging. Sodann, selbstverständlich, auch echte gewöhnliche Mitläuferei und Konjunkturgesinnung. Bei den primitiver und massenartiger Empfindenden, Einfacheren schließlich ein Vorgang, wie er sich in mythischen Zeiten abgespielt haben mag, wenn ein geschlagener Stamm seinem offenbar ungetreuen Stammesgott abschwur und den Gott des siegreichen Feindesstamms zum Schutzherrn wählte. St. Marx, an den man immer geglaubt hatte, hatte nicht geholfen. St. Hitler war offenbar stärker. Zerstören wir also St. Marx' Bilder auf den Altären und weihen wir sie St. Hitler. Lernen wir beten: Die Juden sind schuld, anstatt: Der Kapitalismus ist schuld. Vielleicht wird uns das erlösen.

Alles dies ist, wie man sieht, als Vorgang gar nicht so unnatürlich, es liegt durchaus innerhalb des normalen psychologischen Funktionierens, und es erklärt das scheinbar

Unerklärliche fast vollkommen. Der einzige Rest, der bei alledem bleibt, ist die völlige Abwesenheit von dem, was man, an einem Volk wie an einem Menschen, »Rasse« nennt: also eines festen, durch Druck und Zug von außen nicht zu erschütternden Kerns, einer gewissen adligen Härte, einer allerinnersten, gerade erst in der Stunde der Prüfung mobilisierbaren Reserve an Stolz, Gesinnung, Selbstgewißheit, Würde. Das haben die Deutschen nicht. Sie sind als Nation unzuverlässig, weich, kernlos. Der März 1933 hat es bewiesen. Im Augenblick der Herausforderung, wo bei Völkern von Rasse wie auf Verabredung ein allgemeiner spontaner Aufschwung erfolgt, erfolgte in Deutschland wie auf Verabredung ein allgemeines Auslassen und Schlappmachen, ein Nachgeben und Kapitulieren – kurz und gut: ein Nervenzusammenbruch.

Das Ergebnis dieses millionenfachen Nervenzusammenbruchs war das geeinte, zu allem bereite Volk, das heute den Albdruck der ganzen Welt bildet.

21

Dies war der Vorgang, wie er heute, unverkennbar, klar und abgerückt, vor der rückschauenden Betrachtung steht. Während ich ihn erlebte, war es freilich unmöglich, ihn zu übersehen. Ich spürte, furchtbar genug, das Würgend-Ekelhafte des Ganzen, aber ich war unfähig, seine Elemente zu erfassen und zu ordnen. Vor jeden Versuch, sich klar zu werden, legten sich wie Schleier jene, ach so unendlich müßigen und sinnlosen Diskussionen, in denen man sich immer wieder abmühte, die Dinge in ein ihnen nicht mehr passendes System obsoleter politischer Begriffe einzuordnen. Wie gespenstisch diese Diskussionen heute

anmuten, wenn man sich, durch einen Zufall der Erinnerung, noch einmal Stücke und Fetzen von ihnen vergegen-
wärtigt! Wie völlig hilflos wir geistig waren, mit all unserer
historisch-bürgerlichen Bildung, vor diesem Vorgang, der
in allem, was wir gelernt hatten, einfach nicht vorkam! Wie
sinnlos die Erklärungen, wie unendlich töricht die Recht-
fertigungsversuche, aber auch wie hoffnungslos oberfläch-
lich die Notkonstruktionen, mit denen der Verstand das
unbeirrbare Gefühl des Grauens und des Ekels zu
umbauen versuchte! Wie überaus abgestanden alle die
-ismen, die man ins Feld führte. Ich denke mit einem
gewissen Schauder daran.

Und außerdem war das tägliche Leben der klaren
Erkenntnis im Wege – das Leben, das weiterging, nun freilich endgültig gespenstisch und unwirklich geworden und
täglich verhöhnt von dem Geschehen, in das es eingebettet
war. Noch ging ich wie zuvor aufs Kammergericht, noch
sprach man dort Recht, als habe das noch irgendetwas zu
bedeuten, auch der jüdische Kammergerichtsrat meines
Senats saß noch unbelästigt in seiner Toga hinter der
Schranke, freilich schon von seinen Richterkollegen mit
einem gewissen besonderen taktvollen Zartgefühl behandelt, wie man es Schwerkranken gegenüber walten läßt.
Noch rief ich meine Freundin Charlie an, und wir gingen
ins Kino oder saßen in einer kleinen Weinstube und tranken Chianti oder tanzten irgendwo zusammen. Noch sah
ich Freunde, noch diskutierte ich mit Bekannten, und
Familiengeburtstage wurden gefeiert wie immer – aber
wenn man im Februar noch hatte schwanken können, ob
mit alledem nicht die eigentliche, unzerstörbare Wirklichkeit über das Treiben der Nazis triumphierte: Jetzt war es
nicht mehr zu leugnen, daß vielmehr eben dies alles
mechanisch, hohl, leblos geworden war und in jeder

Minute nur den Triumph des Feindlichen bewies, das es von allen Seiten überflutete.

Dennoch war es, seltsam genug, auch und gerade dies mechanisch und automatisch weiterlaufende tägliche Leben, was es verhindern half, daß irgendwo eine kraftvolle, lebendige Reaktion gegen das Ungeheuerliche stattfand. Ich habe geschildert, wie der Verrat und die Feigheit der Führer es verhinderte, daß die Mannschaften der andern politischen Machtgruppen gegen die Nazis eingesetzt wurden und Widerstand leisteten. Das läßt immer noch die Frage offen, warum nicht ganz spontan, hier und da und dort, ein Einzelner aufstand und sich wehrte – wenn nicht gegen das Ganze, so doch vielleicht gegen irgendein spezielles Unrecht, irgendeine besondere Schandtat, die gerade in seiner Reichweite geschah? (Ich übersehe nicht, daß diese Frage auch einen Vorwurf gegen mich selbst einschließt.)

Dem war eben der weiterlaufende Mechanismus des täglichen Lebens im Wege. Wie anders würden wahrscheinlich Revolutionen, wie anders würde die gesamte Geschichte verlaufen, wenn die Menschen heute noch, wie vielleicht im antiken Athen, auf sich stehende Wesen mit einer Beziehung zum Ganzen wären – und nicht so rettungslos eingespannt in ihren Beruf und ihren Tagesplan, abhängig von tausend Unübersehbarkeiten, Glieder eines unkontrollierbaren Mechanismus, auf Schienen laufend gleichsam und hilflos, wenn sie entgleisen! Nur in der täglichen Routine ist Sicherheit und Weiterbestehen – gleich daneben fängt der Dschungel an. Jeder europäische Mensch des 20. Jahrhunderts hat das mit dunkler Angst im Gefühl. Daher sein Zögern, irgendetwas zu unternehmen, was ihn »entgleisen« lassen könnte – etwas Kühnes, Unalltägliches, nur aus ihm selbst Kommendes. Daher die

Möglichkeit solcher immenser Zivilisationskatastrophen wie der Naziherrschaft in Deutschland.

Zwar schäumte und tobte ich in diesem März 1933. Zwar erschreckte ich meine Familie mit wilden Vorschlägen: den Staatsdienst zu quittieren; auszuwandern; demonstrativ zum Judentum überzutreten. Aber mit dem Aussprechen solcher Absichten war es jeweils noch getan. Mein Vater, aus der reichen, freilich diese neuen Vorgänge nicht bedeckenden Erfahrung eines Lebens, das sich zwischen 1870 und 1933 abgespielt hatte, wiegelte ab, entdramatisierte, suchte mein Pathos leise zu ironisieren. Ich ließ es zu. Schließlich war ich an seine Autorität gewöhnt und meiner selbst noch nicht sicher. Auch hat ruhige Skepsis auf mich immer überzeugender gewirkt als radikales Pathos, und ich habe eine ganze Weile gebraucht, um zu lernen, daß in diesem Fall mein erster jugendlicher Instinkt tatsächlich gegenüber der Erfahrungsweisheit meines Vaters recht hatte, und daß es Dinge gibt, denen man mit ruhiger Skepsis nicht beikommen kann. Damals war ich noch zu schüchtern, um aus meinen Gefühlen positive Konsequenzen zu ziehen.

Vielleicht, nicht wahr, sah ich die Dinge wirklich nicht richtig. Vielleicht mußte man sie wirklich durchstehen und vorüberrauschen lassen. Sicher und fertig fühlte ich mich nur im Amt, beschirmt von den Paragraphen des Bürgerlichen Gesetzbuchs und der Zivilprozeßordnung. Sie standen noch. Auch das Kammergericht stand noch. Sinnentleert wie sein Betrieb im Augenblick scheinen mochte, geändert hatte sich noch nichts daran. Vielleicht würde sich wirklich dies am Ende doch als das Bleibende und Stärkere erweisen.

Und so, unsicher, abwartend, die tägliche Routine weitererfüllend, Wut und Grauen herunterwürgend oder, sehr

unfruchtbar und sehr komisch, in Ausbrüchen am häuslichen Eßtisch verströmend – so ausgeschaltet weiterlebend
wie Millionen andere, ließ ich die Dinge an mich heran-
kommen.

Sie kamen an mich heran.

22

Ende März fühlten die Nazis sich stark genug, um den
ersten Akt ihrer wirklichen Revolution zu starten, jener
Revolution, die sich nicht gegen irgendeine Staatsverfas-
sung, sondern gegen die Grundlagen des menschlichen
Zusammenlebens auf der Erde richtet, und die, wenn sie
unbehelligt bleibt, ihre Höhepunkte immer noch vor sich
hat. Ihr erster, schüchterner Akt war der Judenboykott vom
1. April 1933.

Er wurde am Sonntag zuvor von Hitler und Goebbels auf
dem Obersalzberg bei Tee und Biskuits beschlossen. Am
Montag hatte die Zeitung die seltsam ironische Überschrift: »Massenaktion angekündigt«. Vom Sonnabend, den
1. April ab, so hieß es, sollten sämtliche jüdischen Geschäfte boykottiert werden. SA-Posten sollten vor ihnen
Aufstellung nehmen und verhindern, daß jemand sie
betrat. Ebenso sollten alle jüdischen Ärzte und Anwälte
boykottiert werden. SA-Patrouillen sollten in ihren Büros
und Sprechzimmern kontrollieren, daß der Boykott durch-
geführt wurde.

Die Begründung dieser Maßnahme ließ den Fortschritt
ermessen, den die Nazis seit einem Monat gemacht hatten.
Die Legende vom geplanten Kommunistenputsch, die man
damals erzählt hatte, um die Verfassung und die bürgerliche Freiheit abzuschaffen, war noch eine gutkonstruierte,

auf Glaubwürdigkeit bedachte story gewesen; ja, sogar eine Art Augenscheinsbeweis zu konstruieren hatte man noch für nötig gehalten, indem man den Reichstag brennen ließ. Die offizielle Begründung des Judenboykotts dagegen war bereits eine freche Beleidigung und Verhöhnung derjenigen, denen man zumutete, so zu tun, als glaubten sie daran. Der Judenboykott sollte nämlich veranstaltet werden als Abwehr- und Vergeltungsmaßnahme gegen die jeder Grundlage entbehrenden Greuelmärchen über das neue Deutschland, die von den deutschen Juden auf spitzfindige Weise ins Ausland lanciert würden. So, darum.

Andere Maßnahmen wurden in den nächsten Tagen zur Ergänzung angeordnet (einige davon wurden später wieder, zunächst, gemildert): Alle »arischen« Geschäfte hatten ihre jüdischen Angestellten zu entlassen. Dann: Auch alle jüdischen Geschäfte hatten dies zu tun. Die jüdischen Geschäfte hatten ihren »arischen« Angestellten Löhne und Gehälter weiterzuzahlen, während sie durch den Boykott geschlossen waren. Die jüdischen Geschäftsinhaber hatten sich überhaupt zurückzuziehen und »arische« Geschäftsführer zu bestellen. Usw.

Zugleich setzte ein großer »Aufklärungsfeldzug« gegen die Juden ein. Die Deutschen wurden in Flugblättern, Plakaten und Massenversammlungen darüber aufgeklärt, daß sie einem Irrtum unterlegen seien, wenn sie die Juden bisher für Menschen gehalten hätten. Die Juden seien vielmehr »Untermenschen«, eine Art Tiere, aber zugleich mit den Eigenschaften von Teufeln. Welche Folgerungen daraus zu ziehen waren, blieb einstweilen unausgesprochen. Doch wurde immerhin als Schlachtruf und Parole die Aufforderung ausgegeben: »Juda verrecke!« Zum Leiter des Boykotts wurde ein Mann ernannt, dessen Namen die mei-

sten Deutschen damals zum ersten Male lasen: Julius Strei-
cher.

Alles dies erregte, was man den Deutschen nach den
letzten vier Wochen kaum mehr zugetraut hätte: weitver-
breiteten Schrecken. Ein gewisses Murmeln der Mißbilligung, unterdrückt aber hörbar, lief durch das Land. Fein-
fühlig merkten die Nazis, daß sie im Moment einen zu
großen Schritt gemacht hatten, und ließen nach dem
1. April einen Teil der Maßnahmen wieder fallen. Aber
nicht, ohne vorher den vollen Schrecken haben wirken zu
lassen. Wieviel sie von ihren eigentlichen Absichten aufgegeben hatten, weiß man inzwischen.

Das Seltsame und Entmutigende freilich war, daß – jenseits des ersten Schreckens – diese erste großzügige
Bekundung einer neuen Mordgesinnung in ganz Deutschland eine Flut von Unterhaltungen und Diskussionen ent-
fesselte – nicht etwa über die Antisemitenfrage, sondern
über die »Judenfrage«. Ein Trick, der den Nazis seither
auch in vielen anderen »Fragen« und in internationalem
Maßstabe geglückt ist: Indem sie irgend jemand – ein
Land, ein Volk, eine Menschengruppe – öffentlich mit dem
Tode bedrohten, brachten sie es zustande, daß nicht ihre,
sondern seine Lebensberechtigung plötzlich allgemein diskutiert – d.h. in Frage gestellt wurde.

Jeder fühlte sich auf einmal bemüßigt und berechtigt,
sich eine Meinung über die Juden zu bilden und sie zum
besten zu geben. Man machte feine Unterscheidungen
zwischen »anständigen« Juden und anderen; wenn die
einen, gleichsam zur Rechtfertigung der Juden – Rechtfertigung wofür? wogegen? – ihre wissenschaftlichen, künstlerischen, medizinischen Leistungen anführten, warfen die
anderen ihnen gerade dies vor: Sie hätten Wissenschaft,
Kunst, Medizin »überfremdet«. Überhaupt wurde es

schnell allgemein üblich und populär, die Ausübung anständiger und geistig wertvoller Berufe den Juden als Verbrechen oder zum mindesten als Taktlosigkeit anzurechnen. Man hielt den Verteidigern der Juden stirnrunzelnd vor, daß die Juden aber, höchst verwerflicherweise, einen so und so hohen Prozentsatz der Ärzte, Rechtsanwälte, Presseleute usw. stellten. Man liebte überhaupt, die »Judenfrage« mit Prozentrechnung zu entscheiden. Man untersuchte, ob der prozentuale Anteil der Juden an der Mitgliederzahl der Kommunistischen Partei nicht zu hoch, und der an der Gefallenenzahl des Weltkrieges nicht etwa zu niedrig sei. (Tatsächlich, auch dies letztere habe ich erlebt, von seiten eines Mannes, der sich zu den »gebildeten Ständen« rechnete und einen Doktortitel führte. Er bewies mir toternst, daß die 12 000 im Weltkrieg gefallenen deutschen Juden in einem geringeren Verhältnis zur Gesamtzahl der deutschen Juden ständen als die entsprechende Zahl bei Ariern, und leitete daraus »eine gewisse Berechtigung« des nazistischen Antisemitismus her.) Nun ist es wohl heute keinem mehr zweifelhaft, daß in Wahrheit der nazistische Antisemitismus so gut wie nichts mit den Juden, ihren Verdiensten und Fehlern, zu tun hat. Das Interessante an der nachgerade nicht mehr verheimlichten Absicht der Nazis, die Deutschen dazu abzurichten, daß sie die Juden über die ganze Welt hin verfolgen und möglichst ausrotten, ist nicht die Begründung, die sie dafür geben – die ist so unverblümter Nonsens, daß es eine Selbsterniedrigung bedeutet, sie auch nur bekämpfend zu diskutieren – sondern eben diese Absicht selbst. Sie nämlich ist etwas tatsächlich weltgeschichtlich Neues: der Versuch, die Ursolidarität jeder Tiergattung untereinander, die sie allein zum Überleben im Existenzkampf befähigt, innerhalb des Menschengeschlechts außer Kraft zu setzen, die menschlichen Raubtierinstinkte, die sich sonst nur gegen die Tierwelt richten, auf Objekte innerhalb der eigenen Gattung zu lenken, und ein ganzes Volk wie ein Rudel Hunde auf Menschen »scharf zu machen«. Ist erst einmal die grundsätzliche immerwährende Mordbereitschaft gegen Mitmenschen geweckt und sogar zur Pflicht gemacht, so ist es eine Kleinigkeit, die Einzelobjekte zu wechseln. Schon heute zeigt sich ziemlich deutlich, daß man statt »Juden« auch »Tschechen«, »Polen« oder irgendetwas anderes setzen kann. Worum es sich hier handelt, ist die systematische Impfung eines ganzen Volkes – des deutschen – mit einem Bazillus, der bewirkt, daß die von ihm Befallenen gegen Mitmenschen wölfisch handeln; oder, anders ausgedrückt, die Entfesselung und Hochzüchtung jener sadistischen Instinkte, deren Niederhaltung und Abtötung das Werk eines vieltausendjährigen Zivilisationsprozesses war. Ich werde in einem späteren Kapitel Gelegenheit haben, zu zeigen, daß große Teile des deutschen Volkes – trotz seiner allgemeinen Schwächung und Entehrung – hiergegen denn doch noch innere Abwehrkräfte aufbringen, wahrscheinlich aus einem dunklen Instinkt heraus, was hier auf dem Spiel steht. Wäre es anders und sollte dieser Versuch der Nazis – der eigentliche Kern ihrer gesamten Bestrebungen – tatsächlich gelingen, so würde das freilich zu einer Menschheitskrise allerersten Ranges führen, in der die physische Fortexistenz der Gattung Mensch in Frage gestellt werden würde und in der wahrscheinlich nur noch ungeheuerliche Mittel wie die physische Destruktion aller mit dem Wolfsbazillus Behafteten Rettung bringen könnte.

Man ersieht aus diesem kurzen Aufriß bereits, daß es genau der nazistische Antisemitismus ist, was – nicht etwa für die Juden – an die letzten Existenzfragen rührt, in die keiner ihrer anderen Programmpunkte hinabreicht. Und man mag daran die ganze Lächerlichkeit jenes in Deutschland noch heute nicht seltenen Standpunktes ermessen, der den Antisemitismus der Nazis als eine kleine Nebensache, allenfalls einen Schönheitsfehler der Bewegung betrachten möchte, den man, je nachdem ob man die Juden mehr oder weniger sympathisch findet, hinnehmen oder bedauern kann, der aber »neben den großen nationalen Fragen natürlich gar nichts bedeutet«. In Wahrheit sind diese »großen nationalen Fragen« gerade höchst unbedeutender Tageskram, Teilwirren einer vielleicht noch ein paar Dekaden währenden europäischen Übergangsperiode – verglichen mit den Urgefahren einer Menschheitsdämmerung, die der nazistische Antisemitismus heraufbeschwört.

Wiederum sind das alles Dinge, über die im März 1933 noch keiner völlig klar sah. Aber in diesem Fall darf ich mir zugute halten, daß ich schon damals eine Witterung dafür hatte. Ich spürte deutlich: Was bis dahin geschehen war, war ekelhaft und nichts weiter. Was jetzt begann, hatte etwas Apokalyptisches. Es stellte – ich spürte es an einem Ruck in selten betretenen Gebieten der Seele – äußerste Fragen; wenn ich diese Fragen auch noch nicht zu benennen wußte.

Zugleich spürte ich mit einem Gefühl, in dem dicht neben dem Schrecken eine gewisse – ja, fast freudige Spannung saß, daß die Dinge jetzt auf mich zukamen. Ich bin, was die Nazis einen »Arier« nennen; was für Rassen tatsächlich an meiner Person Anteil haben, weiß ich natürlich so wenig wie irgend jemand. Jüdisches Blut ist jedenfalls in den zwei-, dreihundert Jahren, die ich meine Abstammung allenfalls zurückverfolgen kann, in meiner Familie nicht festzustellen. Dennoch habe ich zu der deutsch-jüdischen Welt stets eine stärkere instinktive Affinität gehabt als zu dem durchschnittlich-norddeutschen Typ, in dessen Mitte ich aufgewachsen bin, und meine Beziehungen zu ihr waren alt und eng. Mein ältester und bester Freund war ein Jude. Selbst meine neue kleine Freundin Charlie war eine Jüdin, und, unverkennbar: Ich liebte sie, mit der ich eigentlich immer noch unentschlossen spielte, plötzlich ein wenig heißer und stolzer nun, da das Verderben nach ihr langte. Ich wußte: Man würde mich nicht veranlassen, sie zu boykottieren.

Ich rief sie noch an demselben Abend an, als die ersten Ankündigungen in der Zeitung standen. Ich sah sie in dieser Woche fast täglich, und unsere Geschichte begann nun wie eine richtige Liebesgeschichte auszusehen. Charlie war freilich, nun, im Alltag, kein Türkenknabe mehr wie damals in der Ballbeleuchtung, sondern eben ein gutes kleines Mädchen aus einer kleinbürgerlichen, sorgenvollen jüdischen Familie, aus einer unübersichtlichen Welt mit vielen Verwandten. Aber sie war ein kleines, zartes und freundliches Geschöpf, und das Verderben war über ihr. In diesen Wochen liebte ich sie.

Ich erinnere mich einer seltsamen Szene mit ihr aus der letzten Märzwoche, während der Boykott herangerollte. Wir waren in den Grunewald hinausgefahren, es war wundervolles, unnatürlich warmes Frühlingswetter, wie in diesem ganzen März 1933. Unter kleinen Wölkchen, die über einen unbeschreiblich lichten Himmel zogen, zwischen harzig duftenden Kiefern saßen wir auf irgendeinem Mooshügel und küßten uns, wie das musterhafteste kleine Filmliebespaar. Die Welt war überaus friedlich und frühlingshaft. Wir saßen vielleicht ein oder zwei Stunden dort, und wohl alle zehn Minuten kam eine Schulklasse an uns vorüber, es schien ein allgemeiner Schulwandertag zu sein; lauter frische nette Jungen, geführt und behütet jeweils von

ihrem Lehrer, der meist einen Zwicker trug oder ein Bärt-
chen, wie es sich für einen Lehrer geziemt, und treu über
seine Schäflein wachte. Und jede dieser Schulklassen,
wenn sie an uns vorüber kam, wandte sich uns zu und rief,
wie einen fröhlichen Wandergruß, im Chor mit fröhlichen
Jungenstimmen: »Juda verrecke!« Vielleicht bezog es sich
gar nicht auf uns – ich sehe nicht jüdisch aus, und Charlie,
dafür daß sie es war, auch nicht besonders – sondern war
wirklich nur als eine nette Grußformel gemeint. Ich weiß
es nicht. Vielleicht auch bezog es sich doch auf uns und
sollte eine Aufforderung sein.

Da saß ich »auf dem Frühlingshügel«, ein kleines, zier-
lich-lebendiges Mädchen im Arm, das ich küßte und strei-
chelte, und immer wieder und wieder zogen muntere wan-
dernde Jungen vorbei und forderten uns auf zu verrecken.
Wir taten übrigens nicht dergleichen, und auch sie zogen
immer ruhig weiter, unbekümmert darum, daß wir noch
nicht verreckten.

Ein surrealistisches Bild.

23

Freitag, der 31. März. Am nächsten Tag sollte es Ernst werden. Ganz glaublich schien es immer noch nicht. Man blätterte die Zeitungen durch, ob sie nicht doch irgendeine
Abschwächung enthielten, irgendein Einlenken ins halb-
wegs Normale und Vorstellbare. Nein, nichts. Nur ein paar
weitere Verschärfungen und ruhig-pedantische Einzel-
anweisungen, wie alles auszuführen sei und wie man sich
zu verhalten habe.

Im übrigen business as usual. Den Straßen mit ihrem
gleichmäßig-eiligen, geschäftlichen Leben war nicht anzu-

sehen, daß in dieser Stadt irgend etwas Besonderes bevorstehe. Die jüdischen Geschäfte waren offen und verkauften wie immer. Es war heute noch nicht verboten, in ihnen zu kaufen. Vielmehr erst morgen: morgen früh Schlag 8 Uhr.

Ich ging aufs Kammergericht. Es stand grau, kühl und gelassen wie immer, vornehm abgerückt von der Straße, hinter Rasenflächen und Bäumen. Durch seine weiten Gänge und Hallen huschten wie immer eilig und fledermausartig in ihren wehenden schwarzen Seidentogen die Anwälte, Aktentaschen unter dem Arm, mit gesammelten und korrekten Gesichtern. Die jüdischen Anwälte plädierten ihre Sachen, als wäre dies ein Tag wie alle Tage.

Ich ging in die Bibliothek, als wäre dies ein Tag wie alle Tage – ich hatte keine Sitzung – und richtete mich an einem der langen Arbeitstische mit einem Aktenstück ein, über das ich ein Gutachten zu machen hatte. Irgendeine komplizierte Sache mit intrikaten Rechtsfragen. Ich schleppte die dicken Kommentarbände auf meinen Platz und umstellte mich mit ihnen, ich schlug Reichsgerichtsentscheidungen nach, machte Notizen. In dem weiten Raum herrschte – wie alle Tage – die unhörbar knisternde Stille vielfältiger, gesammelter geistiger Arbeit. Während man mit dem Bleistift auf dem Papier spielte, setzte man die unsichtbaren feinen Hobel und Feilen der juristischen Prozedur an einen Fall, subsummierte, verglich, wog die Bedeutung eines Wortes in irgendeinem Vertrag, untersuchte, welche Tragweite das Reichsgericht irgendeinem Paragraphen gab. Dann ein paar gekritzelte Worte auf einem Blatt Papier – und etwas war geschehen wie ein Schnitt in einer Operation, eine Frage geklärt, ein Element des Urteils gewonnen. Noch nicht die Entscheidung selbst natürlich: »Ist es somit irrelevant, ob der Kläger..., so ist nunmehr zu untersuchen ...« Vorsichtige, genaue, stumme

Arbeit. Jeder im Raum vertieft und isoliert in die seine. Selbst die Wachtmeister, halb Amtsdiener, halb Polizeiposten, hatten hier in der Bibliothek einen leisen Gang und eine Tendenz, sich selbst auszulöschen. Es herrschte zugleich die äußerste Stille, und, in dieser Stille, die äußerste Spannung vielfältiger Tätigkeit: Etwas wie ein stummes Konzert. Ich liebte diese Atmosphäre. Sie war sehr dicht und hilfreich. Zu Hause an meinem vereinzelten Schreibtisch hätte ich schwer heute arbeiten können. Hier war es ganz leicht. Die Gedanken konnten hier gar nicht abirren. Man war wie in einer Festung, nein, wie in einer Retorte. Keine Luft von draußen kam herein. Hier gab es keine Revolution.

– Was war das erste auffällige Geräusch? Ein Türenschlagen? Irgendein schriller unartikulierter Ruf, ein Kommando? Auf einmal saß alles aufgeschreckt da, mit dem Ausdruck gespannten Horchens. Immer noch herrschte vollkommene Stille, aber ihr Wesen war verändert: keine Arbeitsstille mehr, vielmehr die Stille des Schrecks und der Spannung. Draußen in den Gängen hörte man Getrappel, vielschrittiges grobes Laufen die Treppen herauf, dann fernes unentwirrbares Getöse, Rufen, Türenschlagen. Ein paar standen auf, gingen zur Tür, öffneten sie, spähten hinaus und kamen zurück. Ein paar traten zu den Wachtmeistern und sprachen mit ihnen, immer noch gedämpft – in diesem Raum durfte nur gedämpft gesprochen werden. Draußen der Lärm wurde stärker. Einer sagte in die vorhaltende Stille hinein: »SA«. Darauf sagte ein anderer, mit nicht besonders erhobener Stimme: »Die schmeißen die Juden raus«, und zwei oder drei Leute lachten dazu. Dieses Lachen war im Augenblick erschreckender als der Vorgang selbst: Es ließ blitzhaft daran denken, daß ja auch in diesem Raum, wie sonderbar, Nazis saßen.

Allmählich wurde die Unruhe sichtbar – zuerst war sie nur fühlbar gewesen. Die Arbeitenden standen auf, versuchten irgendetwas zueinander zu sagen und gingen langsam und sinnlos hin und her. Ein offenbar jüdischer Herr schlug schweigend seine Bücher zu, stellte sie sorgfältig in die Regale zurück, verstaute seine Akten und ging hinaus. Kurz darauf erschien jemand am Eingang, vielleicht eine Art Oberwachtmeister, und rief laut, aber mit besonnener Stimme, in den Raum: »Die SA ist im Haus. Die jüdischen Herren tun besser, für heute das Haus zu verlassen.« Zugleich hörte man von draußen, wie zur Illustration, rufen: »Juden raus!« Eine Stimme antwortete: »Sind schon raus«, und wieder hörte ich die zwei oder drei Lacher von vorhin kurz und fröhlich aufglucksen. Ich sah sie jetzt. Es waren Referendare wie ich.

Das Ganze erinnerte plötzlich auf befremdliche Art an das aufgelöste Faschingsfest vor vier Wochen. Auflösung hier wie dort. Viele packten ihre Mappen und gingen. »Sie dürfen nach Hause gehen«, fiel mir wieder ein. Durften sie noch? Heute war es schon nicht mehr so selbstverständlich. Andere ließen ihre Sachen hier und gingen ins Gebäude, zu sehen, was es zu sehen gab. Die Wachtmeister zeigten noch mehr als sonst in ihrer ganzen Haltung das Bestreben, sich selbst auszulöschen. Einer oder zwei von den Zurückgebliebenen steckten sich eine Zigarette an – hier, in der Bibliothek des Kammergerichts! Und die Wachtmeister schwiegen. Auch das war Revolution.

Die Sightseer erzählten später, was sich im Gebäude abgespielt hatte. Keine Greuelberichte, o durchaus nicht. Es war alles überaus glatt gegangen. Die Sitzungen waren offenbar größtenteils aufgehoben worden. Die Richter hatten ihre Togen ausgezogen und waren bescheiden und zivil aus dem Hause gegangen, die Treppe hinunter flankiert von aufgestellten SA-Leuten. Nur im Anwaltszimmer war es etwas wild zugegangen. Ein jüdischer Anwalt hatte »Menkenke gemacht« und war verprügelt worden. Später hörte ich auch, wer es war: ein Mann, der im Kriege nicht nur fünfmal verwundet worden war und ein Auge verloren hatte, sondern damals auch Hauptmann geworden war; er mochte, zu seinem Schaden, noch die Geste im Instinkt gehabt haben, mit der man Meuterer zur Raison bringt.

Inzwischen erschienen die Eindringlinge auch bei uns. Die Tür wurde aufgerissen, braune Uniformen quollen herein, und einer, offenbar der Anführer, rief mit schallender, strammer Ausruferstimme: »Nichtarier haben sofort das Lokal zu verlassen!« Es fiel mir auf, daß er den gewählten Ausdruck »Nichtarier« und den höchst ungewählten Ausdruck »Lokal« verwendete. Wieder antwortete einer, offenbar derselbe wie vorhin: »Sind schon raus.« Unsere Wachtmeister standen in einer Haltung da, als wollten sie die Hand an die Mütze legen. Mir schlug das Herz. Was konnte man tun, wie wahrte man seine Haltung? Ignorieren, sich gar nicht stören lassen! Ich senkte mich auf mein Aktenstück. Ich las mechanisch irgendwelche Sätze: »Unrichtig, aber auch unerheblich ist die Behauptung des Beklagten ...« Keine Notiz nehmen!

Indem kam eine braune Uniform auf mich zu und machte Front vor mir: »Sind Sie arisch?« Ehe ich mich besinnen konnte, hatte ich geantwortet: »Ja.« Ein prüfender Blick auf meine Nase – und er retirierte. Mir aber schoß das Blut ins Gesicht. Ich empfand, einen Augenblick zu spät, die Blamage, die Niederlage. Ich hatte »ja« gesagt! Nun ja, ich war ein »Arier«, in Gottes Namen. Ich hatte nicht gelogen. Ich hatte nur viel Schlimmeres geschehen lassen. Welche Demütigung, Unbefugten auf Befragen pünktlich zu erklären, ich sei arisch – worauf ich übrigens keinen Wert legte. Welche Schande, damit zu erkaufen, daß ich hier hinter meinem Aktenstück in Frieden gelassen würde! Überrumpelt auch jetzt noch! Versagt in der ersten Prüfung! Ich hätte mich ohrfeigen können.

– Als ich das Kammergericht verließ, stand es grau, kühl und gelassen da wie immer, vornehm abgerückt von der Straße hinter seinen Parkbäumen. Man sah ihm keineswegs an, daß es soeben als Institution zusammengebrochen war. Man sah wahrscheinlich auch mir nicht an, daß ich soeben eine furchtbare Schlappe erlitten hatte, eine kaum zu reparierende Demütigung. Ein gut angezogener junger Mann ging ruhig die Potsdamer Straße hinunter. Man sah auch den Straßen nichts an. Business as usual. Und immer noch das Herangrollen des Unbekannten in der Luft ...

24

An diesem Abend hatte ich noch zwei merkwürdige kleine Erlebnisse. Das erste bestand darin, daß ich eine Stunde lang Todesangst um meine kleine Freundin Charlie ausstand. Unbegründete Angst – aber freilich nicht grundlose.

Der Anlaß war lächerlich genug. Wir verfehlten uns. Ich war vor dem Geschäftshaus mit ihr verabredet, wo sie tagsüber mit irgendwelcher Tipparbeit 100 Mark im Monat verdiente – sie war, wie gesagt, kein Türkenknabe, sondern ein kleines Mädchen aus einer kleinbürgerlichen, sorgenvollen und hartarbeitenden Familie. Das Haus war, um 7 Uhr, als ich ankam, bereits geschlossen und tot, mit abweisenden Rolläden vor den Eingängen. Es war ein jüdisches Haus. Niemand stand davor. Vielleicht war auch hier heute bereits die SA gewesen?

Ich setzte mich auf die Untergrundbahn und fuhr zu Charlies Wohnung. Ich stieg die Treppen einer großen Mietskaserne hinauf und klingelte. Ich klingelte zweimal und dreimal. Nichts rührte sich in der Wohnung. Ich ging hinunter zu einer Telefonzelle und rief das Geschäft an. Keine Antwort. Ich rief die Wohnung an. Keine Antwort. Ich stellte mich, sinnlos genug, an den Ausgang der Untergrundbahnstation, wo sie ankommen mußte, wenn sie von ihrem Geschäft nach Hause kam. Viele Leute strömten herein und heraus, unbelästigt und unaufgehalten wie jeden Tag; aber keine Charlie darunter. Ab und zu telephonierte ich wieder, höchst sinnloserweise.

Und die ganze Zeit empfand ich eine in den Kniekehlen ziehende äußerste Hilflosigkeit. War sie in ihrer Wohnung »abgeholt« worden, aus dem Geschäft »mitgenommen«? Vielleicht schon am Alexanderplatz, vielleicht schon auf dem Weg nach Oranienburg, wo damals das erste Konzentrationslager aufgemacht war? Man konnte nichts wissen. Möglich war alles. Der Boykott konnte eine bloße Demonstration sein; er konnte ebensogut – »Juda verrecke!« – einen Vorwand für allgemeinen, befohlenen und disziplinierten Mord und Totschlag bedeuten. Die Ungewißheit darüber gehörte zu seinen feinsten, berechnetsten Effekten. Um ein jüdisches Mädchen am Abend des 31. März 1933 Todesangst zu empfinden, war nicht grundlos – auch wenn es unbegründet war.

In diesem Fall war es unbegründet. Nach einer Stunde ungefähr war plötzlich Charlies Stimme an ihrem häuslichen Telephon, als ich, schon völlig ohne jede Erwartung, wieder einmal anrief. Die Angestellten ihres Geschäfts hatten noch eine Stunde irgendwo gesessen und, ergebnislos, beratschlagt, was nun eigentlich werden sollte, nachdem sie offenbar ihre Stellen verloren hatten. Nein, SA war noch nicht dagewesen heute. »Entschuldige, es hat so lange gedauert. Ich saß schon die ganze Zeit auf Kohlen ...« Und ihre Eltern? – Waren in einer Klinik bei einer Tante, die ausgerechnet heute ein Baby bekommen hatte, dem Gebot »Juda verrecke« frech zuwiderhandelnd! Was nun freilich morgen mit ihr werden sollte, da doch die Klinik und der Doktor zu boykottieren waren ... Schwer vorzustellen. Die Möglichkeit, die fünf Jahre später Wirklichkeit wurde, daß man die Kranken und Wöchnerinnen aus ihren Betten treiben würde, war schon irgendwie »drin«; man empfand sie dunkel, aber man konnte sich noch nicht ganz entschließen, sie auszusprechen. Alles, was der nächste Tag bringen würde, entzog sich einstweilen der Vorstellung.

Inzwischen empfand ich Erleichterung und das Gefühl, mich fürs erste ein wenig vor mir selbst lächerlich gemacht zu haben mit meiner Angst. Fünf Minuten später kam Charlie, durchaus chic anzusehen, mit einem schiefen Federhütchen auf dem Kopf: junges Großstadtmädchen zum abendlichen Ausgang gerüstet. Tatsächlich war unsere nächste Sorge, wo wir noch »hingehen« sollten: Es war schon 9 vorbei, selbst fürs Kino schon zu spät – und irgendwo »hingehen« mußten wir doch, dazu waren wir doch verabredet. Schließlich fiel mir etwas ein, was erst um halb zehn anfing, und wir nahmen ein Taxi und fuhren zur »Katakombe«.

Das alles hatte einen leichten Zug von Irrsinn, spürbar schon während man es erlebte, und sehr deutlich jetzt, da ich es abgerückt vor mir sehe: Eben erlöst von deutlichster Todesangst und vollständig gefaßt darauf, daß der nächste Tag wenigstens für einen von uns wirklich akute Todesgefahr bringen würde, sahen wir uns dennoch weder äußerlich noch innerlich verhindert, in irgendein Kabarett zu gehen.

Es ist typisch wenigstens für die ersten Jahre der Nazizeit, daß die ganze Façade des normalen Lebens kaum verändert stehen blieb: volle Kinos, Theater, Cafés, tanzende Paare in Gärten und Dielen, Spaziergänger harmlos flanierend auf den Straßen, junge Leute glücklich ausgestreckt an den Badestränden. Die Nazis haben das auch in ihrer Propaganda weidlich ausgenutzt: »Kommt und seht unser normales, ruhiges, fröhliches Land. Kommt und seht, wie gut es sogar die Juden bei uns noch haben.« Den geheimen Zug von Wahnsinn, von Angst und Spannung, von »heute ist heut« und Totentanzstimmung konnte man freilich nicht sehen – so wenig man es dem Bilde des prächtigen, sieghaft lächelnden jungen Mannes, das heute noch auf den Berliner Untergrundbahnhöfen mit der Unterschrift »Gut rasiert – gut gelaunt« Reklame für eine Rasierklinge macht, ansehen kann, daß ebendiesem jungen Mann, den es darstellt, bereits vor vier Jahren wegen Hochverrats oder was man heute so nennt im Hof des Plötzenseer Gefängnisses der Kopf vom Rumpfe rasiert worden ist.

Es spricht freilich auch ein wenig gegen *uns*, daß wir mit dem Erlebnis der Todesangst und der letzten Ausgeliefertheit nichts Besseres anzufangen wußten als es, so gut wir konnten, zu ignorieren und uns in unserm Vergnügen nicht stören zu lassen. Ich glaube, ein junges Paar von vor hundert Jahren hätte mehr daraus zu machen gewußt – sei es selbst nur eine große Liebesnacht, gewürzt von Gefahr und Verlorenheit. Wir kamen nicht darauf, etwas Besonderes daraus zu machen, und fuhren eben ins Kabarett, da uns keiner daran hinderte: erstens weil wir es sowieso getan hätten, zweitens, um so wenig wie möglich an das Unangenehme zu denken. Das mag sehr kaltblütig und unerschrocken aussehen, ist aber wahrscheinlich doch ein Zeichen einer gewissen Gefühlsschwäche und zeigt, daß wir, wenn auch nur im Leiden, nicht auf der Höhe der Situation waren. Es ist, wenn man mir diese Verallgemeinerung hier schon gestatten will, überhaupt einer der unheimlichsten Züge des neuen deutschen Geschehens, daß zu seinen Taten die Täter, zu seinen Leiden die Märtyrer fehlen, daß alles in einer Art von halber Narkose geschieht, mit einer dünnen, kümmerlichen Gefühlssubstanz hinter dem objektiv Ungeheuerlichen: daß Morde begangen werden aus der Stimmung eines Dumme-Jungen-Streichs, daß Selbsterniedrigung und moralischer Tod hingenommen werden wie ein kleiner störender Zwischenfall, und selbst der physische Martertod nur ungefähr bedeutet »Pech gehabt«.

Wir wurden indessen für unsere Indolenz an diesem Tage über Gebühr belohnt, denn der Zufall führte uns gerade in die Katakombe, und dies war das zweite bemerkenswerte Erlebnis dieses Abends. Wir kamen an den einzigen öffentlichen Ort in Deutschland, wo eine Art Widerstand geleistet wurde – mutig, witzig und elegant geleistet wurde. Vormittags hatte ich erlebt, wie das Preußische Kammergericht mit seiner vielhundertjährigen Tradition ruhmlos vor den Nazis zusammenbrach. Abends erlebte ich, wie eine Handvoll kleiner Berliner Kabarettschauspieler ohne alle Tradition glorreich und mit Grazie die Ehre rettete. Das Kammergericht war gefallen. Die Katakombe stand.

Der Mann, der hier sein Fähnlein von Schauspielern zum Siege führte – denn jedes Feststehen und Haltungbewahren angesichts der morddrohenden Übermacht ist eine Art Sieg – war Werner Finck, und dieser kleine Kabarett-Conférencier hat ohne Zweifel seinen Platz in der Geschichte des Dritten Reichs – einen der wenigen Ehrenplätze, die darin zu vergeben sind. Er sah nicht aus wie ein

Held, und wenn er schließlich doch beinah einer wurde, dann wurde er es malgré lui. Kein revolutionärer Schauspieler, kein beißender Spötter, kein David mit der Schleuder. Sein innerstes Wesen war Harmlosigkeit und Liebenswürdigkeit. Sein Witz war sanft, tänzerisch und schwebend; sein Hauptmittel der Doppelsinn und das Wortspiel, in dem er allmählich ein Virtuose wurde. Er hatte etwas erfunden, was man die »versteckte Pointe« nannte – und freilich tat er je länger je mehr gut daran, seine Pointen zu verstecken. Aber seine Gesinnung versteckte er nicht. Er blieb ein Hort der Harmlosigkeit und Liebenswürdigkeit in einem Lande, wo gerade diese Eigenschaften auf der Ausrottungsliste standen. Und in dieser Harmlosigkeit und Liebenswürdigkeit saß als »versteckte Pointe« ein wirklicher, unbeugsamer Mut. Er wagte es, über die Wirklichkeit der Nazis zu sprechen – mitten in Deutschland. In seinen Conférencen kamen die Konzentrationslager vor, die Haussuchungen, die allgemeine Angst, die allgemeine Lüge; sein Spott darüber hatte etwas unsäglich Leises, Wehmütiges und Betrübtes; und eine ungewöhnliche Trostkraft.

Dieser 31. März 1933 war vielleicht sein größter Abend. Das Haus saß voller Leute, die in den nächsten Tag wie in einen offenen Abgrund starrten. Finck machte sie lachen, wie ich nie ein Publikum lachen gehört habe. Es war ein pathetisches Lachen, das Lachen eines neugeborenen Trotzes, der Betäubung und Verzweiflung hinter sich ließ, und die Gefahr half dieses Lachen nähren – war es nicht fast ein Wunder, daß die SA nicht schon längst hier war, um das ganze Haus zu verhaften? Wahrscheinlich hätten wir an diesem Abend noch auf dem Grünen Wagen weitergelacht. Wir waren auf eine unwahrscheinliche Weise über Gefahr und Angst hinweggehoben.

25

Um 10 Uhr früh kam am 1. April 1933 ein Telegramm. »Komm bitte, wenn du kannst. Frank.« Ich verabschiedete mich von meinen Eltern, ein bißchen wie jemand, der in den Krieg zieht, setzte mich auf die Vorortbahn, fuhr nach dem Osten hinaus zu Frank Landau. Er war mein bester und ältester Freund. Wir kannten uns seit der untersten Gymnasialklasse, wir hatten zusammen im »Rennbund Altpreußen« Rennen gelaufen und später in »richtigen« Sportclubs. Wir hatten zusammen studiert und waren jetzt Referendare.

Wir hatten so ziemlich jedes knabenhafte Hobby und jede knabenhafte Schwärmerei gemeinsam gehabt. Wir hatten einander unsere ersten literarischen Versuche vorgelesen, und wir taten dies mit unseren schon ernsthafteren literarischen Bemühungen – Wir fühlten uns beide »eigentlich« mehr als Literaten denn als Referendare. In manchen Jahren hatten wir uns tagtäglich gesehen, und wir waren gewohnt, alles miteinander zu teilen – einschließlich sogar unserer Liebesgeschichten, die wir voreinander ohne das Gefühl der Indiskretion auszubreiten pflegten. In den siebzehn Jahren, die wir uns kannten, hatten wir nicht einen ernsthaften Streit gehabt. Unsere Verschiedenheiten – unter denen die der Abstammung die unbedeutendste war – hatten wir in Jünglingszeiten genießerisch analysiert und hochinteressant gefunden. Sie trennten uns nicht.

Nun also fuhr ich zu ihm hinaus. Sein Vater, bei dem er wohnte, war Arzt und also zu boykottieren. Ich war neugierig, wie alles aussehen würde.

Es sah wüst, aber innerhalb der Wüstheit eher harmlos aus. Die jüdischen Geschäfte – es gab ziemlich viele in den östlichen Straßen – standen offen, vor den Ladentüren standen breitbeinig aufgepflanzt SA-Leute. An die Schaufenster waren Unflätigkeiten geschmiert, und die Ladeninhaber hatten sich meistens unsichtbar gemacht. Neugieriges Volk lungerte herum, halb ängstlich, halb schadenfroh. Der ganze Vorgang wirkte unbeholfen, so als erwarteten alle noch irgend etwas, wußten aber im Moment nicht recht was. Nach öffentlichem Blutvergießen sah es nicht aus. Ich kam auch unbehelligt in die Wohnung der Landaus. »Sie« kamen anscheinend noch nicht in die Wohnungen, stellte ich mit Beruhigung fest. Frank war nicht da. Sein Vater empfing mich statt seiner, ein breiter, jovialer alter Herr. Er hatte sich öfter mit mir unterhalten, wenn ich da war, hatte sich großmütig nach meiner literarischen Produktion erkundigt, Preisgesänge auf Maupassant angestimmt, den er über alles verehrte, und mich mit einer gewissen Strenge genötigt, viele Spirituosen durchzuprobieren, wobei er meine Feinschmeckerschaft gewissermaßen examinierte. Heute empfing er mich beleidigt. Er war nicht verstört, nicht ängstlich. Er war beleidigt.

Viele Juden waren es damals noch, und ich beeile mich zu sagen, daß das in meinen Augen außerordentlich für sie spricht. Inzwischen haben die meisten die Kraft dazu verloren. Sie sind zu furchtbar geschlagen. Es ist derselbe Vorgang, wie er sich, auf ein paar Minuten zusammengedrängt, bei den einzelnen abspielt, die in den Konzentrationslagern, auf Blöcke geschnallt, zu Brei geprügelt werden: Der erste Schlag trifft den Stolz und erzeugt ein wildes Aufbäumen der Seele; der zehnte und zwanzigste treffen nur noch den Körper und bringen nichts mehr als ein Wimmern hervor. Die jüdische Gemeinschaft in Deutschland hat in sechs Jahren kollektiv und im großen diese Entwicklung durchgemacht.

Der alte Landau war noch nicht zu Brei geschlagen damals. Er war beleidigt – und was mich ein wenig erschreckte, war nur, daß er mich wie einen Gesandten seiner Beleidiger empfing. »Nun, was sagen Sie dazu«, begann er. »Glauben Sie wirklich, ich hätte Greuelnachrichten erfunden und ins Ausland geschickt? Glaubt es irgendeiner von Ihnen?« Mit einer gewissen Erschütterung sah ich, daß er gleichsam zu plädieren sich anschickte. »Wir Juden müßten wirklich dümmer sein, als wir sind, wenn ausgerechnet wir jetzt Greuelberichte ins Ausland schreiben sollten. Als ob wir nicht auch in den Zeitungen gelesen hätten, daß das Briefgeheimnis aufgehoben ist! Die Zeitungen dürfen wir ja sonderbarerweise noch lesen. Glaubt wirklich irgendeiner diesen dummen Schwindel, daß wir Greuelnachrichten fabriziert hätten? Und wenn es keiner glaubt, was soll es dann? Können Sie mir das sagen?«

»Selbstverständlich glaubt es kein vernünftiger Mensch«, sagte ich. »Aber was bedeutet das schon? Der Tatbestand ist doch einfach der, daß Sie in die Hände von Feinden gefallen sind. Wir alle sind es. Sie haben uns jetzt und machen mit uns, was sie wollen.« Er starrte erbittert vor sich in den Aschenbecher und hörte nur halb zu. »Die Lüge ist es, was mich so aufbringt«, sagte er, »die verdammte, ekelhafte Lüge bei alledem. Sollen sie uns doch umbringen, wenn sie wollen. Ich für meine Person bin alt genug. Aber sie sollen nicht so dreckig lügen dazu. Sagen Sie mir, warum sie das tun!« Er war offenbar doch im Innersten nicht davon abzubringen, daß ich mit den Nazis irgendwie zusammensteckte und um ihre Geheimnisse wußte.

Frau Landau kam dazu, begrüßte mich traurig lächelnd und versuchte mich zu entlasten. »Was fragst du Franks Freund«, sagte sie, »er weiß es doch so wenig wie wir. Er ist doch kein Nationalsozialist.« (»Nationalsozialist« sagte sie höflich und umständlich.) Ihr Mann aber schüttelte weiter den Kopf, als wollte er alles abschütteln, was wir sagten.

»Das soll mir einer sagen, warum sie lügen«, beharrte er. »Warum sie noch lügen, wo sie doch schon die Macht haben und tun können, was sie wollen. Ich will es wissen.«

»Ich glaube, du mußt nach dem Jungen sehen«, sagte sie. »Er stöhnt so.«

»Um Gottes willen«, sagte ich, »ist Ihr Sohn krank?« Frank hatte noch einen jüngeren Bruder. Von dem war offenbar die Rede.

»Es scheint so«, sagte Frau Landau. »Er hat sich so furchtbar aufgeregt, als er gestern aus der Universität herausgeworfen wurde, und heute übergibt er sich ständig und klagt über Bauchschmerzen. Es sieht ein bißchen wie Blinddarmentzündung aus, obwohl«, und sie machte einen Versuch zu lächeln, »obwohl ich noch nie gehört habe, daß man Blinddarmentzündung von Aufregung kriegt.«

»Heut passiert vieles, wovon man noch nie gehört hat«, sagte der alte Herr grimmig, indem er sich erhob. Er ging schwerschrittig zur Tür, drehte sich noch einmal um und sagte: »Sie sind doch ein guter Jurist, nicht wahr? Können Sie mir sagen: Macht sich mein Sohn eigentlich strafbar, indem er sich heute von mir untersuchen läßt, statt mich zu boykottieren?«

»Sie dürfen es ihm nicht übelnehmen«, sagte Frau Landau. »Er kommt noch nicht los davon. Frank muß gleich kommen, wir werden dann Mittag essen.«

Frank kam, er kam mit raschen Schritten ins Zimmer, erklärte sehr ruhig, seine Ruhe hatte etwas überaus Angespanntes und Umsichtiges, wie die Ruhe von Generälen am Kartentisch oder auch von gewissen Geisteskranken, die mit überlegener Konsequenz ihre fixe Idee entwickeln.

»Nett, daß du gekommen bist«, sagte er, »entschuldige, daß ich mich verspätet habe. Es ging nicht anders. Ich möchte dich nachher um verschiedenes bitten. Ich fahre weg.«

»Wann und wohin?« fragte ich, mit derselben angespannten Ruhe. »Nach Zürich«, sagte er. »Morgen früh, wenn es geht. Mein Vater will es noch nicht, aber ich werde fahren. Es hat hier keinen Zweck mehr für mich. Bei den Vorbereitungen der Abreise mußt du mir helfen.«

Dann wurde zum Essen gerufen. Frau Landau versuchte dabei vergebens, eine normale Tischunterhaltung zustande zu bringen. Ihr Mann zerstörte sie immer wieder durch Ausbrüche; wir immer wieder durch Schweigsamkeit.

»Nun, hat er's Ihnen schon gesagt, daß er weg will?« fragte Franks Vater übergangslos. »Was sagen Sie dazu?«

»Ich finde es sehr vernünftig«, sagte ich. »Er sollte fortfahren, solange er noch kann. Was soll er noch hier?«

»Dableiben«, sagte der alte Herr. »Nun gerade dableiben und sich nicht wegjagen lassen. Er hat seine Examina gemacht, er hat ein Recht darauf, Richter zu werden.«

»Ich fürchte«, sagte ich, »mit dem Recht ist es vorbei, seit gestern die Kammergerichtsräte vor der SA das Lokal geräumt haben. Wir sind jetzt alle so gut wie Gefangene, und Flucht ist die einzige Art von Tat, die uns übrigbleibt. Ich will auch fort.«

»Sie auch?« fragte Herr Landau. »Warum denn Sie?« Er war offenbar nicht mehr davon abzubringen, daß ich als »Arier« auch ein Nazi geworden war; er mußte wohl zuviel derartiges frisch erfahren haben, um an andere Möglichkeiten zu glauben. Der alte Herr versank in Schweigen. »Ich werde wohl meine beiden Söhne an einem Tag loswerden«, sagte er nach einer Weile.

»Aber Ernst!« rief seine Frau.

»Der Kleine muß operiert werden«, sagte er. »Die schönste akute Blinddarmentzündung. Ich kann's nicht machen.

Habe keine sichere Hand heute. Und ob es ein anderer heute tun wird? Soll ich herumtelefonieren und betteln: Ach, Herr Kollege oder nicht mehr Kollege, würden Sie um Gottes willen meinen Jungen operieren – er ist aber Jude?«

»Soundso wird es tun«, sagte Frau Landau. Sie nannte einen Namen, den ich vergessen habe.

»Er sollte schon«, sagte ihr Mann. Er lachte und sagte zu mir: »Wir haben zwei Jahre lang im Feldlazarett miteinander Beine abgesäbelt. Aber weiß man heute?«

»Ich werde ihn anrufen«, sagte Frau Landau. »Er tut's bestimmt.« Sie hielt sich großartig an diesem Tag.

Nach dem Essen gingen wir ein paar Minuten zu dem kranken Jungen. Er lächelte verlegen, als hätte er etwas Dummes angestellt, und unterdrückte immer wieder ein Stöhnen. »Also du fährst weg?« fragte er seinen Bruder. »Ja.«

Frank sah beklommen aus, als wir aus dem Zimmer traten. »Es ist scheußlich«, sagte ich. »Ja, das ist wirklich scheußlich,« sagte er. »Ich weiß gar nicht, was aus dem Jungen werden soll. Er hält es noch so gar nicht aus, Unrecht mit anzusehen, und er hat keine richtige Vorstellung dafür. Weißt du, was er mir gestern erzählt hat, was er sich wünscht, nach allem? Einmal Hitler das Leben zu retten; und ihm nachher zu sagen: ›So. Ich bin ein Jude. Und jetzt wollen wir uns eine Stunde über alles unterhalten.‹«

Wir gingen in Franks Zimmer. Aufgeklappte Koffer standen herum, und Anzüge waren herausgelegt. Es war 2 Uhr oder so. »Um sechs muß ich Ellen am Bahnhof Wannsee treffen«, sagte Frank. Ellen war seine Freundin, mit der er sich verloben wollte, um dann gemeinsam mit ihr zu verschwinden. »Bis dahin müssen wir viel tun.«

»Packen?« fragte ich. »Auch«, sagte er. »In der Hauptsache etwas anderes. Ich habe da einen Haufen Zeug – alte Briefe, alte Bilder, alte Tagebücher, Gedichte, Erinnerungen, was weiß ich. Ich möchte es nicht hierlassen. Ich kann es auch nicht mitnehmen. Ich möchte auch nicht gern alles vernichten. Würdest du es an dich nehmen?«

»Natürlich.«

»Das müssen wir jetzt durchsehen.«

Er schloß ein Schubfach auf. Ein paar große Haufen Papiere, Alben, Diarien lagen darin herum: sein vergangenes Leben. Ein guter Teil davon war zugleich das meine. Frank atmete tief ein und lächelte. »Wir müssen uns ranhalten, wir haben nicht viel Zeit.«

Und so gingen wir an die Papiere, öffneten die alten Briefe, ließen die alten Fotos durch die Finger gleiten: Das war unsere Jugend, die hier in diesem Schubfach aufbewahrt gelegen hatte. Jeder kennt dieses große Aufräumen, es ist eine Arbeit für regnerische Sonntage, und jeder kennt den tiefwehmütigen Kitzel dieser Totenbeschwörung, die unwiderstehliche Versuchung, noch einmal alles zu lesen, noch einmal alles zu leben. Auch die opiumähnliche Betäubung kennt man, die einen allmählich darüber befällt, das Nachgeben, das Weichwerden.

Wir hatten nur knapp drei Stunden Zeit, und wir hetzten durch unsere Traumländer mit der flackernden Geschwindigkeit, mit der eine Flucht in einem Trickfilm vor sich geht. Auch hatten wir streng zu sein und zu zerstören. Nur das Wertvollste hatte Platz in einer großen Kiste, der Rest mußte zum Papierkorb verurteilt werden.

Zweimal wurden wir unterbrochen. Das eine Mal kam Frau Landau und sagte, der Krankenwagen sei nun unten. Franks Bruder würde zur Operation in eine Klinik gefahren werden. Sie und ihr Mann würden mitfahren. Wenn Frank sich noch von ihm verabschieden wolle, sei es Zeit. Ein merkwürdiger Abschied; der eine Bruder fuhr auf den Operationstisch, der andere in die Verbannung.

»Entschuldige mich einen Augenblick«, sagte Frank und ging mit seiner Mutter hinaus. Er blieb fünf Minuten.

Die andere Unterbrechung erfolgte ungefähr eine Stunde später. Die Wohnung war leer, bis auf uns beide und das Dienstmädchen. Wir hörten es klingeln, und dann klopfte das Dienstmädchen bei uns und sagte, draußen ständen zwei SA-Leute.

Es waren zwei dicke und plumpe Burschen in braunen Hemden und braunen Breeches und Marschstiefeln; keine SS-Haifische, sondern Leute, die einem sonst einen Kasten Bier ins Haus bringen und nach Empfang eines Trinkgeldes rauhen Dank brummend zwei Finger an die Mütze legen. Ihre neue Stellung und Aufgabe war ihnen sichtlich noch etwas ungewohnt, und sie verdeckten Verlegenheit durch eine gewisse wilde Strammheit.

»Heil Hitler«, riefen sie überlaut im Chor. Pause. Dann fragte der eine, der offenbar ein Übergeordneter war:

»Sind Sie Doktor Landau?«

»Nein«, antwortete Frank. »Sein Sohn.«

»Und Sie?«

»Ich bin ein Freund von Herrn Landau«, sagte ich.

»Und wo ist Ihr Vater?«

»Mit meinem Bruder zur Klinik«, erwiderte Frank. Er sprach sehr gemessen und sparte die Worte.

»Was macht er'n da?«

»Mein Bruder muß operiert werden.«

»Na, denn jeht's ja«, sagte der SA-Mann gemütlich und befriedigt. »Zeigen Sie uns mal das Sprechzimmer.«

»Bitte sehr«, sagte Frank und öffnete die Tür. Die beiden polterten zwischen uns in das Sprechzimmer, das leer, weiß und ordentlich dalag, und blickten streng auf die vielen blitzenden Instrumente.

»Jemand dagewesen heute?« fragte der Wortführer.

»Nein«, sagte Frank.

»Na, denn jeht's ja«, sagte der Wortführer aufs neue. Dies schien sein Spruch zu sein. »Dann zeigen Sie uns mal die anderen Räumlichkeiten.«

Und er polterte mit seinem Kumpan durch die Wohnung, überall mißbilligende und forschende Blicke herumwerfend, ein wenig wie ein Gerichtsvollzieher, der Pfandstücke aussucht. »Also keiner da sonst«, fragte er schließlich, und nachdem Frank verneint hatte, sagte er zum dritten Mal: »Na, denn jeht's ja.«

Wir standen wieder am Ausgang, und die beiden zögerten noch etwas, als hätten sie das Gefühl, sie müßten jetzt irgend etwas unternehmen, wüßten aber nicht recht was. Dann, aus dem allgemeinen Schweigen heraus, schrien sie plötzlich wieder, im Chor und mit Stentorstimme: »Heil Hitler!« – und polterten hinaus und die Treppe hinunter. Wir schlossen die Tür hinter ihnen und kehrten schweigend zurück an unser Geschäft.

Die Zeit lief uns davon, und zum Schluß gingen wir immer summarischer vor. Ganze Briefpacken wanderten unangesehen in den Papierkorb. 5 Uhr. Wir schnürten die Kiste zusammen und überblickten unser Zerstörungswerk. Dann gingen wir. Wir setzten uns auf die Stadtbahn und fuhren von Osten nach Berlin hinein und durch die ganze Stadt hindurch und nach Westen wieder hinaus. Im Zuge hatten wir zum ersten Mal Zeit zu reden. Aber ein vernünftiges Gespräch wurde es nicht. Zuviele Leute kamen und gingen und saßen um uns herum, von denen man nicht mehr wissen konnte, ob sie nicht Feinde waren. Auch waren immer wieder noch Dinge zu bedenken, mit denen wir uns selbst unterbrechen mußten – Abmachungen, Bestellungen, Aufträge, die wir uns noch zu geben hatten.

Seine Pläne? Sie waren noch unklar genug. Zunächst wollte er noch einen Schweizer Doktor machen, studieren und mit 200 Mark monatlich leben. (200 Mark monatlich konnte man damals noch hinausschicken!) Im übrigen hatte er irgendeinen Onkel in der Schweiz. Vielleicht, daß er ihm irgendwie helfen könne... »Zunächst nur raus. Ich fürchte nämlich, lange läßt man uns nicht mehr raus.« Am Bahnhof Wannsee erwartete uns das Mädchen Ellen und präsentierte uns wortlos ein Zeitungsblatt. Es enthielt eine Notiz: »Ausreisevisum eingeführt.« Die Begründung war wieder, glaube ich, daß die Verbreitung von Greuelnachrichten im Ausland verhindert werden solle. »Das sieht verdammt so aus, als ob wir schon in der Falle sitzen«, sagte Frank.

»Vielleicht tritt es noch nicht sofort in Kraft«, sagte ich.

»Egal jedenfalls«, sagte Frank, »wir müssen uns jetzt erst recht beeilen. Vielleicht haben wir noch Glück.«

Wir gingen stumm ein paar Villenstraßen hinunter, an Gärten vorbei, es war still hier und nichts zu sehen, was den Tag verriet, nicht einmal beschmierte Ladenfenster. Ellen hatte sich in Franks Arm gehängt, und ich hatte die Kiste genommen, die seine Hinterlassenschaften barg. Es dämmerte, und ein lauwarmer feiner Regen begann zu fallen. Ich fühlte eine sanfte Betäubung im Kopf. Alle Dinge waren gemildert durch ein tiefes Gefühl von Unwirklichkeit. Darin lag auch freilich wieder etwas Bedrohliches. Wir waren zu plötzlich und zu tief ins Unmögliche geraten, als daß es noch Grenzen gab. Wenn morgen zur Strafe für irgend etwas alle Juden verhaftet wurden oder Selbstmord zu begehen hatten, würde es auch nicht mehr weiter erstaunlich sein. Die SA-Leute würden gemütlich und befriedigt »Na, denn jeht's ja« sagen, wenn man ihnen mitteilen würde, daß alle sich ordnungsgemäß umgebracht hätten. Die Straßen würden genau wie immer aussehen. »Na, denn jeht's ja.«

Ich schrak auf. Wir waren angekommen. Ellens Elternhaus war so voll, daß ich als Fremder gar nicht weiter auffiel. In den großen, schönen Empfangszimmern saßen und standen wohl an die zwanzig Gäste herum, vor allem junge Freunde des Hauses. Ellens Vater, ein runder und freundlicher Herr, zeigte ein Gastgeberlächeln und versuchte vergebens mit Scherzen gegen die gedrückte Stimmung anzukommen. Ellens Mutter begann in einer Ecke eine Diskussion mit Frank über die Meldung von dem Ausreisevisum. »Wenn man wenigstens wüßte, wann es in Kraft tritt!« sagte einer.

»Man müßte mal im Polizeipräsidium anrufen«, schlug ich vor. »Wenn man sich damit nicht gerade ans Messer lieferte«, wandte einer ein. »Man kann ja einen falschen Namen nennen«, sagte ich. »Übrigens, wenn Sie wollen, ich bin gern bereit dazu.« »Ach ja, wollen Sie das wirklich tun?« rief Ellens Mutter. »Aber bitte, bitte – nicht von unserem Apparat«, setzte sie dann hinzu.

Ich verschwand, um die Telefonzelle gleich um die Ecke aufzusuchen. Am Apparat nannte ich einen falschen Namen. Nach längerer Wartezeit konnte mich schließlich jemand im Polizeipräsidium aufklären. Die Verordnung trat erst am Dienstag in Kraft. »Danke sehr«, sagte ich und hängte mit großer Genugtuung ein.

Als ich zurückkam, war das Zimmer, das ich verlassen hatte, fast leer. Dann steckte die Dame des Hauses ihren Kopf zur Tür herein: »Nun?« fragte sie gespannt, und ich sagte meine gute Nachricht und empfing dafür ihren überschwenglichen Dank. »Jetzt müssen Sie aber auch noch rasch ein Glas Wein mittrinken auf das Glück des jungen Paares«, sagte sie und zog mich fort. »Sie wissen doch schon alles?«

In einem anderen Raum standen Frank und Ellen und empfingen Händedrücke. Sie sahen weder glücklich noch unglücklich aus. Meine Nachricht, daß man noch zwei Tage freie Flucht aus dem Lande hatte, war genau das richtige Verlobungsgeschenk.

Eine halbe Stunde später saß auch ich wieder mit Frank in der Vorortbahn. Unser Abteil war leer. Wir schwiegen. Plötzlich sagte er: »Was hältst du nun von alledem, du hast noch gar nichts gesagt. War es richtig?«

»Auf jeden Fall ist es richtig, daß du morgen fährst. Ich wollte, ich könnte mit.« Wir schwiegen wieder vor uns hin.

Bahnhof Zoo kam näher, wo wir ausstiegen. Zum ersten Mal sah man den Straßen etwas von der Revolution an, freilich nur Negatives: Die hellen, funkelnden Vergnügungsstraßen um den Zoo lagen tot und öde da, wie man sie noch nie gesehen hatte.

»Glückliche Reise«, sagte ich zu ihm, »übersteh diese Nacht gut. Morgen hast du alles hinter dir und bist fort.« Und in diesem Augenblick, zum ersten Mal, erfaßte ich völlig, daß dies ein Abschied war.

ABSCHIED

26

Ehe ich fortfahre, meine Geschichte zu erzählen – die Privatgeschichte eines zufälligen, gewiß nicht besonders interessanten und nicht besonders bedeutenden jungen Menschen aus dem Deutschland von 1933 –, sei mir eine kleine Verständigung mit dem Leser zugestanden: mit *dem* Leser, der, nicht ohne einen Schein von Recht, findet, daß ich sein Interesse an meiner zufälligen, privaten und wirklich nicht allzu bedeutenden Person nachgerade ein wenig überanstrenge.

Täusche ich mich – oder höre ich nicht wirklich an dieser Stelle manchen Leser, der mir soweit Geduld und Wohlwollen geschenkt hat, ein wenig ungeduldig in dem Buche blättern? Ein Blättern, das, in Worte gefaßt, etwa so spricht: »Was soll das alles? Was geht es uns an, daß 1933 in Berlin ein junger Herr XY Angst um seine Freundin hatte, wenn sie zu spät zu einer Verabredung kam, sich ungeistesgegenwärtig gegen SA-Leute benahm, in jüdischen Familien herumlungerte und – wie es in den nächsten Seiten scheint – in Bausch und Bogen Abschied von seinen Kameraden, seinen Lebensplänen und seinen ziemlich konventionellen und ungereiften Anschauungen zu nehmen hatte? 1933 spielten sich doch in Berlin, wie es scheint, Dinge von wirklicher historischer Bedeutung ab. Wenn wir uns schon damit beschäftigen sollen, dann wollen wir wenigstens von diesen Dingen hören: hören, was hinter den Kulissen zwischen Hitler und Blomberg oder Schleicher und Röhm besprochen wurde, wer den Reichstag angesteckt hat, warum Braun floh und Oberfohren Selbstmord beging – und nicht mit den Privaterlebnissen eines jungen Mannes abgespeist werden, der von alledem nicht viel mehr weiß als unsereiner, obwohl er näher daran war, und der offensichtlich keinen Augenblick in die Ereignisse eingegriffen hat, ja nicht einmal ein besonders eingeweihter Augenzeuge war.«

Eine wuchtige Anklage; ich muß meinen ganzen Mut zusammennehmen, um zu gestehen, daß ich sie dennoch nicht für berechtigt halte, und daß ich tatsächlich auch dem ernsthaften Leser mit meiner Privatgeschichte seine Zeit nicht zu stehlen glaube. Es ist alles wahr: Ich habe in die Ereignisse nicht eingegriffen, ich war nicht einmal ein besonders eingeweihter Augenzeuge, und niemand kann die Bedeutung meiner Person skeptischer einschätzen als ich selber. Und doch glaube ich – und ich bitte, es mir nicht als Anmaßung auszulegen –, daß ich mit der zufälligen und privaten Geschichte meiner zufälligen und privaten Person ein wichtiges, unerzähltes Stück deutscher und europäischer Geschichte erzähle – wichtiger und für alles Zukünftige bedeutsamer, als wenn ich erzählte, wer den Reichstag angesteckt hat und was zwischen Hitler und Röhm nun wirklich gesprochen worden ist.

Was ist Geschichte? Wo spielt sie sich ab?

Liest man eine der normalen Geschichtsdarstellungen – von denen man allzuleicht vergißt, daß sie immer nur den Umriß der Dinge enthalten und nicht die Dinge selbst –, so ist man versucht zu glauben, Geschichte spiele sich zwischen einigen Dutzend Leuten ab, die gerade »die Geschicke der Völker lenken« und deren Entschlüsse und Taten dann das ergeben, was später »Geschichte« heißt. Die Geschichte des gegenwärtigen Jahrzehnts erscheint dann etwa wie eine Art Schachtournier zwischen Hitler,

Mussolini, Tschiangkaischek, Roosevelt, Chamberlain, Daladier und einigen Dutzend anderen Männern, deren Namen mehr oder weniger in aller Munde sind. Wir anderen, Anonymen, sind, so scheint es, bestenfalls Objekte der Geschichte, Bauern in einer Schachpartie, die vorgeschoben, stehen gelassen, geopfert und geschlagen werden, und deren Leben, falls sie eins haben, sich in einer ganz anderen Welt abspielt, ohne Beziehung zu dem, was auf dem Schachbrett mit ihnen geschieht, auf dem sie stehen, ohne es zu wissen.

Es mag demgegenüber paradox klingen, aber es ist nichtsdestoweniger eine schlichte Tatsache, daß sich die wirklich zählenden geschichtlichen Ereignisse und Entscheidungen unter uns Anonymen abspielen, in der Brust einer jeden zufälligen und privaten Einzelperson, und daß gegenüber diesen simultanen Massenentscheidungen, von denen ihre Träger oft selbst nichts wissen, die mächtigsten Diktatoren, Minister und Generale vollständig wehrlos sind. Und es ist ein Merkmal dieser entscheidenden Ereignisse, daß sie niemals als Massenerscheinung und Massendemonstration sichtbar werden – sowie die Masse massiert dasteht, ist sie funktionsunfähig –, sondern stets nur als scheinbar privates Erlebnis Tausender und Millionen Einzelner.

Ich spreche hier nicht etwa von irgendwelchen nebelhaften historischen Konstruktionen, sondern von Dingen, deren höchst realen Charakter niemand abstreiten wird. Was, z. B., hat bewirkt, daß 1918 Deutschland den Weltkrieg verlor und die Alliierten ihn gewannen? Ein Fortschritt in der Feldherrnkunst Fochs und Haigs und ein Nachlassen in der Ludendorffs? Keineswegs; sondern die Tatsache, daß »der deutsche Soldat«, also die Mehrzahl einer Masse von anonymen 10 Millionen, plötzlich nicht mehr, wie bisher, willig war, bei jedem Angriff sein Leben einzusetzen und die eigene Stellung bis zum letzten Mann zu halten. Wo hat sich dieser entscheidende Wandel abgespielt? Keineswegs in geheimen meuterischen Massenzusammenkünften der deutschen Soldaten, sondern unkontrolliert und unkontrollierbar in der Brust jedes Einzelnen von ihnen. Die meisten hätten ihn kaum zu bezeichnen gewußt und einen höchst komplizierten, höchst geschichtsträchtigen seelischen Vorgang höchstens in dem Ausruf »Scheiße« zusammengefaßt. Hätte man diejenigen unter ihnen, die die Gabe der Sprache besaßen, interviewt, so hätte man bei jedem ein Bündel höchst zufälliger, höchst privater (und gewiß auch wenig interessanter und bedeutender) Gedanken, Gefühle und Erlebnisse vorgefunden, in dem Briefe von zu Hause, persönliche Beziehungen zum Feldwebel, Ansichten über das Essen dicht neben Gedanken über Aussichten und Sinn des Krieges und (da jeder Deutsche ein wenig Philosoph ist) über den Sinn und Wert des Lebens gelegen hätten. Es ist nicht meine Sache, diesen seelischen Vorgang, der den Weltkrieg entschied, hier zu analysieren, aber es dürfte für jeden von Interesse sein, dem daran gelegen ist, solche oder ähnliche Vorgänge früher oder später zu reproduzieren.

Ich habe es aber hier mit einem anderen, vielleicht noch interessanteren, wichtigeren und komplizierteren Vorgang ähnlicher Art zu tun: nämlich mit denjenigen seelischen Bewegungen, Reaktionen und Verwandlungen, die in ihrer Simultanität und Massierung das Dritte Reich Hitlers erst möglich gemacht haben, und die heute seinen unsichtbaren Hintergrund bilden.

In der Entstehungsgeschichte des Dritten Reichs gibt es ein ungelöstes Rätsel, das, wie mir scheint, noch interessanter ist, als die Frage, wer den Reichstag angezündet hat.

Das ist die Frage: Wo sind eigentlich die Deutschen geblieben? Noch am 5. März 1933 hat die Mehrheit von ihnen gegen Hitler gewählt. Was ist aus dieser Mehrheit geworden? Ist sie gestorben? Vom Erdboden verschwunden? Oder, so spät noch, Nazi geworden? Wie konnte es kommen, daß jede merkliche Reaktion von ihrer Seite ausblieb?

Fast jeder meiner Leser wird, von früher her, den einen oder anderen Deutschen kennen, und die meisten werden finden, daß ihre deutschen Bekannten normale, freundliche, zivilisierte Leute sind, Menschen wie jeder andere – abgesehen von ein paar nationalen Eigentümlichkeiten, wie sie auch jeder andere hat. Fast jeder wird, wenn er die Reden hört, die heute in Deutschland heraustönen (und die Taten wahrnimmt, die heute aus Deutschland herausduften), an diese seine Bekannten denken und entgeistert fragen: Was ist mit ihnen? Gehören sie wirklich zu diesem Irrenhaus? Merken sie nicht, was mit ihnen geschieht – und was in ihrem Namen geschieht? Billigen sie es etwa gar? Was sind das für Leute? Was sollen wir von ihnen halten?

Tatsächlich stecken hinter diesen Unerklärlichkeiten sonderbare seelische Vorgänge und Erfahrungen – höchst seltsame, höchst enthüllende Vorgänge, deren historische Auswirkungen noch nicht abzusehen sind. Mit ihnen habe ich es zu tun. Man kommt ihnen nicht bei, ohne sie dorthin zu verfolgen, wo sie sich abspielen: im privaten Leben, Fühlen und Denken der einzelnen Deutschen. Sie spielen sich umso mehr dort ab, als ja längst, nach der Räumung des politischen Feldes, der erobernde und gefräßige Staat in die einstigen Privatzonen vorgestoßen ist und auch dort seinen Gegner, den widerspenstigen Menschen, herauszuwerfen und zu unterjochen am Werk ist; dort, im Privatesten, spielt sich heute in Deutschland jener Kampf ab, nach dem man vergeblich mit Fernrohren das politische Feld absucht. Was einer ißt und trinkt, wen er liebt, was er in seiner Freizeit tut, mit wem er sich unterhält, ob er lächelt oder finster aussieht, was er liest und was er sich für Bilder an die Wände hängt – das ist heute die Form, in der in Deutschland politisch gekämpft wird. Das ist das Feld, wo im voraus die Schlachten des künftigen Weltkriegs entschieden werden. Es mag grotesk klingen, aber es ist so.

Deswegen glaube ich, mit meiner scheinbar so privaten und unbedeutenden Geschichte wirklich Geschichte zu erzählen – und vielleicht sogar zukünftige Geschichte. Und deswegen bin ich geradezu froh, in meiner Person einen nicht allzu bedeutenden und hervorstehenden Gegenstand der Darstellung zu haben; wäre er bedeutender, er wäre weniger typisch. Und deswegen hoffe ich schließlich, gerade vor dem ernsthaften Leser, der keine Zeit zu verschenken hat, und von einem Buch, das er liest, wirkliche Information und wirklichen Nutzen erwartet, diese meine intime Chronik vertreten zu können.

Dafür habe ich mich nun freilich vor dem harmloseren Leser, der mir seine Teilnahme bedingungsloser schenkt und die Geschichte eines seltsamen Lebens unter seltsamen Umständen um ihrer selbst willen zu lesen bereit ist, für diese Abschweifung zu entschuldigen – und für so manchen anderen Einschub, in dem ich es mir nicht versagen kann, schon selbst einige von den Gedankengängen anzuspinnen, die sich, wie mir scheint, an meine Geschichte anspinnen lassen. Aber wie kann ich mich besser vor ihm entschuldigen, als indem ich rasch wieder zu erzählen anfange!

27

Der 1. April war fürs erste der Höhepunkt der Nazirevolution gewesen. In den nächsten Wochen zeigten die Ereignisse eine Tendenz, sich wieder in die Sphäre der Zeitungsberichte zurückzuziehen. Gewiß, der Terror ging weiter, die Feste und Aufmärsche gingen weiter, aber nicht mehr ganz im tempo furioso des März. Die Konzentrationslager waren nun eben eine Institution geworden, und man war eingeladen, sich daran zu gewöhnen und seine Zunge zu hüten. Die »Gleichschaltung«, also die Besetzung aller Behörden, Lokalverwaltungen, großen Geschäfte, Verbands- und Vereinsvorstände mit Nazis, ging weiter, aber jetzt systematisch und auf fast pedantisch-ordentliche Weise, mit Gesetzen und Verordnungen, nicht mehr so sehr mit wilden und unberechenbaren »Einzelaktionen«. Die Revolution nahm eine Beamtenmiene an. Es bildete sich so etwas wie ein »Boden der Tatsachen« – etwas, womit der Deutsche kraft alter Gewöhnung gar nichts anderes tun kann, als sich darauf stellen.

Man durfte wieder in den jüdischen Geschäften kaufen. Man wurde zwar weiter aufgefordert, es zu unterlassen, man wurde auch in Dauerplakaten als »Volksverräter« bezeichnet, wenn man es dennoch tat, aber man durfte es. Keine SA-Posten standen mehr vor den Ladentüren. Die jüdischen Beamten, Ärzte, Anwälte, Journalisten wurden zwar entlassen, aber nunmehr gesetzlich und ordentlich, nach Paragraph soundso, und es gab Ausnahmen für Frontkämpfer und alte Leute, die schon unter dem Kaiserreich gedient hatten – konnte man mehr verlangen? Die Gerichte, nachdem sie eine Woche lang suspendiert gewesen waren, durften wieder zusammentreten und Recht sprechen. Die Unabsetzbarkeit der Richter allerdings wurde aufgehoben, streng gesetzlich und ordentlich. Zugleich wurde den Richtern, die nunmehr also jeden Tag auf die Straße gesetzt werden konnten, erklärt, daß man ihre Macht unermeßlich gesteigert habe: Sie seien jetzt »Volksrichter«, »Richterkönige« geworden. Sie brauchten sich nicht mehr ängstlich an das Gesetz zu halten. Sie sollten es nicht einmal. Verstanden?

Seltsam war es, wieder im Kammergericht zu sitzen, in demselben Saal wie stets, auf denselben Bänken, und so zu tun, als sei eigentlich nichts vorgefallen. Dieselben Wachtmeister standen wieder an den Türen und schützten wie stets die Würde des Gerichtshofs gegen jede Störung. Sogar die Richter waren zum größten Teil dieselben. Der jüdische Kammergerichtsrat in unserm Senat freilich war nicht mehr da, selbstverständlich. Er war zwar nicht entlassen, er war ein alter Herr und hatte längst unter dem Kaiserreich Recht gesprochen, aber man hatte ihn in die Grundbuch- oder Rechnungsabteilung irgendeines Amtsgerichts gesteckt. Statt seiner saß in unserm Senat, seltsam anzusehen zwischen den greisen Kammergerichtsräten, ein junger blonder Amtsgerichtsrat, rotwangig und aufgeschossen. Ein Kammergerichtsrat ist etwa ein General, ein Amtsgerichtsrat etwa ein Oberleutnant. Man flüsterte sich zu, daß er privat eine hohe SS-Charge habe. Er grüßte mit ausgestrecktem Arm und schallendem »Heil Hitler«. Der Senatspräsident und die andern alten Herren wedelten darauf unbestimmt mit dem Arm und murmelten etwas Undeutliches. Im Beratungszimmer, während der Frühstückspause, hatten sie früher manchmal ein wenig geplaudert, leise und abgeklärt nach Art kultivierter älterer Herren, über die Tagesereignisse oder über Justizpersonalien. Damit war es jetzt aus. Tiefes verlegenes Schweigen herrschte, während sie zwischen den Beratungen ihre Butterbrote aßen.

Seltsam verliefen oft die Beratungen. Das neue Senats-
mitglied gab mit frischer, selbstbewußter Stimme befremdliche Rechtskenntnisse zum besten. Wir Referendare, mit
unseren frischen Examenskenntnissen, wechselten Blicke,
während er referierte. »Sollten Sie nicht, Herr Kollege«,
sagte schließlich mit vollkommener Höflichkeit der Senatspräsident, »§ 816 des Bürgerlichen Gesetzbuchs übersehen haben?« Worauf der hohe Richter, ein wenig einem
ertappten Examenskandidaten gleich, in seinem Gesetzbuch blätterte und leicht verlegen, aber immer noch frisch
und leichtherzig zugab: »Ach so, ja. Na, dann ist es also
gerade umgekehrt.« Das waren so die Triumphe der alten
Justiz.

Es gab aber auch andere Fälle – Fälle, in denen der
Neukömmling sich nicht geschlagen gab, sondern eloquent
und mit etwas zu lauter Stimme Vorträge darüber hielt, daß
das alte Paragraphenrecht hier zurückstehen müsse; seine
alten Richterkollegen darüber belehrte, daß man auf den
Sinn und nicht auf den Buchstaben blicken müsse; Hitler
zitierte; und mit der Geste eines jugendlichen Bühnen-
helden auf irgendeiner unhaltbaren Entscheidung bestand.
Es war mitleiderregend, währenddessen die Gesichter der
alten Kammergerichtsräte zu studieren. Sie blickten mit
einem Ausdruck unbeschreiblicher Betrübtheit vor sich
nieder in ihre Akten, während ihre Finger leichtgequält an
einer Büroklammer oder einem Stückchen Löschpapier
drehten. Für Gerede, wie sie es da jetzt als hohe Weisheit
anhören mußten, waren sie sonst gewöhnt, Kandidaten
durchs Assessorexamen fallen zu lassen; aber hinter diesem
Gerede stand jetzt die Staatsmacht; dahinter drohte Ent-
lassung wegen mangelnder nationalpolitischer Zuverläs-
sigkeit, Brotlosigkeit, Konzentrationslager ... Man hüstelte;
»wir sind natürlich ganz Ihrer Ansicht, Herr Kollege«, sagte

man, »aber Sie werden verstehen...« Und man flehte um ein wenig Verständnis für das Bürgerliche Gesetzbuch und versuchte zu retten, was zu retten war.

So das Kammergericht in Berlin im April 1933. Es war dasselbe Kammergericht, dessen Räte sich einige 150 Jahre früher von Friedrich dem Großen lieber hatten einsperren lassen, als daß sie auf königliche Kabinettsorder hin ein Urteil änderten, das sie für richtig hielten. In Preußen kennt jedes Schulkind noch heute eine Legende aus jener Zeit, die, wahr oder nicht, den Ruf dieses Gerichtshofs kennzeichnet: Fridericus wollte danach beim Bau Sans-Soucis eine Windmühle, die noch heute neben dem Schloß steht, beseitigen lassen und machte dem Müller ein Kaufangebot. Der Müller lehnte ab; er wollte seine Mühle nicht hergeben. Der König drohte darauf, er werde den Müller einfach enteignen lassen – worauf der Müller: »Ja, Majestät – wenn das Kammergericht in Berlin nicht wäre!«

1933 brauchte kein Fridericus, brauchte nicht einmal ein Hitler sich persönlich zu bemühen, um das Kammergericht und seine Rechtsprechung »gleichzuschalten«. Ein paar junge Amtsgerichtsräte mit forschen Manieren und mangelhaften Rechtskenntnissen genügten dazu.

Ich war nicht mehr lange ein Zeuge des Niedergangs dieser großen, alten und stolzen Institution. Meine Ausbildungszeit näherte sich ihrem Ende; nur ein paar kurze Monate erlebte ich noch das Kammergericht des Dritten Reichs. Es waren traurige Monate, Abschiedsmonate in mehr als einem Sinn. Ich fühlte mich an einem Sterbelager. Ich fühlte, daß ich in diesem Gebäude nichts mehr zu suchen hatte, daß der Geist, der darin geherrscht hatte, immer spurloser entwich, und ich hatte ein fröstelndes Gefühl von Heimatlosigkeit. Ich war kein begeisterter

Jurist gewesen, nein, und ich hatte nicht besonders innig an der richterlich-gouvernementalen Zukunft gehangen, die mein Vater für mich geplant hatte. Dennoch hatte ich etwas wie Zugehörigkeit hier gespürt, und ich sah mit Bedrückung das trübe, ruhmlose Verenden und Versacken einer Welt mit an, in der ich immerhin nicht ganz ohne Heimatsgefühl, nicht ganz ohne Teilnahme und nicht ohne einen kleinen Stolz zu Hause gewesen war. Sie löste sich vor meinen Augen auf, sie zersetzte sich und verweste, ohne daß ich irgendetwas daran ändern konnte; das einzige, was mir blieb, war Achselzucken und das sichere und trübe Wissen, daß es hier keine Zukunft mehr für mich gab.

Äußerlich übrigens sah alles ganz anders aus. Wir Referendare stiegen täglich und sichtbar im Kurs. Der Nationalsozialistische Juristenbund schrieb uns – auch mir – höchst schmeichelhafte Briefe: Wir seien die Generation, die das neue deutsche Recht aufzubauen habe. »Kommt in unsere Reihen, arbeitet mit an den gewaltigen Aufgaben, die der Wille des Führers uns stellt!« Ich ließ die Schreiben in den Papierkorb sinken, aber so taten nicht alle. Man fühlte es den Referendaren an, wie sie an Wichtigkeit und Selbstbewußtsein gewannen. *Sie* waren es jetzt, und nicht mehr die Kammergerichtsräte, die in den Sitzungspausen eingeweiht die höheren Justizpersonalien diskutierten. Man hörte die unsichtbaren Marschallstäbe in den unsichtbaren Tornistern rascheln. Selbst die, die bisher keine Nazis gewesen waren, fühlten ihre Chance. »Ja, es weht ein scharfer Wind, Herr Kollege«, sagten sie und berichteten mit stillem Triumph von Leuten, die frisch aus dem Assessorexamen ins Justizministerium gestiegen waren, und umgekehrt von »scharfen« und gefürchteten Senatspräsidenten, die schlechthin entlassen worden waren – »er war mit dem Reichsbanner zu intim gewesen, wissen Sie? Das rächt sich jetzt« – oder in obskure Amtsgerichte in der Provinz geschickt. Man witterte wieder ein wenig die glorreiche Luft von 1923, als plötzlich die jungen Leute das Heft in der Hand gehabt hatten, als man von heute auf morgen Bankdirektor und Autobesitzer hatte sein können – während Alter und begriffsstutziges Vertrauen auf Lebenserfahrung nur ins Leichenschauhaus führten.

Freilich, so ganz wie 1923 war es auch wieder nicht. Der Eintrittspreis war ein wenig höher. Man mußte ein bißchen vorsichtig mit seinen Gedanken und Worten sein, damit man nicht etwa statt ins Justizministerium aus Versehen ins Konzentrationslager kam. So hochgeschwellt und siegesbewußt die Unterhaltungen in den Korridoren des Kammergerichts waren – ein bißchen klangen sie zugleich behindert, ein Unterton von Angst und Mißtrauen fehlte nicht, die Ansichten, die geäußert wurden, klangen ein wenig wie auswendig gelernte Examensantworten, und nicht selten schnappte einer plötzlich ab und sah sich rasch um, ob auch nicht etwa jemand seine Worte falsch aufgefaßt hatte.

Hochgestimmte Jugend, aber ein bißchen hatten alle einen Kloß im Hals. Eines Tages – ich weiß nicht mehr, was ich Ketzerisches geäußert hatte – nahm mich einer meiner Mitreferendare aus dem großen Kreis beiseite und sah mir treu in die Augen. »Ich möchte Sie warnen, Herr Kollege«, sagte er. »Ich meine es gut mit Ihnen.« Erneuter tiefer Blick in die Augen. »Sie sind Republikaner, nicht wahr?« Er legte mir gleich beruhigend seine Hand auf den Arm. »Pst, haben Sie keine Angst. Ich bin es auch, im Herzen. Ich freue mich, daß Sie es sind. Aber Sie müssen vorsichtiger sein. Unterschätzen Sie die Faszisten nicht!« (»Faszisten«, sagte er.) »Mit skeptischen Bemerkungen ist heute

nichts zu machen. Damit graben Sie sich nur Ihr eigenes
Grab. Glauben Sie nur nicht, daß sich heute gegen die Faszisten etwas ausrichten läßt. Mit offener Opposition schon
gar nicht! Glauben Sie mir! Ich kenne die Faszisten vielleicht besser als Sie. Wir Republikaner müssen jetzt mit
den Wölfen heulen.«
So die Republikaner.

28

Es war nicht nur das Kammergericht, von dem ich damals
Abschied zu nehmen hatte. »Abschied« war die Parole
geworden – durchgehend, radikal und ausnahmslos. Die
Welt, in der ich gelebt hatte, löste sich auf, verschwand,
wurde unsichtbar, täglich und selbstverständlich, in aller
Lautlosigkeit. Täglich fast konnte man feststellen, daß wieder ein Stück von ihr verschwunden und versunken war:
Man sah sich danach um, und es war nicht mehr da. Nie
wieder habe ich einen so seltsamen Vorgang erlebt. Es war
ähnlich, als ob der Boden, auf dem man steht, ständig und
unaufhaltsam unter den Füßen wegrieselt – oder, besser
noch: als würde die Atemluft von irgendwoher gleichmäßig
und unaufhörlich weggesaugt.
Fast das Harmloseste war, was, sichtbar und augenfällig,
in der öffentlichen Sphäre geschah. Gut: Die Parteien verschwanden, wurden aufgelöst; erst die Linksparteien, dann
die Rechtsparteien; ich hatte zu keiner gehört. Die Männer, deren Namen man im Munde geführt hatte, deren
Bücher man gelesen, deren Reden man diskutiert hatte,
verschwanden: in die Emigration oder in die Konzentrationslager; hin und wieder hörte man von einem, er habe
»bei der Verhaftung Selbstmord begangen« oder sei »auf

der Flucht erschossen«. Irgendwann im Sommer erschien in den Zeitungen eine Liste von 30 oder 40 der bekanntesten wissenschaftlichen und literarischen Namen: Ihre Träger waren zu »Volksverrätern« erklärt, ausgebürgert, geächtet.

Fast unheimlicher war das Verschwinden einer Anzahl ganz harmloser Personen, die aber irgendwie zum täglichen Leben gehört hatten: Der Rundfunkansager, dessen Stimme man täglich gehört hatte, und an den man wie an einen guten Bekannten gewöhnt war, war in einem Konzentrationslager verschwunden, und wehe, wenn man noch seinen Namen in den Mund nahm. Die Schauspieler und Schauspielerinnen, die einen durch die Jahre begleitet hatten, verschwanden von heute auf morgen: Die charmante Carola Neher war plötzlich eine ausgebürgerte Volksverräterin; der junge strahlende Hans Otto, dessen Stern gerade im letzten Winter so glänzend aufgegangen war – in jeder Abendgesellschaft hatte man sich darüber unterhalten, ob dies nun endlich der »neue Matkowski« sei, auf den die deutsche Bühne so lange wartete –, lag eines Tages zerschmettert im Hof einer SS-Kaserne: Er habe sich nach seiner Verhaftung »in einem unbewachten Augenblick« aus dem Fenster des vierten Stocks gestürzt, hieß es. Der bekannteste humoristische Pressezeichner, über dessen harmlose Witze ganz Berlin jede Woche lachte, beging Selbstmord. So tat der Conférencier des bekannten Kabaretts. Andere waren einfach weg, und man wußte nicht: waren sie tot, verhaftet, ausgewandert – sie waren verschollen.

Die symbolische Bücherverbrennung im Mai war eine Zeitungsnachricht gewesen, aber wirklich und unheimlich war, daß nun die Bücher aus den Buchhandlungen und Bibliotheken verschwanden. Die lebende deutsche Literatur, so gut oder schlecht sie nun sein mochte, war wegrasiert. Die Bücher des letzten Winters, zu denen man vor April noch nicht gekommen war, würde man nicht mehr lesen. Ein paar Autoren, die man aus irgendeinem Grunde geduldet hatte, standen einsam wie Kegelkönige im Leeren. Im übrigen gab es nur die Klassiker – und eine plötzlich wild aufschießende Blut- und Bodenliteratur von entsetzlicher und beschämender Qualität. Die Bücherfreunde – gewiß nur eine Minderheit in Deutschland, und, wie sie jetzt täglich hören durften, eine höchst unbeachtliche – sahen sich über Nacht ihrer Welt beraubt. Und da man sehr schnell begriffen hatte, daß jeder Beraubte obendrein Gefahr lief, bestraft zu werden, fühlten sie sich gleichzeitig sehr eingeschüchtert und schoben ihre Heinrich Manns und Feuchtwangers in die zweite Reihe des Bücherschranks; und wenn sie noch wagten sich über den letzten Joseph Roth oder Wassermann zu unterhalten, steckten sie die Köpfe zusammen und flüsterten wie Verschwörer.

Viele Zeitungen und Zeitschriften verschwanden von den Kiosken – aber viel unheimlicher war, was mit den übrigbleibenden geschah. Man erkannte sie nicht mehr recht wieder. Man ist gewöhnt, mit einer Zeitung wie mit einem Menschen zu verkehren, nicht wahr, man hat im Gefühl, wie sie auf bestimmte Dinge reagieren, was sie sagen und wie sie es sagen wird. Sagt sie plötzlich das Gegenteil von allem, was sie gestern gesagt hat, verleugnet sie sich völlig und zeigt sie dazu ganz entstellte Züge, so entgeht man nicht einem Gefühl von Irrenhaus. Dies geschah. Altdemokratische Intelligenzblätter, wie das »Berliner Tageblatt« oder die »Vossische Zeitung« waren von heute auf morgen in Naziorgane verwandelt; mit ihren alten, besonnenen und gebildeten Stimmen sprachen sie dasselbe aus, was der »Angriff« oder der »Völkische Beobachter« herausschrien und -geiferten. Später gewöhnte man sich daran und pickte dankbar zwischen den Zeilen des Feuilletons gelegentliche Anspielungen heraus. Das Hauptblatt verleugnete sie stets und strikt.

Nun ja, teilweise hatten die Redaktionen gewechselt. Oft aber versagte diese naheliegende Erklärung. Es gab da etwa eine Zeitschrift mit dem Titel »Die Tat« – ein Organ, dessen Haltung so anspruchsvoll war wie sein Titel. In den letzten Jahren vor 1933 war es fast allgemein gelesen worden; es wurde von einer Gruppe intelligenter und radikaler junger Leute geschrieben, schwelgte mit einer gewissen Eleganz in Weltenwende und Jahrtausendperspektive und war, selbstverständlich, viel zu vornehm, gebildet und tief, um irgendeiner Partei anzugehören – am wenigsten den Nazis, denen seine Redakteure noch im Februar bescheinigt hatten, daß sie selbstverständlich eine ganz vorübergehende Episode seien. Nun, der Chefredakteur des Blattes hatte sich zu weit vorgewagt, er verlor seinen Posten und entging mit knapper Not dem Tode (heute darf er immerhin wieder Unterhaltungsromane schreiben); die übrige Redaktion aber blieb und war auf einmal vollkommen selbstverständlich und ohne den geringsten Verlust an Eleganz und Jahrtausendperspektive Nazi – sie war es immer gewesen, selbstverständlich, besser, eigentlicher und tiefer als die Nazis selbst. Man staunte in das Blatt hinein: Derselbe Druckspiegel, derselbe Satz, dieselbe großartige Unfehlbarkeitsgeste, dieselben Namen – und das Ganze auf einmal, ohne Wimpernzucken, ein vollblütiges, smartes Naziblatt. Bekehrung? Zynismus? Oder waren die Herren Fried, Eschmann, Wirsing usw. wirklich im Herzen immer gute Nazis gewesen? Wahrscheinlich wußten sie es selbst nicht genau. Übrigens gab man das Rätselraten bald auf. Man war angeekelt und müde, und begnügte sich, Abschied von einem Blatt mehr zu nehmen.

Schließlich waren diese Abschiede nicht die schmerz-
lichsten – Abschiede von all den schwer benennbaren, halb
unpersönlichen Erscheinungen und Elementen, die
zusammen die Atmosphäre eines Zeitalters ausmachen.
Man soll sie nicht unterschätzen: Sie reichen hin, um das
Leben recht düster zu machen; es ist unangenehm genug,
wenn die Luft über einem Land – die allgemeine, öffentliche Luft – Wohlgeruch und Würze verliert und giftig und
qualmig wird. Aber diese allgemeine Luft kann man bis zu
einem gewissen Grade aussperren, man kann seine Fenster
dicht zumachen, und sich in die vier Wände eines ausge-
sparten Privatlebens zurückziehen. Man kann sich abkap-
seln, sich Blumen ins Zimmer stellen, und sich auf der
Straße Ohren und Nase zuhalten. Die Versuchung, so zu
verfahren – viele haben es seither getan – war groß genug,
auch bei mir. Gottlob gelang mir der Versuch keinen
Augenblick, wenn ich ihn machte. Die Fenster schlossen
nicht mehr. Auch im privatesten Leben wartete Abschied
über Abschied auf mich.

29

Immerhin: Die Versuchung der Abkapselung ist als Zeiter-
scheinung wichtig genug, um etwas genauer auf sie einzu-
gehen. Sie hat ihren Anteil an dem psycho-pathologischen
Prozeß, der sich seit 1933 in millionenfacher Wiederholung
in Deutschland abspielt. Die meisten Deutschen befinden
sich heute bekanntlich in einer Gemütsverfassung, die sich
für den normalen Betrachter schlechthin als Geisteskrank-
heit oder mindestens als schwere Hysterie darstellt. Wenn
man verstehen will, wie es dazu kommen konnte, muß man
sich die Mühe machen, sich in die eigentümliche Lage zu

versetzen, in der sich im Sommer 1933 die nichtnazistischen Deutschen – also immer noch die Mehrzahl unter ihnen – fanden, und die schon an sich befremdlichen und perversen Konflikte zu begreifen, in die sie sich gestellt sahen.

Die Lage der nichtnazistischen Deutschen im Sommer 1933 war gewiß eine der schwierigsten, in der sich Menschen befinden können: nämlich ein Zustand völligen und ausweglosen Überwältigtseins, zusammen mit den Nachwirkungen des Schocks der äußersten Überrumpelung. Die Nazis hatten uns, auf Gnade und Ungnade, in der Hand. Alle Festungen waren gefallen, jeder kollektive Widerstand war unmöglich geworden, individueller Widerstand nur noch eine Form des Selbstmordes. Wir waren verfolgt bis in die Schlupfwinkel unseres Privatlebens, auf allen Lebensgebieten herrschte Deroute, eine aufgelöste Flucht, von der man nicht wußte, wo sie enden würde. Zugleich wurde man täglich aufgefordert: nicht, sich zu ergeben, sondern: überzulaufen. Ein kleiner Pakt mit dem Teufel – und man gehörte nicht mehr zu den Gefangenen und Gejagten, sondern zu den Siegern und Verfolgern.

Das war die einfachste und gröbste Versuchung. Viele erlagen ihr. Später zeigte sich dann oft, daß sie den Kaufpreis unterschätzt hatten und daß sie dem wirklichen Nazisein nicht gewachsen waren. Sie laufen heute zu vielen Tausenden in Deutschland herum, die Nazis mit dem schlechten Gewissen, Leute, die an ihrem Parteiabzeichen tragen wie Macbeth an seinem Königspurpur, die, mitgefangen, mitgehangen, eine Gewissenslast nach der andern schultern müssen, vergeblich noch nach Absprungsmöglichkeiten spähen, trinken und Schlafmittel nehmen, nicht mehr nachzudenken wagen, nicht mehr wissen, ob sie das Ende der Nazizeit – ihrer eigenen Zeit! – mehr herbeisehnen oder mehr fürchten sollen, und die, wenn der Tag kommt, ganz bestimmt es nicht werden gewesen sein wollen. Inzwischen aber sind sie der Albdruck der Welt, und tatsächlich ist es ganz unberechenbar, wessen diese Leute in ihrer moralischen und nervösen Zerrüttung etwa noch fähig sind, ehe sie zusammensacken. Ihre Geschichte muß noch geschrieben werden.

Aber die Situation von 1933 barg noch viele andere Versuchungen neben dieser gröbsten; jede einzelne eine Quelle des Wahnsinns und der seelischen Erkrankung für den, der ihr erlag. Der Teufel hat viele Netze: grobe für die groben Seelen, feine für die feineren.

Wer sich weigerte, Nazi zu werden, hatte eine böse Situation vor sich: völlige und aussichtslose Trostlosigkeit; wehrloses Hinnehmen täglicher Beleidigungen und Demütigungen; hilfloses Mitansehen des Unerträglichen; vollkommene Heimatlosigkeit; unqualifiziertes Leiden. Diese Situation hat wieder ihre eigenen Versuchungen: scheinbare Trost- und Erleichterungsmittel, die den Widerhaken des Teufels bergen.

Das eine, bevorzugt von Älteren, war Flucht in die Illusion: am liebsten in die Illusion der Überlegenheit. Die ihr erlagen, klammerten sich an die Züge von Dilettantismus und Anfängerhaftigkeit, die der nazistischen Staatskunst gewiß zunächst anhafteten. Sie bewiesen sich und anderen täglich, daß dies alles unmöglich lange so weitergehen könnte, sie posierten in einer Haltung amüsierten Besserwissens, sie ersparten sich die Wahrnehmung des Teuflischen, indem sie den Blick auf das Kindische hefteten; ihr völliges ohnmächtiges Ausgeliefertsein fälschten sie vor sich selber in überlegen-beobachtendes Abseitsstehen um, und sie fühlten sich völlig beruhigt und getröstet, wenn sie einen neuen Witz oder einen neuen Times-Artikel zitieren konnten. Es waren die Leute, die, zunächst in völliger ruhiger Überzeugtheit, später mit allen Anzeichen der bewußten krampfhaften Selbsttäuschung, von Monat zu Monat das unvermeidliche Ende des Regimes voraussagten. Das Schlimmste kam für sie erst, als das Regime sich sichtbar konsolidierte und als die Erfolge kamen: Hiergegen waren sie nicht gewappnet. Diese Gruppe war es, auf die, in sehr schlauer psychologischer Berechnung, das Trommelfeuer statistischer Prahlereien in den späteren Jahren losgelassen wurde; sie hat tatsächlich die Masse der späten Kapitulierer aus den Jahren 1935 bis 1938 geliefert. Nachdem ihnen ihre krampfhaft gehütete Überlegenheitsgeste unmöglich gemacht worden war, gaben diese Leute in großen Massen auf. Nachdem die Erfolge, die sie immer als unmöglich erklärt hatten, eingetreten waren, bekannten sie sich geschlagen. Zu der Einsicht, daß gerade diese Erfolge das Fürchterliche waren, hatten sie nicht die Kraft. »Aber er hat doch wirklich geschafft, was keiner geschafft hat!« »Genau das ist ja gerade das Schlimme!« »Ach, Sie sind ein alter Paradoxienjäger.« (Gespräch aus dem Jahre 1938.)

Ein paar von ihnen halten noch heute die Fahne hoch und lassen nach allen Niederlagen nicht ab, von Monat zu Monat oder wenigstens von Jahr zu Jahr den unvermeidlichen Zusammenbruch zu prophezeien. Ihre Haltung hat, das muß man zugeben, nachgerade eine gewisse Größe gewonnen, aber freilich auch eine gewisse Schrulligkeit. Das Komische ist, daß sie wahrscheinlich eines Tages, nachdem sie noch ein paar grausame Enttäuschungen durchgestanden haben, Recht behalten werden. Ich sehe sie schon nach dem Sturz der Nazis herumgehen und jedem erzählen, daß sie es gleich und immer gesagt hätten. Freilich werden sie bis dahin tragikomische Figuren geworden sein. Es gibt eine Art, Recht zu behalten, die blamabel ist und nur dem Gegner zu unverdienter Glorie verhilft. Denken wir an Ludwig XVIII.

Die zweite Gefahr war Verbitterung – masochistische Selbstauslieferung an Haß, Leiden und schrankenlosen Pessimismus. Es ist fast die natürlichste deutsche Reaktion auf Niederlagen. Jeder Deutsche hat in bösen Stunden (seines Privatlebens – oder des nationalen Lebens) mit dieser Versuchung zu kämpfen: ganz und für immer aufzugeben, und sich und die Welt mit einer erschlafften Gleichgültigkeit, die an Bereitwilligkeit grenzt, dem Teufel anheimzustellen; trotzig und böse moralischen Selbstmord zu begehen.

»Ich fang an, müd zu sein des Sonnenlichts,
Ach, stürze gleich der Weltenbau zu nichts!«

Es sieht sehr heroisch aus: Man weist jeden Trost weit von sich – und übersieht, daß in dieser Haltung selbst der giftigste, gefährlichste und lasterhafteste Trost liegt. Die perverse Wollust der Selbstaufgabe, eine wagnerianische Todes- und Untergangsgeilheit – genau das ist die umfassendste Tröstung, die sich dem Geschlagenen anbietet, der nicht die Kraft aufbringt, seine Niederlage als seine Niederlage zu ertragen. Ich wage zu prophezeien, daß dies die Grundhaltung Deutschlands nach dem verlorenen Nazikriege sein wird – das wilde bockige Heulen eines pathologischen Kindes, das den Verlust seiner Puppe begierig mit dem Weltuntergang gleichsetzt. (Viel davon war bereits in der deutschen Haltung nach 1918.) 1933 drang wenig davon in die, sozusagen, »öffentliche« Haltung – wie von alledem, was damals in den Seelen der geschlagenen Mehrheit vorging; denn offiziell war ja keiner geschlagen,

offiziell gab es ja nur Jubel, Aufstieg, »Befreiung«, »Erlösung«, Heil und rauschende Einigkeit, und das Leiden
hatte den Mund zu halten. Dennoch war diese typische
deutsche Verliererhaltung nach 1933 sehr häufig; ich allein
bin ihr in soviel individuellen Fällen begegnet, daß ich
glaube, man darf die Gesamtzahl ihrer Vertreter ruhig mit
Millionen ansetzen.

Es ist schwer, allgemein zu sagen, welches die realen,
äußeren Konsequenzen dieser inneren Haltung sind. In
manchen Fällen führt sie zum Selbstmord. Sehr viel mehr
Menschen aber richten sich darauf ein, damit weiterzule-
ben; mit verzerrten Gesichtern sozusagen. Sie bilden, leider, die Mehrzahl unter denen, denen man in Deutschland
als Vertretern einer sichtbaren »Opposition« begegnet, und
es ist daher kein Wunder, daß diese Opposition nie Ziele,
Methoden, Pläne und Aussichten entwickelt hat. Die
Leute, die sie in der Hauptsache verkörpern, gehen herum
und »greueln«. Das Entsetzliche, das geschieht, ist allmählich die unentbehrliche Nahrung ihres Geistes geworden;
das einzige, düstere Vergnügen, das ihnen geblieben ist, ist
die schwelgerische Ausmalung der Furchtbarkeiten, und es
ist unmöglich, eine Unterhaltung mit ihnen zu führen, die
nicht hierin besteht. Es ist nachgerade mit vielen unter
ihnen dahin gekommen, daß ihnen etwas fehlen würde,
wenn sie dies nicht mehr hätten, und bei manchen hat sich
die pessimistische Verzweiflung geradezu in eine Art Be-
haglichkeit umgesetzt. Im allgemeinen freilich ist auch
dies eine Art, »gefährlich zu leben«; es greift die Galle an,
es führt ins Sanatorium und nicht selten zu wirklichem
Wahnsinn. Und ein schmaler Seitenweg führt schließlich
auch von hier aus zum Nazitum: Wenn doch schon alles
egal, alles verloren, alles des Teufels ist, warum dann nicht,
mit dem traurigsten und wütendsten aller Zynismen, selber

sich zu den Teufeln schlagen; warum nicht, mit innerem Hohngelächter, alles mitmachen? Auch das gibt es.

Noch von einer dritten Versuchung muß ich sprechen. Es ist die, mit der ich es selber zu tun hatte, und wiederum ganz und gar nicht als Vereinzelter. Ihr Ausgangspunkt ist gerade die Erkenntnis der vorigen: Man will sich nicht durch Haß und Leiden seelisch korrumpieren, man will gutartig, friedlich, freundlich, »nett« bleiben. Wie aber Haß und Leiden vermeiden, wenn täglich, täglich das auf einen einstürmt, was Haß und Leiden verursacht? Es geht nur mit Ignorieren, Wegsehen, Wachs in die Ohren tun, Sich-Abkapseln. Und es führt zur Verhärtung aus Weichheit und schließlich wieder zu einer Form des Wahnsinns: zum Realitätsverlust.

Sprechen wir einfachheitshalber von mir, aber vergessen wir nicht, daß mein Fall wiederum durchaus mit einem sechs- oder siebenstelligen Multiplikator zu multiplizieren ist.

Ich habe kein Talent zum Haß. Ich habe immer zu wissen geglaubt, daß man schon durch ein zu tiefes Sich-Einlassen in Polemik, Streiten mit Unbelehrbaren, Haß auf das Häßliche etwas in sich selber zerstört – etwas, das wert zu erhalten, und schwer wiederherzustellen ist. Meine natürliche Geste der Ablehnung ist Abwendung, nicht Angriff.

Auch habe ich ein sehr deutliches Gefühl für die Ehre, die man einem Gegner antut, wenn man ihn des Hasses würdigt – und genau dieser Ehre schienen mir die Nazis nicht würdig. Ich scheute die Intimität mit ihnen, die schon der Haß auf sie mit sich bringt; und als die stärkste persönliche Beleidigung, die sie mir antaten, empfand ich nicht so sehr ihre zudringlichen Aufforderungen mitzumachen – die lagen außerhalb der Dinge, an die man irgendeinen

Gedanken oder irgendein Gefühl wendet – als die Tatsache, daß sie mich täglich durch ihre Unübersehbarkeit zwangen, Haß und Ekel zu empfinden, wo doch Haß und Ekel mir so gar nicht »liegen«.

War nicht eine Haltung möglich, in der man zu nichts, zu gar nichts gezwungen wurde – nicht einmal zu Haß und Ekel? Gab es nicht die Möglichkeit einer souveränen, ungestörten Verachtung, eines »Sieh hin und geh vorüber«? Und sei es auch auf Kosten des halben, meinetwegen des ganzen äußeren Lebens?

Gerade damals begegnete ich einem gefährlichen, verlockend-zweideutigen Ausspruch Stendhals. Er schrieb ihn programmatisch nieder, nach einem Zeitereignis, das er genau so als »Sturz in den Dreck« empfand wie ich den Vorgang vom Frühjahr 1933 – nach der Restauration von 1814. Nur eins gebe es jetzt, so schrieb er, was wert sei, noch Aufmerksamkeit und Mühe darauf zu verwenden: »das Ich heilig und rein zu erhalten«. Heilig und rein! Das hieß, daß man sich nicht nur von jeder Mittäterschaft frei zu halten hatte: sondern auch von jeder Verheerung durch den Schmerz und jeder Entstellung durch den Haß – von jeder Einwirkung kurzweg, von jeder Reaktion, von jeder Berührung, selbst der, die im Zurückstoßen besteht. Abwendung – Rückzug auf das schmalste Fleckchen, wenn es sein muß, vorausgesetzt nur, daß keine Pestluft dorthin gelangt, und daß man das einzige unversehrt retten kann, auf dessen Rettung es ankommt; nämlich, um ihm seinen guten alten theologischen Namen zu geben, seine unsterbliche Seele.

Ich glaube noch heute, daß an diesem Ausgangspunkt etwas richtig ist, und ich verleugne ihn nicht. Aber freilich, so wie ich es mir damals dachte, mit einfachem Ignorieren und Rückzug in den Elfenbeinturm, ging es nicht, und ich danke Gott dafür, daß mir der Versuch rasch und gründlich mißlang. Ich kenne andere, denen er nicht so schnell mißlang, und die die Erkenntnis, daß man mitunter seinen Seelenfrieden nur retten kann, indem man ihn opfert und preisgibt, sehr, sehr teuer haben bezahlen müssen.

Im Gegensatz zu den beiden ersten Formen von Ausweichen hat diese in den folgenden Jahren in Deutschland eine Art von öffentlichem Ausdruck gefunden, und zwar in einer heftig und vielfältig aufschießenden Idyllenliteratur. Es ist in der Welt, selbst in literarischen Kreisen, nur wenig bemerkt worden, daß in Deutschland in den Jahren 1934 bis 1938 so viele Kindheitserinnerungen, Familienromane, Landschaftsbücher, so viel Naturlyrik, so viele zarte und zärtliche Sächelchen und Spielereien geschrieben worden sind wie nie vorher. Was neben der abgestempelten nazistischen Propagandaliteratur in Deutschland noch veröffentlicht worden ist, liegt fast ausschließlich auf diesem Gebiet. Seit etwa zwei Jahren ist es freilich im Abflauen, offenbar weil die nötige Harmlosigkeit allmählich auch mit der größten Anstrengung nicht mehr aufzubringen ist. Aber vorher war es einfach unheimlich. Eine ganze Literatur voller Herdenglöckchen und Gänseblümchen, voller Große-Ferien-Kinderglück und erster Liebe und Märchenduft und Bratäpfeln und Weihnachtsbäumen, eine Literatur von geradezu penetranter Innerlichkeit und Zeitlosigkeit, wie auf Verabredung massenhaft hergestellt inmitten von Aufmärschen, Konzentrationslagern, Munitionsfabriken und Stürmerkästen. Wer, wie der Verfasser dieses, zufällig diese Bücher in einer gewissen Massierung zu lesen hatte, fühlte sich allmählich in aller Feinfühligkeit, Leisheit und Zärtlichkeit geradezu angeschrien von ihnen. »Merkst du nicht«, schrie es zwischen ihren Zeilen, »merkst du nicht, wie zeitlos und innerlich wir sind? Merkst du nicht, wie nichts uns etwas anhaben kann? Merkst du nicht, wie wir nichts merken? Merk es doch, merk es doch, wir bitten dich!«

Ich habe auch einige von den Dichtern persönlich gekannt. Für jeden von ihnen, oder doch fast jeden, ist inzwischen irgendwann ein Zeitpunkt gekommen, wo es nicht mehr ging; irgendein Ereignis, das mit allem Wachs in den Ohren nicht mehr zu überhören war; eine Verhaftung im nächsten Bekanntenkreis etwa, oder Ähnliches. Keine Kindheitserinnerungen schützten mehr dagegen. Das gab dann beträchtliche Zusammenbrüche. Es sind traurige Geschichten. Die eine oder andere werde ich vielleicht noch zu ihrer Zeit erzählen.

Das waren so die Konflikte der Deutschen im Sommer 1933. Sie sahen ein bißchen so aus wie die Auswahl zwischen verschiedenen seelischen Todesarten, und jemand, der sein Leben in normalen Umständen verbracht hat, mag sich schon hier ein wenig wie in einem Irrenhaus vorkommen, oder, sagen wir, in einer psycho-pathologischen Versuchsanstalt. Aber, was hilft es: Es war so, und ich kann es nicht ändern. Es waren übrigens noch verhältnismäßig harmlose Zeiten. Es kommt noch ganz anders.

30

Mir also mißlang der Versuch, mich in einem kleinen, geschützten, privaten Bezirk abzukapseln, sehr rasch, und zwar aus dem Grunde, daß es einen solchen Bezirk nicht gab. In mein Privatleben bliesen sehr schnell von allen Seiten die Winde hinein und bliesen es auseinander. Von dem, was ich etwa meinen »Freundeskreis« hätte nennen können, war bis zum Herbst 1933 nichts mehr übrig.

Es gab da etwa eine kleine »Arbeitsgemeinschaft«, bestehend aus sechs intellektuellen jungen Leuten, alle Referendare, alle kurz vor dem Assessorexamen stehend, alle aus derselben Schicht; ich war einer von ihnen. Wir bereiteten uns zusammen auf das Examen vor, das war der äußere Anlaß, aus dem sich die Gruppe gebildet hatte; aber sie war längst darüber hinausgewachsen und bildete einen kleinen, intimen Debattierclub. Wir hatten sehr verschiedene Ansichten, aber wir wären nie darauf gekommen, uns deswegen zu hassen. Wir mochten uns alle recht gern. Auch konnte man nicht sagen, daß die Ansichten sich einfach frontal gegenüberstanden; sie bildeten eher – sehr typisch für das intellektuelle junge Deutschland von 1932 – einen Kreis, und die scheinbar entferntesten Enden berührten sich wieder.

Am meisten »links« war zum Beispiel Hessel, ein Arztsohn mit kommunistischen Sympathien, am meisten »rechts« Holz, ein Offizierssohn, der militärisch und nationalistisch dachte. Aber beide machten auch oft wieder gemeinsame Front gegen uns andere – denn beide kamen irgendwoher aus der »Jugendbewegung«, beide dachten »bündisch«, beide waren antibürgerlich und antiindividualistisch; beiden schwebte ein Ideal von »Gemeinschaft« und »Gemeinschaftsgeist« vor, für beide waren das eigentliche rote Tuch Jazzmusik, Modejournale, »Kurfürstendamm«, kurz die Welt des leichtfertigen Geldverdienens und Geldausgebens, und beide hatten eine kleine heimliche Liebe zum Terror, die bei dem einen mehr humanitär, bei dem andern mehr nationalistisch verkleidet war. Wie ähnliche Anschauungen ähnliche Gesichter formen, hatten denn auch beide etwas leicht Steifes, Dünnlippiges und Humorloses an sich, und beide hatten übrigens die größte Achtung voreinander. Ritterlichkeit verstand sich überhaupt, so schien es, unter uns von selbst.

Zwei andere Gegner, die sich gut verstanden – und aus diesem Verständnis heraus manchmal gemeinsame Front jeder gegen seine Bundesgenossen machten – waren Brock und ich. Wir waren beide noch schwerer in der politischen Skala unterzubringen als Hessel und Holz. Brocks politische Ansichten waren revolutionär und extrem nationalistisch, während ich konservativ und extrem individualistisch empfand – aus dem Ideenvorrat der »Rechten« und der »Linken« hatten wir jeder uns genau das Gegenteil herausgepickt. Und dabei gab es doch etwas, das uns einte: Im Grunde waren wir beide Ästheten, und beide beteten wir unpolitische Götter an. Brocks Gott war das Abenteuer, und zwar das kollektive Abenteuer, Stil 1914–18 oder 1923, am liebsten beides vereint; mein Gott war der Gott Goethes und Mozarts – man verzeihe mir, daß ich im Augenblick keinen Namen für ihn nenne. Wir waren also wohl oder übel in all und jedem Gegner, aber Gegner, die sich mitunter zuzwinkerten. Wir konnten auch recht gut zusammen trinken. Was Hessel betraf, so trank er überhaupt nicht, er war grundsätzlich gegen Alkohol, und Holz trank so verzweifelt maßvoll, daß es eine Schande war.

Dann gab es zwei Vermittlernaturen, Hirsch, Sohn eines jüdischen Universitätsprofessors, und von Hagen, Sohn eines sehr hohen Ministerialbeamten. Von Hagen war der einzige unter uns, der politisch organisiert war: Er gehörte der Deutschen Demokratischen Partei und dem Reichsbanner an; das hinderte ihn aber nicht, sondern prädestinierte ihn sogar im Gegenteil dazu, nach allen Seiten zu vermitteln und für alle Ansichten Verständnis zu haben; auch war er die verkörperte gute Erziehung, geradezu ein Virtuose des Takts und der guten Manieren. Keine Diskussion in seiner Gegenwart konnte in Streit ausarten. Hirsch sekundierte ihm. Seine Spezialitäten waren sanfte Skepsis

und versuchsweiser Antisemitismus. Ja, er hatte eine
Schwäche für die Antisemiten und versuchte ihnen immer
wieder eine Chance zu geben; ich erinnere mich eines
Gesprächs zwischen uns beiden, in dem er ganz ernsthaft
den antisemitischen Part übernahm und ich, damit es doch
wenigstens ein Gleichgewicht gäbe, den antiteutonischen.
So ritterlich ging es bei uns zu. Im übrigen taten Hirsch
und von Hagen ihr möglichstes, um Holz und Hessel ein
gelegentliches duldsames Lächeln abzunötigen und Brock
und mir ein gelegentliches seriöses »Bekenntnis«, und um
zu verhindern, daß Holz und ich, oder Hessel und Brock
einander das Heiligste zerstörten (nur in diesen Kombina-
tionen war so etwas möglich).

Ja, eine nette Gruppe hoffnungsvoller junger Leute; wer
sie 1932 um einen runden Tisch rauchend und eifrig debat-
tierend vereint gesehen hätte, hätte schwerlich geglaubt,
daß ihre Angehörigen sich ein paar Jahre später schußbe-
reit auf der Weltbarrikade gegenüberliegen würden. Denn
heute, um das kurz festzustellen, sind Hirsch, Hessel und
ich Emigranten, Brock und Holz sind hohe Nazifunk-
tionäre, und von Hagen, Rechtsanwalt in Berlin, ist immerhin Mitglied des Nationalsozialistischen Juristenbundes
und des Nationalsozialistischen Kraftfahrkorps, vielleicht
auch schon (bedauernd, aber man muß) der Partei. Man
sieht freilich, daß er immer noch seiner Vermittlerrolle treu
geblieben ist.

Von Anfang März ab etwa begann sich die Atmosphäre in
unserer Gruppe zu vergiften. Es war plötzlich nicht mehr
so leicht wie vorher, ritterlich-akademische Diskussionen
über die Nazis zu führen. Es gab da eine höchst peinlich-
angespannte Sitzung bei Hirsch kurz vor dem 1. April.
Brock machte kein Hehl daraus, daß er das, was da im
Anrollen war, mit einer gewissen angenehm erwärmten

Amüsiertheit betrachtete, und er genoß die Überlegenheit, mit der er etwa feststellte, daß »unter seinen jüdischen Freunden natürlich eine gewisse Nervosität herrschte«; die Organisation scheine einstweilen noch ziemlich miserabel, fand er übrigens, immer in demselben Ton, aber interessant sei es schon, wie so ein Massenexperiment klappe; es eröffne in jedem Fall die interessantesten Zukunftsaussichten. So etwa Brock, und es war schwer, ihm etwas zu sagen, worauf er nicht ein gewisses verwegenes Lächeln als Antwort bereit hatte. Holz wiederum meinte besonnen, es möchten zwar recht bedauerliche Einzelheiten bei so einem summarischen und improvisierten Verfahren unterlaufen, aber man dürfe doch nicht vergessen, daß die Juden usw. usw. Unser Gastgeber Hirsch, auf diese Weise der Notwendigkeit überhoben, noch seinerseits die Partei der Antisemiten zu nehmen, saß stumm da und biß sich ein wenig die Lippen. Von Hagen wies taktvoll darauf hin, daß ja doch die Juden aber andererseits usw. Es war die schönste Unterhaltung über die Juden, und sie schleppte sich hin. Hirsch saß stumm dabei und bot gelegentlich Zigaretten herum. Hessel versuchte mit wissenschaftlichen Argumenten die Rassenlehre anzugreifen, und Holz verteidigte sie mit ebenso wissenschaftlichen Gegenargumenten, sehr pedantisch und sehr besonnen. »Schön, Hessel«, meinte er etwa, indem er langsam an seiner Zigarette sog, inhalierte, ausatmete und dem Rauch nachblickte, »in einem Menschheitsstaat, wie Sie ihn stillschweigend immer voraussetzen, mögen alle diese Probleme nicht existieren. Aber Sie werden doch zugeben müssen, daß im Rahmen der Aufrichtung eines nationalen Staatsgebildes, um die es sich im Augenblick allein handelt, die völkische Homogenität ...« Mir wurde allmählich schlecht, und ich beschloß, taktlos zu werden. »Was mir hier zur Debatte zu stehen scheint«, sagte ich, »scheint mir noch nicht einmal die Gründung eines Nationalstaats zu sein, sondern schlechtweg die persönliche Haltung jedes einzelnen von uns, nicht wahr? Darüber hinaus gibt es ja wohl augenblicklich nichts, worüber wir praktisch zu bestimmen haben. Was mich an Ihrer Haltung interessiert, Herr Holz, ist, wie Sie Ihre Ansichten mit Ihrem Aufenthalt in diesem Hause unter einen Hut bringen.« Nun war es an Hirsch, mir ins Wort zu fallen und zu betonen, er habe niemals seine Einladung an irgendeinen von uns davon abhängig gemacht, daß unsere Ansichten usw. »Gewiß,« sagte ich, ganz böse auch schon auf ihn, »es ist ja auch nicht Ihre Haltung, die ich kritisiere, sondern die unseres Herrn Holz. Ich würde gern wissen, wie es in einem Menschen aussieht, der die Gastfreundschaft jemandes annimmt, den er grundsätzlich mit allen seinesgleichen umzubringen wünscht.« »Aber wer spricht von Umbringen!« rief Holz, und fast alle protestierten nun, außer Brock, der sagte, er für seine Person sehe hier keinen unüberbrückbaren Gegensatz. »Sie wissen vielleicht, daß Offiziere im Kriege sehr oft in Häusern zu Gast sind, die sie am nächsten Morgen in die Luft zu sprengen haben.« Holz aber bewies mir besonnen, daß man nicht von »Umbringen« reden könne, wenn die jüdischen Geschäftsleute ordentlich und diszipliniert boykottiert würden. »Wieso ist das kein Umbringen?« rief ich empört. »Wenn man jemanden systematisch ruiniert, ihm jede Verdienstmöglichkeit nimmt, muß er schließlich am Ende verhungern, nicht wahr? Jemanden absichtlich verhungern lassen, nenne ich Umbringen, Sie nicht?« »Ruhig, ruhig«, sagte Holz. »Niemand verhungert in Deutschland. Wenn die jüdischen Geschäftsinhaber wirklich ruiniert werden sollten, werden sie Wohlfahrtsunterstützung beziehen.« Das

Schrecklichste war, daß er dies ganz ernsthaft sagte, ohne jeden beabsichtigten Hohn. Wir schieden in Erbitterung.

Im Laufe des April, ganz kurz ehe sie »geschlossen« wurde, traten sowohl Brock wie Holz der Partei bei. Es wäre falsch, sie als reine Konjunkturritter zu klassifizieren. Beide hatten ohne Zweifel schon immer in ihren Ansichten Berührungspunkte mit den Nazis gehabt. Immerhin hatte es bisher nicht dazu gereicht, daß sie Parteigenossen wurden. Die Werbekraft des Sieges mußte erst dazu kommen.

Es wurde von nun an schwer, die »Arbeitsgemeinschaft« aufrechtzuerhalten. Von Hagen und Hirsch hatten viel zu tun. Immerhin hielt sich die Gruppe noch etwa fünf, sechs Wochen lang. Dann, Ende Mai, gab es eine Sitzung, in der sie aufflog.

Es war unmittelbar nach dem Cöpenicker Massenmord, und Brock und Holz kamen zu unserer Zusammenkunft wie Mörder von ihrer Tat. Nicht, daß sie selbst an der Schlächterei teilgenommen hätten. Aber in ihren neuen Kreisen war sie offenbar das Tagesgespräch, man hatte sich deutlich in eine gewisse kollektive Täterschaft hineingeredet, und die beiden brachten in unsere zivilisiert-bürgerliche Zigaretten- und Kaffeetassen-Atmosphäre einen sonderbaren roten Nebel von Blut und Todesschweiß mit.

Sie fingen gleich von der Sache zu reden an, und aus ihren plastischen Schilderungen erfuhren wir erst das Ganze. Die Zeitungen hatten nur Andeutungen gebracht.

»Recht toll gestern in Cöpenick, wie?« meinte Brock, und auf diesen Ton etwa war sein Bericht abgestimmt. Er gab Einzelheiten, schilderte, wie man die Frauen und Kinder jeweils erst ins Nebenzimmer geschickt hätte, um dann die Männer entweder mit dem aufgesetzten Revolver zu erschießen oder mit einem Knüppel über den Kopf zu schlagen oder aber auch mit den SA-Dolchen abzutun. Die meisten hätten sich erstaunlicherweise überhaupt nicht gewehrt und in ihren Nachthemden eine traurige Vorstellung abgegeben. Die Leichen hätte man in den Fluß geworfen, und noch heute würden ständig neue in der Gegend dort ans Ufer geschwemmt. Während seines ganzen Berichts stand das gewisse verwegene Lächeln auf seinem Gesicht, das in der letzten Zeit bei ihm ziemlich starr und stereotyp geworden war. Er verteidigte nicht, fand aber auch nicht allzuviel dabei. In der Hauptsache wertete er das Ereignis als eine Sensation.

Wir schüttelten die Köpfe und fanden alles sehr schauerlich, was ihn zu befriedigen schien.

»Und Sie fühlen sich nicht weiter in Ihrer neuen Parteizugehörigkeit behindert durch diese Dinge«, bemerkte ich schließlich.

Sofort nahm er Abwehrstellung ein und bekam einen unerschrockenen Mussoliniblick. »Nein, keineswegs«, erklärte er. »Haben Sie etwa Mitleid mit den Leuten? Das ist ganz unangebracht. Der Mann, der zuerst geschossen hat, vorgestern, hat selbstverständlich gewußt, daß es ihm das Leben kosten wird. Es wäre geradezu stilwidrig gewesen, ihn nicht aufzuhängen. Alle Achtung übrigens vor ihm. Was die andern betrifft – pfui Teufel. Warum haben sie sich nicht gewehrt? Es waren alles alte Sozialdemokraten und »Eiserne-Front«-Leute. Was haben sie sich ihre Nachthemden anzuziehen und sich ins Bett zu legen? Sie hätten sich wehren und anständig sterben können. Aber es ist eine schlappe Bande. Ich habe kein Mitleid mit ihnen.«

»Ich weiß nicht«, sagte ich langsam, »ob ich viel Mitleid mit ihnen habe, aber was ich habe, ist ein schwer zu beschreibender Ekel vor den Leuten, die da schwerbewaffnet herumgehen und Wehrlose abschlachten.«

»Sie hätten sich wehren sollen«, sagte Brock störrisch und verwegen, »dann wären sie keine Wehrlosen gewesen. Das ist ja gerade der ekelhafte marxistische Trick, sich wehrlos zu stellen, wenns ernst wird.«

Hier mischte sich Holz ein. »Ich halte das ganze für eine bedauerliche revolutionäre Ausschreitung«, sagte er, »und unter uns gesagt, ich glaube, daß der betreffende Standartenführer eins aufs Dach kriegen wird. Aber ich glaube allerdings auch, man sollte doch nicht übersehen, daß es ein Sozialdemokrat war, der zuerst geschossen hat. Es ist begreiflich, und es ist in gewissem Sinne sogar berechtigt, daß die SA in so einem Fall zu sehr, äh, energischen Repressalien greift.«

Es war sonderbar, Brock ertrug ich immer gerade noch, aber Holz wirkte neuerdings wie das rote Tuch auf mich. Ich konnte nicht anders, ich mußte ihn beleidigen.

»Es ist mir interessant, Ihre neue Theorie der Rechtfertigungsgründe zu hören«, sagte ich. »Wenn ich nicht irre, haben Sie doch auch einmal Jura studiert?«

Er blickte mich »stahlhart« an und nahm den Handschuh umständlich auf. »Jawohl, ich habe Jura studiert«, sagte er langsam, »und ich erinnere mich, während meines juristischen Studiums auch einmal etwas über Staatsnotwehr gehört zu haben. Vielleicht haben Sie das betreffende Kolleg versäumt.«

»Staatsnotwehr«, sagte ich, »interessant. Sie erachten den Staat als angegriffen und in Notwehr versetzt dadurch, daß ein paar hundert sozialdemokratische Staatsbürger sich mit Nachthemden bekleiden und in ihre Betten legen?«

»Nicht doch«, sagte er. »Sie vergessen immer wieder, daß zunächst ein Sozialdemokrat zwei SA-Leute niedergeschossen hat —«

»— die bei ihm Hausfriedensbruch begingen —«

»— die bei ihm in Ausübung obrigkeitlicher Funktionen vorsprachen.«

»Und das gibt dem Staat ein Notwehrrecht gegen beliebige andere Bürger? Gegen mich und Sie?«

»Gegen mich nicht«, sagte er, »aber vielleicht gegen Sie.«

Er sah mich jetzt wirklich sehr stählern an, und ich hatte plötzlich ein komisches Gefühl in den Kniekehlen.

»Sie versuchen mit einer gewissen Kleinlichkeit«, sagte er, »immer wieder daran vorbeizusehen, was für ein gewaltiger Akt in der deutschen Volkwerdung sich heute vollzieht.« (Ich höre ihn noch heute »Volkwerdung« sagen!) »Sie klammern sich an jede kleine Ausschreitung und an jede juristische Spitzfindigkeit, um daran herumzukritteln und zu mäkeln. Sie sind sich, fürchte ich, nicht ganz bewußt, daß Leute wie Sie heute eine latente Gefahr für den Staat bilden, und daß der Staat das Recht und die Pflicht hat, daraus seine Konsequenzen zu ziehen – zum mindesten dann, wenn einer von Ihnen sich soweit vorwagt, sich offen zu widersetzen.«

So sprach er, besonnen und langsam, und im Stil eines BGB-Kommentars. Dazu blickte er mir stahlhart in die Augen.

»Wenn wir in Drohungen sprechen wollen«, sagte ich, »warum dann nicht ganz offen? Beabsichtigen Sie also, mich bei der Gestapo als Staatsfeind anzuzeigen?«

Hier etwa begannen von Hagen und Hirsch zu lachen, mit einem Versuch, nun denn doch alles ins Scherzhafte zu ziehen. Aber diesmal machte ihnen Holz einen Strich durch die Rechnung. Er sagte leise und gezielt (und jetzt zum erstenmal merkte ich mit einer gewissen ganz neuen Befriedigung, wie bis aufs Blut gereizt er war):

»Ich gestehe, daß ich mir seit einiger Zeit überlege, ob das nicht meine Pflicht ist.«

»Ach«, sagte ich. Ich mußte erst einen Augenblick die vielen Geschmäcker durchkosten, die einen Augenblick alle durcheinander auf meiner Zunge entstanden: ein wenig Schreck, und ein wenig Bewunderung dafür, wie weit er ging, und ein wenig schlechter Geschmack wegen der »Pflicht«, und ein wenig Befriedigung, wie weit ich ihn gebracht hatte, und eine ganz neue, kühle Einsicht: So ist jetzt also das Leben, und dies genau ist die Art, wie es sich verändert hat – und auch ein bißchen Angst und schnelles Überschlagen, was er eigentlich wirklich alles von mir zu erzählen wüßte, wenn er Ernst machte. Dann sagte ich: »Ich gestehe, daß es mir nicht für den Ernst Ihrer Absichten zu sprechen scheint, wenn Sie sich das schon seit einiger Zeit überlegen, nur mit dem Ergebnis, mir dann Ihre Überlegungen mitzuteilen.«

»Sagen Sie das nicht«, sagte er still. Es waren nun offenbar alle Trümpfe ausgespielt, und wenn wir uns noch weiter hätten steigern wollen, hätten wir zu Tätlichkeiten übergehen müssen. Das Ganze spielte sich aber im Sitzen ab, wir rauchten Zigaretten dabei, und außerdem mischten sich nun die andern ein und begütigten vorwurfsvoll nach allen Seiten.

Sonderbarerweise setzten wir nachher noch einige Stunden lang still und erbittert die politische Debatte fort. Aber die »Arbeitsgemeinschaft« war trotzdem damit aufgeflogen. Stillschweigend sahen wir von allen weiteren Zusammenkünften ab.

Hirsch verabschiedete sich im September von mir, um nach Paris zu gehen. Brock und Holz waren damals schon meinem Gesichtskreis entschwunden. Nur gerüchtweise hörte ich später noch ab und zu von ihrer Karriere. Hessel ging erst im nächsten Jahr endgültig fort, nach Amerika. Aber der Kreis war zerstoben.

Übrigens war ich noch ein paar Tage lang gespannt darauf, ob Holz nun wirklich die Gestapo gegen mich in Gang setzen würde. Allmählich merkte ich, daß er es offenbar nicht getan hatte. Eigentlich anständig von ihm!

31

Nein, es war nichts mit dem Rückzug ins Private. Wohin immer man sich zurückzog – überall fand man gerade das wieder vor, wovor man hatte fliehen wollen. Ich lernte, daß die Nazi-Revolution die alte Trennung zwischen Politik und Privatleben aufgehoben hatte, und daß es unmöglich war, sie einfach als »politisches Ereignis« zu behandeln. Sie ereignete sich nicht nur in der politischen Sphäre, sondern genau ebenso in jedem privaten Leben; sie wirkte wie ein Giftgas, das durch alle Wände dringt. Wenn man diesem Giftgas wirklich entgehen wollte, gab es nur eins: physische Entfernung; Emigration; Abschied von dem Lande, zu dem man nach Geburt, Sprache, Erziehung gehörte, und von allen patriotischen Bindungen.

In diesem Sommer 1933 schickte ich mich an, auch diesen Abschied zu nehmen. Ich war nun an Abschied im großen und kleinen bereits gewöhnt, ich hatte meine Freunde verloren, ich hatte Leute, mit denen ich harmlos verkehrte, sich in virtuelle Mörder verwandeln sehen oder in Feinde, die mich der Gestapo ausliefern wollten, ich hatte die Atmosphärilien des täglichen Lebens spurlos entweichen gefühlt, festgegründete Institutionen wie die preußische Justiz waren vor meinen Augen versunken, die Welt der Bücher und der Diskussionen hatte sich aufgelöst, Ansichten, Meinungen, Gedankengebäude hatten sich verbraucht wie nie zuvor, und die so sicheren und vernünftigen Lebenspläne und -aussichten, die mich noch vor ein paar Monaten begleitet hatten, wo waren sie? Das Abenteuer hatte begonnen. Schon hatte sich das Grundgefühl des Lebens für mich verändert. Nicht nur der Schmerz, auch die Narkose und der Rausch des Abschieds hatten sich eingestellt: Ich fühlte mich nicht mehr auf festem Boden stehend, sondern im leeren Raum schwebend und schwimmend, eigentümlich leicht, getragen und vogelfrei. Schon machten neue Verluste und Abschiede kaum mehr Schmerz; eher ein Gefühl von »Laß fahren dahin« oder »Wohlan, auch dies kannst du entbehren –«, und ich fühlte, wie ich zwar immer ärmer, aber auch immer leichter wurde. Dennoch war dieser Abschied – der innere Abschied vom eigenen Land – noch immer schwer, mühsam und schmerzlich. Er vollzog sich stockend und unter Rückfällen; manchmal glaubte ich, ich würde nicht die Kraft haben, ihn wirklich zu vollziehen.

Wieder erzähle ich nicht mein zufälliges Einzelerlebnis, sondern ein Erlebnis vieler Tausender, wenn ich darstelle, wie es mir damit ging.

Gewiß: Im März und April, während sich vor meinen Augen der Sturz in den Dreck abspielte, begleitet von patriotischem Jubel und »nationalem« Triumphgebrüll, hatte ich bereits in wütenden Ausbrüchen erklärt, ich wolle auswandern, mit »diesem Land« nichts mehr zu tun haben, ich wolle lieber einen Zigarettenladen in Chicago aufmachen als in Deutschland Staatssekretär werden, usw. Aber das waren Ausbrüche, und es war wenig Überlegung und wenig Realität dahinter. Etwas ganz anderes war es, jetzt, in der luftleeren, fröstelnden Kühle dieser Abschiedsmonate, die Trennung von meinem Land wirklich und im Ernst ins Auge zu fassen.

Nun war ich gewiß kein deutscher Nationalist. Der Sportclub-Nationalismus, wie er im Weltkriege geherrscht hatte und heute die Geistesnahrung der Nazis ist, die gierig-kindische Freude daran, das eigene Land auf der Landkarte als großen und immer größeren Farbklecks dargestellt zu sehen, das Triumphgefühl über »Siege«, das Vergnügen an der Demütigung und Unterwerfung anderer, das genießerische Auskosten der Furcht, die man erweckt, das bombastische nationale Eigenlob im »Meistersinger«-Stil, das onanistische Getue um »deutsches« Denken, »deutsches« Fühlen, »deutsche« Treue, ein »deutscher« Mann, »sei deutsch!« – das alles war mir seit langem nur widerlich und abstoßend, ich hatte nichts davon aufzuopfern. Das hinderte mich indessen nicht, ein ziemlich guter Deutscher zu sein, und ich wurde mir dessen oft genug bewußt – und sei es nur in der Scham über die Ausartungen des deutschen Nationalismus. Wie die meisten Angehörigen einer Nation, fühlte ich mich beschämt, wenn Landsleute von mir, oder gar mein Land im Ganzen, eine schlechte Figur machten; getroffen von den gelegentlichen Beleidigungen, die die Nationalisten anderer Länder zuzeiten Deutschland in Wort oder Tat zufügten; und stolz auf gelegentliches unerwartetes Lob meines Landes, und auf die schönen Züge, die die deutsche Geschichte und der deutsche Charakter hier und da aufweisen. Mit einem Wort, ich gehörte zu meinem Volk, wie man zu seiner Familie gehört: selbst mehr als andere bereit zu jeder Kritik, nicht immer auf dem freundlichsten Fuße mit allen ihren Mitgliedern, und ganz gewiß nicht gewillt, mein ganzes Leben auf sie zu stellen und »meine Familie über alles«

zu rufen; aber doch schließlich zugehörig, und im Ernst diese Zugehörigkeit nicht verleugnend. Diese Zugehörigkeit aufzugeben, sich ganz abzuwenden, die Heimat als Feindesland empfinden zu lernen, war in keinem Fall eine Kleinigkeit.

Ich »liebe« Deutschland nicht, sowenig wie ich mich selbst »liebe«. Wenn ich ein Land liebe, ist es Frankreich, aber auch jedes andere Land könnte ich eher lieben als mein eigenes – auch ohne Nazis. Das eigene Land hat aber eine ganz andere, viel unersetzlichere Rolle als die des Geliebten; es ist – eben das eigene Land. Verliert man es , so verliert man fast auch die Befugnis, ein anderes Land zu lieben. Man verliert alle Voraussetzungen zu dem schönen Spiel nationaler Gastlichkeit – zum Austausch, Einander-einladen, Einanderverstehen-Lehren, Voreinander-Paradieren. Man wird – nun eben ein »Sans-patrie«, ein Mann ohne Schatten, ohne Hintergrund, bestenfalls ein irgendwo Geduldeter – oder, wenn man freiwillig oder unfreiwillig darauf verzichtet, der inneren Emigration die äußere hinzuzufügen, ein gänzlich Heimatloser, ein Verbannter im eigenen Land.

Diese Operation, die innere Loslösung vom eigenen Land, freiwillig zu vollziehen, ist ein Akt von biblischer Radikalität: »Wenn dich dein Auge ärgert – reiß es aus!« Sehr viele, die genau so dicht daran waren wie ich, haben sie denn auch nicht fertig gebracht, und stolpern seither seelisch und geistig bewegungsunfähig dahin, schaudernd vor den Verbrechen, die in ihrem Namen begangen werden, eher unfähig, sich von der Verantwortung dafür offen loszusagen, eingefangen in einem Netz scheinbar unlöslicher Konflikte: Müssen sie nicht ihrem Lande Opfer bringen – Opfer auch der besseren Einsicht, der Moral, der Menschenwürde und des Gewissens? Zeigt nicht das, was sie »den unerhörten Aufstieg Deutschlands« nennen, daß es lohnt und daß die Rechnung aufgeht? Sie übersehen, daß es sowenig einer Nation wie einem Menschen das Geringste nützt, daß sie die ganze Welt gewönne, wenn sie dabei Schaden an ihrer Seele nimmt; und sie übersehen genauso, daß sie ihrem Patriotismus (oder was sie dafür halten) nicht nur sich opfern – sondern auch ihr Land.

Denn – und dies war es, was den Abschied schließlich fast unvermeidlich machte – Deutschland blieb nicht Deutschland. Die deutschen Nationalisten selbst haben es zerstört. Es wurde allmählich unübersehbar, daß es nur die Oberfläche des Konflikts war, ob man sich von seinem Lande lösen müsse, um sich selbst die Treue zu halten. Der eigentliche Konflikt dahinter, freilich verdeckt unter einer Unzahl von gängigen Phrasen und Platitüden, spielte sich ab zwischen Nationalismus und – Treue zum eigenen Land.

Das Deutschland, das für mich und meinesgleichen »unser Land« war, war schließlich nicht einfach ein Fleck auf der Landkarte Europas. Es war ein Gebilde von bestimmten, charakteristischen Zügen: Humanität gehörte dazu, Offenheit nach allen Seiten, grüblerische Gründlichkeit des Denkens, ein Niezufriedensein mit der Welt und mit sich selbst, Mut, immer wieder zu versuchen und zu verwerfen, Selbstkritik, Wahrheitsliebe, Objektivität, Ungenügsamkeit, Unbedingtheit, Vielgestaltigkeit, eine gewisse Schwerfälligkeit, aber auch eine Lust zur freiesten Improvisation, Langsamkeit und Ernst, aber ebenso ein spielerischer Reichtum des Produzierens, der immer neue Formen aus sich herauswarf und als ungültige Versuche wieder zurückzog, Respekt für alles Eigenwillige und Eigenartige, Gutmütigkeit, Großzügigkeit, Sentimentalität,

Musikalität, und vor allem eine große Freiheit: etwas Schweifendes, Unbegrenztes, Maßloses, nie sich Festlegendes, nie Resignierendes. Heimlich waren wir stolz darauf, daß unser Land, geistig, ein Land der unbegrenzten Möglichkeiten sei. Aber wie auch immer, dies war das Land, dem wir uns verbunden, in dem wir uns zu Hause fühlten.

Dieses Deutschland ist nun endlich von den deutschen Nationalisten zerstört und niedergetrampelt worden, und es ist endlich klar geworden, wer sein Todfeind ist: der deutsche Nationalismus und das »Deutsche Reich«. Wer ihm treu bleiben und weiter zu ihm gehören will, muß den Mut zu dieser Erkenntnis aufbringen – und zu allen ihren Folgen.

Nationalismus, also nationale Selbstbespiegelung und Selbstanbetung, ist sicher überall eine gefährliche geistige Krankheit, fähig, die Züge einer Nation zu entstellen und häßlich zu machen, genau wie Eitelkeit und Egoismus die Züge eines Menschen entstellen und häßlich machen. Aber nirgends hat diese Krankheit einen so bösartigen und zerstörerischen Charakter wie gerade in Deutschland, und zwar, weil gerade »Deutschlands« innerstes Wesen Weite, Offenheit, Allseitigkeit, ja, in einem bestimmten Sinne, Selbstlosigkeit ist. Bei anderen Völkern bleibt Nationalismus, wenn sie davon befallen werden, eine akzidentielle Schwäche, neben der ihre eigentlichen Qualitäten erhalten bleiben können: In Deutschland aber, wie es sich trifft, tötet gerade Nationalismus den Grundwert des nationalen Charakters. Dies erklärt, warum die Deutschen – in gesundem Zustand zweifellos ein feines, empfindungsfähiges und sehr menschliches Volk – in dem Augenblick, wo sie der nationalistischen Krankheit verfallen, schlechthin unmenschlich werden und eine bestialische Häßlichkeit entwickeln, deren kein anderes Volk fähig ist: Sie, und gerade und nur sie, verlieren durch Nationalismus alles, den Kern ihres menschlichen Wesens, ihrer Existenz, ihres Selbst. Diese Krankheit, die bei anderen nur die äußere Haltung beschädigt, zerfrißt bei ihnen die Seele. Ein nationalistischer Franzose kann unter Umständen immer noch ein sehr typischer (und sonst sehr liebenswürdiger) Franzose bleiben. Ein Deutscher, der dem Nationalismus verfällt, bleibt kein Deutscher mehr; er bleibt kaum noch ein Mensch. Und was er zustande bringt, ist ein deutsches, vielleicht sogar ein großdeutsches oder alldeutsches Reich – und die Zerstörung Deutschlands.

Freilich darf man es sich nicht so vorstellen, als hätte Deutschland und seine Kultur 1932 blühend und prächtig dagestanden, und die Nazis hätten es mit einem Schlage über den Haufen geworfen. Die Geschichte der Selbstzerstörung Deutschlands durch seinen krankhaften Nationalismus reicht weiter zurück, und es wäre der Mühe wert, sie zu schreiben. Ihr großes Paradox ist, daß jeder Akt dieser Selbstzerstörung in einem siegreichen Krieg, einem äußeren Triumph bestand. Vor 150 Jahren war »Deutschland« groß im Aufsteigen; die »Freiheitskriege« von 1813 bis 1815 brachten den ersten großen Rückschlag, die Kriege von 1864 bis 1870 den zweiten. Nietzsche war der erste, der prophetisch erkannte, daß damals die deutsche Kultur ihren Krieg gegen das deutsche »Reich« verloren hatte. Damals bereits verlor Deutschland für lange Zeit jede Chance, seine politische Form zu finden; in dem preußisch-deutschen Reich Bismarcks bereits steckte es wie in einer Zwangsjacke. Es hatte seither auch keine politische Vertretung mehr (es sei denn in seinem katholischen Sektor): Die nationalistische Rechte haßte es, die marxistische Linke ignorierte es. Aber immer noch blieb es am

Leben, still und zäh: bis 1933. Man fand es noch, in Tausenden von Häusern, Familien, Privatzirkeln, in manchen Redaktionsstuben, Theatern, Konzerthäusern, Verlagen, an verstreuten Stellen des öffentlichen Lebens von Kirchen bis zu Kabaretts. Die Nazis erst, als die radikalen und guten Organisatoren, die sie sind, haben es überall aufgestöbert und ausgeräuchert. Nicht erst Österreich und die Tschechoslowakei: Deutschland war ihr erstes besetztes Gebiet. Daß sie es unter der Parole »Deutschland« besetzten und zertrampelten, war nur einer ihrer nachgerade bekannten Tricks – und freilich zugleich ein Teil des Zerstörungswerks selbst.

Dem Deutschen, der sich diesem Deutschland verbunden fühlte – und nicht jedem Gebilde, daß sich auf einem bestimmten geographischen Raum jeweils gerade breitmachen würde – blieb wiederum nichts als Abschied: so erschreckend dieser Abschied aussah, der ihn äußerlich sein Land kosten mußte. Freilich macht gerade die Weite und allseitige Aufgeschlossenheit, die im ursprünglich deutschen Charakter liegt, diesen Verlust vielleicht ein wenig leichter, als er für andere wäre. Jede Fremde, das fühlte man allmählich immer unausweichlicher, würde heimatlicher sein als das »Reich« Adolf Hitlers. Und würde sich nicht – so fragte man manchmal mit leiser Hoffnung – »draußen« vielleicht hier und da sogar wieder ein Stück Deutschland bilden?

32

Ja, man setzte damals in Deutschland ein wenig vage Hoffnungen auf die Emigration. Sie hatten nicht allzuviel Fundierung; aber da es im Reich so offenbar gar nichts mehr zu hoffen gab, und da es schwer ist, ohne Hoffnung zu leben, so hoffte man eben auf das Draußen.

Die eine Hoffnung – eine »Hoffnung« freilich, die noch vor wenigen Monaten allgemein eine Furcht gewesen wäre, und von der noch jetzt viele nicht wußten ob sie sie Hoffnung oder Furcht nennen sollten – galt »dem Ausland« schlechthin: »das Ausland«, das heißt in Deutschland Frankreich und England. Konnten Frankreich und England dem, was jetzt in Deutschland geschah, lange zusehen? Mußte nicht die humanitäre Linke in beiden Ländern mit Entsetzen die Aufrichtung einer barbarischen Tyrannis in ihrer Nachbarschaft sehen – und die nationalistische Rechte mit Besorgnis das Aufschießen einer Kriegsgesinnung, die sich nicht einmal versteckte, und die vom ersten Tage an kaum verhüllte Aufrüstung? Mußten nicht diese Länder, ganz gleich ob Links oder Rechts in ihnen regierte, eines sehr nahen Tages die Geduld verlieren und ihre damals noch unvergleichlich überlegenen Machtmittel einsetzen, um den Spuk in einer Woche zu beenden? Wenn die Staatsmänner dort nicht geradezu mit Blindheit geschlagen waren, war etwas anderes eigentlich gar nicht möglich. Man konnte doch beim besten Willen nicht erwarten, daß sie geduldig zusehen würden, wie hier ganz offen ein Messer für ihre Länder geschliffen wurde – und sich durch ein paar »Friedensreden« beruhigen lassen, von denen jedes Schulkind in Deutschland wußte, wie sie gemeint waren.

Inzwischen aber mochte dort in Frankreich und England eine deutsche intellektuelle politische Emigration, von vernünftigen Staatsmännern bewußt gepflegt und begünstigt, die Kader für die Organisation einer wirklich effektiven deutschen Republik bilden, die aus den Fehlern der ersten gelernt hätte. Vielleicht würde dann alles nachträglich wie ein Spuk aussehen, wie ein reinigendes Gewitter, wie das rasche und entschiedene Aufschneiden eines Geschwürs. Man würde noch einmal, ein bißchen klüger, mit ein bißchen weniger Vorausbelastungen, dort beginnen können, wo man 1919 – nicht begonnen hatte.

Dies waren so die Hoffnungen. Man hatte freilich wenig Anhaltspunkte für sie, außer etwa, daß es wünschenswert und vernünftig so gewesen wäre. Diese Hoffnungen – und dazu das allmählich in mir überhandnehmende Gefühl, daß ohnehin jetzt alles unberechenbar geworden sei und daß es nichts gäbe als das Vertrauen auf den Augenblick – ersetzten bei mir zugleich alle überlegten Pläne für eine wirkliche Auswanderung. Ich würde eben, so dachte ich mir, einfach wegfahren – wohin? Nach Paris selbstverständlich! –, mir eine Weile, solange es noch ging, 200 Mark monatlich nachschicken lassen, und im übrigen sehen. Es würden sich schon Aufgaben für mich finden. War etwa Mangel an Aufgaben?

In der Naivität dieses Plans drückte sich zugleich etwas von meiner persönlichen Lebenssituation aus: der Situation eines jungen Menschen, der bisher als Haussohn gelebt hatte und ohnehin fällig war, nun endlich einmal »in die Welt« zu gehen. Daß dies »In die Welt gehen« in diesem Falle gleichbedeutend war mit einem Weg ins Exil und daß es ein Abenteuer mit lauter Unbekannten war, focht mich verhältnismäßig wenig an. Eine gewisse betäubte Verzweiflung (»Schlimmer kann es nicht werden«) und eine gewisse jugendliche Abenteuerlust wirkten sehr seltsam zusammen, um mir meinen Entschluß leicht zu machen; nicht zu vergessen den Umstand, daß ich, wie alle Deutschen meiner Generation, von meinen zeitgeschichtlichen Erfahrungen her die Unsicherheit und Unberechenbarkeit aller Dinge tief im Gefühl hatte. Der Vorsichtige, so empfinden wir alle, riskiert in Wahrheit genau so viel wie der Kühne;

er verzichtet nur obendrein auf den Rausch der Kühnheit. Übrigens habe ich in der Tat bis heute nichts erlebt, was diesen Satz nicht bestätigt hätte.

Und so erklärte ich also eines Tages, als meine Ausbildungszeit am Kammergericht beendet war, meinem Vater, ich wolle nun »fortgehen«; ich sähe nicht, was ich hier noch solle; insbesondere schiene es mir unmöglich und sinnlos, unter den jetzigen Umständen ein deutscher Richter oder Verwaltungsbeamter zu werden. Ich wolle hinaus, nach Paris einstweilen. Und er möge mir seinen Segen dazu geben, und, so lange es ginge, 200 Mark im Monat.

Es war fast überraschend, wie schwachen Widerstand mein Vater leistete. Im März hatte er pathetische Vorschläge ähnlicher Art noch mit dem Lächeln der stillsten Überlegenheit zu den Akten gelegt. Inzwischen war er sehr alt geworden. Er schlief nachts nicht. Das Trommeln und Alarmblasen von einer nahen SS-Kaserne hielt ihn wach, aber noch mehr vielleicht die Gedanken.

Das Verschwinden und Versinken alles dessen, wofür und womit er gelebt hat, ist für einen alten Mann schwerer zu ertragen als für einen jungen. Für mich war ein Abschied, auch der radikalste, noch zugleich ein neuer Start; für ihn hatte der Abschied Endgültigkeit. Sein beherrschendes Gefühl wurde: Ich habe umsonst gelebt. Es gab da gewisse Gesetzgebungswerke auf seinem Verwaltungsgebiet, an denen er mitgearbeitet hatte, gewichtige, kühn-besonnene geistige Leistungen, die Frucht einiger Jahrzehnte Erfahrung und einiger Jahre inständigen, fast künstlerischen Abwägens und Ausfeilens. Sie waren mit einem Federstrich außer Kraft gesetzt worden; es war nicht einmal ein großes Ereignis gewesen. Aber nicht nur das: Die Basis, auf der so etwas gebaut oder ersetzt werden konnte, war weggeschwemmt; die ganze rechtsstaatliche

Tradition, an der Generationen von Leuten, wie mein Vater einer war, gebaut und gearbeitet hatten und die endgültig gefestigt und unzerstörbar geschienen hatte, war über Nacht dahin. Es war nicht nur Niederlage, womit das Leben meines Vaters – ein strenges, gezügeltes, unablässig bemühtes, im ganzen höchst erfolgreiches Leben – abschloß: Es war Katastrophe. Was er triumphieren sah, waren nicht seine Gegner – das hätte er mit Weisheit hingenommen –, sondern Barbaren, die nie auch nur als Gegner in Frage gekommen waren. Ich sah meinen Vater damals mitunter lange an seinem Schreibtisch sitzen und, ohne die Blätter, die vor ihm lagen, zu berühren, starr in die Luft blicken, mit einem leeren, trostlosen Blick, als blickte er über eine weite Fläche voller Zerstörung hinweg.

»Und was denkst du draußen zu tun?« fragte er. Es steckte noch seine alte Skepsis in der Frage und sein alter Juristenblick auf den wesentlichen Punkt, aber sie klang so müde, daß ich am Ton schon merkte, es war nur der Form halber gefragt und er würde fast jede Antwort hinnehmen.

Ich sagte irgend etwas und faßte meine Planlosigkeit in so gutklingende Worte wie ich konnte.

»Na«, sagte er, und mit einem kleinen, traurig-verständnisvollen Lächeln: »So sehr vielversprechend klingt das eigentlich nicht, wie?«

»Ja«, sagte ich, »aber was soll ich mir hier versprechen?«

»Ich fürchte nur«, sagte er, und er begann sich nun doch ein wenig zu erwärmen und fester Stellung zu nehmen, als er zuerst vielleicht vorgehabt hatte, »daß du dir Illusionen machst. Sie haben dort draußen nicht auf uns gewartet. Emigranten sind für jedes Land eine Last, und es ist nicht angenehm zu fühlen, daß man lästig ist. Es ist ein großer Unterschied, ob man in ein Land kommt wie eine Art Botschafter, einer, der etwas zu tun und zu bringen hat, oder als ein Geschlagener, der Unterschlupf sucht. Ein großer Unterschied.«

»Haben wir nicht etwas zu bringen?« sagte ich. »Wenn wirklich die ganze deutsche Intelligenz, die Literatur, die Wissenschaft auswanderte – welches Land könnte sich nicht dazu gratulieren, das alles so einfach geschenkt zu bekommen?«

Er hob einen Arm hoch und ließ ihn müde wieder sinken. »Konkursmasse«, sagte er. »Man fällt im Kurse, wenn man flieht. Sie dir die Russen an. Das war auch eine Elite, was da auswanderte. Jetzt sind die Heerführer und Staatsräte und Schriftsteller froh, wenn man sie hier oder in Paris Kellner oder Chauffeure spielen läßt.«

»Vielleicht sind sie lieber jetzt Kellner in Paris als Staatsräte in Moskau«, sagte ich.

»Vielleicht«, sagte mein Vater. »Vielleicht auch nicht. So etwas sagt sich sehr schön, vorher. Nachher und in Wirklichkeit sieht es oft anders aus. Hunger und Elend sind immer halb so schlimm, solange man satt zu essen hat.«

»Und soll ich aus Angst vor Hunger und Elend jetzt hier Nazi werden?« sagte ich.

»Nein«, sagte er, »das sollst du nicht. Das sollst du gewiß nicht.«

»Und glaubst du, ich könnte hier auch nur Amtsgerichtsrat werden, ohne Nazi zu werden?«

»Amtsgerichtsrat wohl nicht«, sagte mein Vater. »Wenigstens einstweilen nicht. Was die Zukunft bringt – wer will das sagen. Aber ich dächte, du könntest vielleicht noch Rechtsanwalt werden. Und fängst du nicht gerade an, mit Schreiberei Geld zu verdienen?«

Das stimmte. Eine Zeitung, ein großes und angesehenes Blatt, in dem ich hier und da kleine Sachen veröffentlicht hatte, hatte mir geschrieben, mich eingeladen, von sich aus eine engere Verbindung vorgeschlagen – es gab damals in den ehemals demokratischen großen Blättern eine seltsame kleine Zwischenkonjunktur für junge Leute, die keine Nazis, aber auch mit keiner »linken« Vergangenheit belastet, arisch und möglichst unbeschriebene Blätter waren. Ich hatte nicht widerstanden. Ich war hingegangen und hatte zu meiner erstaunten Freude eine Redaktion gefunden, die ganz und gar nicht Nazi war, die genau so dachte und fühlte wie ich. Es war eine Wonne, in den Redaktionsstuben zu sitzen, Informationen zu tauschen und zu lästern; es war ein angenehmes Gefühl, Artikel zu diktieren und zu sehen, wie sie nach hinten gereicht wurden, zum Botenstand, um in die Setzerei zu gehen. Man fühlte sich manchmal fast wie in einem Verschwörernest. Und seltsam und beunruhigend war nur, daß das Blatt doch am nächsten Morgen, wenn es herauskam, trotz aller anspielungsgespickten Artikelchen, die man geschrieben hatte und die in der Redaktion so berauscht belacht worden waren, ganz wie ein verständig-überzeugtes Naziblatt wirkte.

»Ich glaube, gerade für die Zeitung werde ich zunächst vielleicht von draußen arbeiten können«, sagte ich.

»Das läßt sich hören«, sagte mein Vater. »Hast du schon mit deinen Redakteuren darüber gesprochen?«

Ich mußte verneinen.

»Ich denke«, sagte mein Vater, »wir lassen die Sache heute ruhen und überlegen es uns beide noch ein paar Tage. Du mußt übrigens nicht glauben, daß es für Mama und mich leicht wäre, dich gehen zu lassen – und so ganz ins Ungewisse noch dazu. Übrigens würde ich in jedem Fall erwarten, daß du erst noch dein Examen machst. Schon aus Ordnungssinn.«

Und hierauf freilich bestand er. Nach einigen Tagen legte er selbst mir einen Plan vor.

»Du wirst jetzt ordentlich dein Assessor-Examen machen, wie es vorgesehen ist. Es geht nicht, daß du nach zwanzig Jahren Ausbildung einfach davonläufst und alles liegen läßt, gerade vor dem Abschluß. Das sind etwa fünf Monate. Wenn du danach die Dinge noch ebenso siehst, habe ich mir überlegt, daß du ja sowieso noch ein halbes Jahr gut hast, um deinen Doktor zu machen. Deine Doktorarbeit kannst du schließlich so gut in Paris wie hier schreiben. Du kannst dir also Urlaub nehmen, und ein halbes Jahr irgendwo hinfahren, sagen wir also nach Paris meinetwegen, und an deiner Doktorarbeit arbeiten und dich bei dieser Gelegenheit umsehen. Wenn du dann siehst, daß du fort Fuß fassen kannst, gut. Wenn nicht, ist hier nichts für dich verbaut und du kannst immer noch zurück. Das wird etwa in einem Jahr sein, und wer will überhaupt heute sagen, was in einem Jahr sein wird.«

Bei diesem Plan blieb es, nach einigem Hin und Her. Ich fand es zwar sehr überflüssig, noch mein Assessorexamen zu machen, sah aber ein, daß ich es meinem Vater sozusagen schuldig war. Meine einzige Angst war, daß, noch während ich hier sei, in den nächsten fünf Monaten der Krieg stattfinden könnte, der unvermeidliche Präventivkrieg der Westmächte gegen Hitler, und daß ich gezwungen sein würde, ihn auf der falschen Seite mitzumachen.

»Auf der falschen Seite?« sagte mein Vater. »Glaubst du vielleicht, die französische Seite sei die richtige für dich?«

»Ja«, sagte ich entschlossen, »das glaube ich in diesem Fall. Wie die Dinge jetzt liegen, kann Deutschland nur vom Ausland aus befreit werden.«

»Ach Gott«, sagte mein Vater bitter, »vom Ausland aus befreit werden! Das glaubst du wahrscheinlich selber nicht im Ernst. Übrigens kann niemand gegen seinen Willen befreit werden. So etwas gibt es nicht. Wenn die Deutschen die Freiheit haben wollten, müßten sie sich schon selbst darum bemühen.«

»Aber siehst du denn irgendeinen Weg dazu, so gefesselt wie wir hier sind?«

»Nein.«

»Also bleibt doch nur –«

»Das ›also‹ ist unlogisch«, sagte mein Vater. »Weil ein Weg versperrt ist, ist noch nicht gesagt, daß es einen andern gibt. Wir sollten uns nicht mit Illusionen zu trösten versuchen. Deutschland hat es nach 1918 mit Illusionen versucht, und das Ergebnis sind die Nazis. Wenn die deutschen Liberalen sich heute wieder in Illusionen flüchten, wird das Ergebnis die Fremdherrschaft sein.«

»Vielleicht wäre sie besser als die Naziherrschaft.«

»Ich weiß es nicht«, sagte mein Vater. »Das entferntere Übel sieht immer kleiner aus als das gegenwärtige. Es braucht darum nicht kleiner zu sein. Ich für meine Person würde doch meine Hand nicht rühren mögen, um die Fremdherrschaft herbeizuführen.«

»Aber dann siehst du gar kein Ziel und keine Hoffnung?«

»Kaum«, sagte mein Vater. »Einstweilen kaum.«

Und in seine Augen trat wieder jener Ausdruck von Leere und starrer gefaßter Trostlosigkeit, als sähe er über weite Flächen voll Zerstörung hin.

Öfters bekam mein Vater Besuch von Beamten seiner ehemaligen Behörde. Er war seit mehreren Jahren pensioniert, aber noch bestanden die persönlichen Beziehungen, und mein Vater hatte es genossen, noch immer gelegentlich zu hören, wie diese oder jene Angelegenheit sich weiterentwickelt hatte, die Karriere dieses oder jenen Assessors oder jungen Regierungsrats zu verfolgen, noch teilzunehmen und unformell den einen oder andern Rat oder Tip zu geben. Auch jetzt kamen diese Besucher noch, aber die Unterhaltungen waren einförmig und trübe geworden. Mein Vater fragte etwa nach diesem und jenem Beamten, er nannte die Namen, und sein Besucher antwortete lakonisch: »§ 4«, oder »§ 6«.

Das waren Paragraphen eines Gesetzes, das kürzlich herausgekommen war; es nannte sich »Gesetz zur Wiederherstellung des Berufsbeamtentums«, und seine einzelnen Vorschriften besagten, daß Beamte in untergeordnete Stellen versetzt werden konnten, zwangspensioniert, mit einem Übergangsgeld entlassen oder auch ohne Gehalt in Pension ausgestoßen werden. Jeder Paragraph enthielt ein Schicksal. »§ 4« war ein zerschmetternder Schlag. »§ 6« war Deklassierung und Demütigung. In allen Beamtenkreisen beherrschten diese Ziffern damals die Gespräche.

Eines Tages kam der Präsident der Behörde. Er war ein viel jüngerer Mann als mein Vater, und die beiden hatten manchen amtlichen Zusammenstoß gehabt. Der Präsident war ein Sozialdemokrat gewesen; mein Vater hatte viel weiter »rechts« gestanden, und mehr als einmal waren die Gegensätze aufeinandergeprallt, wobei es die Dinge nicht leichter gemacht hatte, daß der Jüngere die höhere Machtstellung hatte. Dennoch hatten die beiden Männer sich geachtet, und die gesellschaftliche Beziehung war nie ganz abgerissen.

Diesmal war der Besuch quälend. Der Präsident, ein Mann zwischen vierzig und fünfzig Jahren, sah so alt aus wie mein siebzigjähriger Vater. Er war völlig weiß geworden. Mein Vater erzählte nachher, daß er oft im Gespräch den Faden verloren hatte, nicht geantwortet und abwesend vor sich niedergeblickt hatte, um dann zusammenhanglos zu sagen: »Es ist grauenvoll, Herr Kollege. Es ist einfach grauenvoll.« Er kam, um sich zu verabschieden. Er verließ Berlin, um »sich irgendwo auf dem Lande zu verkriechen.« Er kam aus dem Konzentrationslager.

Im übrigen war er »§ 4«.

Mein Vater selbst, wie gesagt, war lange pensioniert, er besaß keine Amtsmacht mehr, und er hätte, selbst wenn er gewollt hätte, den Nazis durch seine Amtsführung nicht mehr schaden können. So schien es, als stände er außerhalb der Feuerlinie. Aber eines Tages kam auch zu ihm ein amtliches Schreiben, und darin lag ein ausführlicher Fragebogen. »Laut § x des Gesetzes zur Wiederherstellung des Berufsbeamtentums werden Sie ersucht, die untenstehenden Fragen ausführlich und wahrheitsgemäß zu beantworten ... Nichtbeantwortung oder unzutreffende Beantwortung zieht gemäß § y Verlust des Ruhegehalts nach sich ...«

Es waren eine Menge Fragen. Mein Vater hatte anzugeben, welchen politischen Parteien, welchen Verbänden und Organisationen er in seinem Leben angehört hatte, er hatte seine nationalen Verdienste darzulegen, dies zu erklären und jenes zu entschuldigen, und zum Schluß, vorgedrucktermaßen, zu versichern, daß er »rückhaltlos hinter der Regierung der nationalen Erhebung stehe«. Kurz und gut, nachdem er 45 Jahre lang dem Staat gedient hatte, hatte er nun, um seine verdiente Pension wiederzuerhalten, sich noch einmal dafür zu demütigen.

Mein Vater blickte lange auf den Fragebogen und schwieg.

Am nächsten Tag sah ich ihn an seinem Schreibtisch sitzen, den Fragebogen vor sich; er starrte darüber hinweg.

»Wirst du ihn beantworten?« fragte ich.

Mein Vater blickte auf den Fragebogen, schnitt eine Grimasse und schwieg lange. Dann sagte er: »Du meinst, ich sollte es nicht tun?«

Schweigen.

»Ich weiß nicht recht, wovon du und deine Mutter leben sollten«, sagte mein Vater dann.

»Ich weiß es wirklich nicht«, wiederholte er nach einer Weile. »Ich weiß nicht einmal«, und er versuchte zu lächeln, »wovon du nach Paris fahren willst und deine Doktorarbeit verfassen.«

Ich schwieg beklommen. Dann schob mein Vater den Fragebogen auf die Seite, aber er legte ihn nicht fort.

Der Bogen lag noch mehrere Tage auf dem Schreibtisch, unausgefüllt. Eines Nachmittags aber sah ich meinen Vater, als ich in sein Zimmer kam, am Schreibtisch sitzen und mit langsamer Schrift, wie ein Schüler, der einen Schulaufsatz schreibt, den Bogen ausfüllen. Eine halbe Stunde später ging er selbst fort und trug den Brief in den Briefkasten, ehe er sich eines anderen besinnen konnte. Er zeigte keine äußere Veränderung, er sprach nicht erregter als sonst, aber es war dennoch zuviel für ihn gewesen. Bei Leuten, die sich nicht in ihren Gesten und Worten sehr zu beherrschen gewöhnt sind, übernimmt meist irgendein körperliches Organ die Belastung der Seele, wenn sie zu stark wird, und reproduziert sie als Krankheit. Manche bekommen Herzattacken in solchen Fällen. Bei meinem Vater war das Ausdrucksorgan der Magen. Mein Vater hatte sich kaum wieder an seinen Schreibtisch gesetzt, als er aufsprang und sich krampfhaft zu übergeben begann. Zwei oder drei Tage lang gelang es ihm nicht, etwas zu sich zu nehmen oder bei sich zu behalten. Es war er Anfang eines Hungerstreiks seiner Physis, an dem er zwei Jahre später elend und schrecklich starb.

33

Je länger dieser Sommer 1933 dauerte, umso unwirklicher wurde alles. Die Dinge verloren mehr und mehr ihr volles Gewicht, verwandelten sich in skurrile Träume, ich lebte allmählich wie unter der angenehmen, erschlaffenden und jeder Verantwortung enthebenden Betäubung von ein paar Fiebergraden.

Jetzt also meldete ich mich zum Assessorexamen, dem großen Abschlußexamen eines deutschen Juristen, das die Berechtigung zum Richteramt, zur höheren Verwaltungskarriere, zur Anwaltschaft usw. gibt. Ich tat es ohne jede Absicht, von diesen Berechtigungen je Gebrauch zu machen. Nichts war mir gleichgültiger als die Frage, ob ich das Examen bestand oder nicht. Ein Examen ist doch normalerweise eine etwas aufregende und anspannende Angelegenheit, nicht wahr?, man spricht sogar von Examensfieber. Ich spürte nichts davon. Das Fieber war völlig paralysiert von einem größeren anderen Fieber.

Ich saß im »Rechtsarchiv«, einer Bibliothek im Dachgeschoß eines großen Bürohauses, in luftigen Atelierräumen mit Glaswänden, gerade unter dem blauen windigen Sommerhimmel, und schrieb meine Examensarbeiten, leichtfertig und unbekümmert wie man einen Brief schreibt. Es war schlechthin nicht mehr möglich, sie ernstzunehmen. Sie setzten, mit ihren Aufgaben und Fragestellungen, eine Welt voraus, die es gar nicht mehr gab. Nicht nur das BGB, sogar die Weimarer Reichsverfassung spielte in einer von ihnen noch eine Rolle; ich las in den obsolet gewordenen, gestern noch vielgenannten Kommentaren zu ihren begrabenen Artikeln, und statt mir die Sätze herauszupicken, auf die es für meine Arbeit ankam, geriet ich erst ins Lesen und dann ins Träumen. Von unten tönte quäkige Marschmusik. Wenn man sich aus dem Fenster beugte, sah man braungekleidete Heersäulen sich durch die Straße wälzen, unterbrochen von Hakenkreuzfahnen; und wo die Fahnen jeweils vorbeikamen, hoben die Leute auf den Bürgersteigen rechts und links die Arme hoch (wir hatten gelernt, daß, wer es nicht tat, verprügelt wurde). Was war nun wieder los? Ach so, sie marschierten zum Lustgarten, Ley war vom Genfer Internationalen Arbeitsamt abgereist, weil er sich über irgend etwas geärgert hatte, und nun zog Berlins SA zum Lustgarten, um dort mit Gesang und Geheule den Drachen endgültig zu erlegen.

Täglich sah man marschieren und hörte man singen, und man mußte sehr auf seiner Hut sein, daß man jeweils rechtzeitig in einem Hausflur verschwand, wenn man das Fahnengrüßen vermeiden wollte. Wir lebten in einer Art Kriegszustand, einem komischen Krieg freilich, in dem alle Siege durch Gesang und Marschieren errungen wurden. Die SA, SS, Hitlerjugend, Arbeitsfront oder was auch immer, marschierte durch die Straßen, sang »Siehst du im Osten das Morgenrot?« oder »Märkische Heide«, »trat« irgendwo »an«, hörte eine Rede, rief vieltausendstimmig grollend »Heil«, und wieder war ein Feind erschlagen. Für eine bestimmte Art von Deutschen war das einfach das Paradies, und es herrschte die entschiedenste August-1914-Stimmung unter ihnen. Alte Damen mit Einkaufstaschen sah ich stehen und mit leuchtenden Augen so einem marschierenden und markig singenden braunen Heerwurm nachblicken. »Man sieht doch, man *sieht* es doch geradezu, nicht wahr?«, sagten sie, »wie es wieder aufwärts geht auf allen Gebieten.«

Manchmal wurden auch bestimmtere Siege erfochten. Eines Morgens wurde die »Künstlersiedlung« in Wilmersdorf, wo viele linke Literaten gewohnt hatten und einige noch wohnten, von starken Polizeikräften umzingelt und besetzt. Sieg! Reiche Kriegsbeute wurde gemacht, Dutzende feindlicher Fahnen fielen in die Hände unserer Truppen, kiloweise wurde staatsfeindliche Literatur, von Karl Marx bis Heinrich Mann, auf die Wagen geladen, und auch die Gefangenenzahlen konnten sich sehen lassen.

Tatsächlich war dies der Stil, in dem die Zeitungen über das Ereignis berichteten; es war so etwas wie die Schlacht bei Tannenberg. Oder eines anderen Tages wurden »schlagartig« um 12 Uhr mittags alle Züge und Autos im Reich angehalten und durchsucht. Sieg! Was man da alles zu Tage förderte! Von Juwelen und Devisen bis zu »Propagandamaterial staatsfeindlicher Kuriere«! Es lohnte geradezu eine »spontane Großkundgebung« im Lustgarten.

Ende Juni meldeten die Zeitungen übereinstimmend, in großen Schlagzeilen: »Feindliche Flugzeuge über Berlin!« Niemand glaubte es, nicht einmal die Nazis, aber niemand wunderte sich auch so recht mehr darüber. Dies war eben der Stil geworden. Eine spontane Großkundgebung folgte: »Deutschland braucht Luftfreiheit.« Märsche und Fahnen, Horst-Wessel-Lied, Heil. Um dieselbe Zeit etwa setzte der Kultusminister die Kirchenverwaltung ab, ernannte den nazistischen Militärpfarrer Müller zum »Reichsbischof«, und in einer »Großkundgebung« im Sportpalast wurde der Sieg des neuen, »deutschen« Christentums gefeiert, mit Adolf Hitler als deutschem Heiland, Fahnen, Horst-Wessel-Lied und »Heil«. Zum Schluß aber wurde diesmal, offenbar zu Ehren der bestatteten Institution oder aus irgendwelchen anderen feinen Geschmacksgründen, gesungen: »Ein feste Burg ist unser Gott.« Dann gab es »Kirchenwahlen«. Die Nazis kommandierten ihre ganze Armee von Namenschristen an die Urne, und am nächsten Tage meldeten die Zeitungen Siege. Überwältigender Wahlsieg der Deutschen Christen! Am Abend, als ich durch die Stadt fuhr, wehten von allen Kirchtürmen Hakenkreuzfahnen.

Von dem Ernst des Widerstandes, den die Nazis hier treffen sollten, merkte man damals, im ersten Augenblick, in außerkirchlichen Kreisen nichts. Ich hatte nicht ohne seltsame Gefühle mich zum ersten Mal an einer kirchlichen

Verwaltungshandlung beteiligt und einen Zettel in die Urne gelegt, auf dem die feierlichen Worte »Bekennende Kirche« standen. Ich fühlte mich nicht sehr als Bekenner. Ich hatte die Kirche all die Jahre lang »geehrt – doch ohn Verlangen«. Freilich war ich sehr entschieden dafür, daß sie geehrt würde, auch ohne Verlangen, und ich war angeekelt von dem blasphemisch-maskenballhaften Treiben der »Deutschen Christen« – im übrigen tief und im voraus durchdrungen von der Aussichtslosigkeit irgendwelchen Widerstandes gerade hier. Um des Anstandes willen, so etwa dachte ich, mochte man jetzt zu einer geschlagenen und geschändeten Kirche sich denn doch auch einmal »bekennen«. Und ich fühlte ein gewisses Verständnis für das Diktum eines sympathischen und rotweinliebenden konservativen älteren Herrn, den ich in diesen Tagen sagen hörte: »Um Gottes willen, nun muß man sogar noch um seinen Glauben kämpfen, den man gar nicht mal hat.«

Die Gefühle überhaupt wurden matter im Laufe des Sommers, die Spannung ließ nach, und selbst den Ekel empfand man nur noch abgeschwächt, durch eine Wolke von halber Betäubung hindurch. Für viele, die zu bleiben hatten, fing damals die Gewöhnung an, mit allen ihren Gefahren. Was mich betraf, ich fühlte mich schon nicht mehr eigentlich hier. Ein paar Monate noch, und ich würde nach Paris gehen – an die Möglichkeit einer Rückkehr von dort dachte ich gar nicht mehr. Das hier war Leben auf Abbruch, es zählte nicht mehr.

Es gab freilich auch nicht viel mehr zu leben. Meine Freunde waren nachgerade alle weg – oder sie waren nicht mehr meine Freunde. Manchmal kamen Karten mit ausländischen Marken. Hin und wieder schrieb Frank Landau einen Brief; diese Briefe verdüsterten sich allmählich. Erst klangen sie entschieden und hoffnungsvoll, dann wurden sie ein wenig kärglich und vieldeutig, und einmal, Mitte August, kam plötzlich ein ganzes Paket von einem Brief, zwölf oder vierzehn Seiten, vor sich hin geschrieben wie in einem Selbstgespräch, müde und verzagt im Ton und überaus ratlos; es war alles nichts, mit Ellen war alles äußerst schief gegangen, sie würden sich wohl trennen, es gab auch keine Aussichten in der Schweiz, nichts zu sehen, was nach dem Doktor werden sollte. Auch war Hanni nicht zu vergessen, auch unsere Gespräche nicht, es gab nichts, um alles Zurückgelassene zu ersetzen, keine Anknüpfung an das Vergangene, keine wirkliche Lebensluft, keine Substanz, von der man innerlich zehren konnte. »Ich schreibe das alles nicht, um einen Rat von dir zu bekommen, denn ich weiß, es gibt keinen ...«

Etwas später kam Ellen plötzlich zurück, einfach zurück, es war nun also aus, und sie streckte die Waffen. Sie schrieb mir, und zwei oder dreimal besuchte ich sie in Wannsee, saß mit komischen Gefühlen in dem Garten des Hauses, wo ich den 1. April verbracht hatte, und sollte ihr alles erklären, trösten, Rat geben. Sie war in einer traurigen Lage, verwirrt und aus dem Gleichgewicht gebracht: Sie liebte Frank, aber sie glaubte nicht mehr, daß sie mit ihm leben könne, es war alles so schrecklich übereilt gewesen und nun vielleicht schon für immer verdorben; wenn man Zeit hätte, wenn man alles sich langsam entwickeln lassen könnte, sehen, wohin es lief! Aber das war das Schreckliche, daß jetzt alles immer sofort entschieden werden mußte, man stand an lauter Kreuzwegen, hier und jetzt entschied sich alles, die Lebensstraßen liefen ins Unabsehbare auseinander. Ihre Familie rüstete jetzt zur Auswanderung nach Amerika. Sollte sie mit? Aber das hieß Frank nie wiedersehen. Sollte sie zurück nach Zürich? Aber das hieß endgültig an ihn gebunden sein; und der Sommer war nicht ermutigend gewesen. Andererseits, sie liebte ihn doch. »Sie kennen ihn. Sagen Sie mir, wie er wirklich ist. Sagen Sie mir, was ich tun soll.«

Anfang April hatte ich Hanni gesprochen, die damals ein paar Tage im verdunkelten Zimmer gelegen hatte, nichts gegessen und tagelang geweint hatte. Später waren wir von Konsulat zu Konsulat gelaufen, hatten Briefe an irgendwelche tschechischen Ämter geschrieben und Unterhaltungen auf Polizeirevieren gehabt. Es half alles nichts, die Frage ihrer Staatsangehörigkeit war nicht zu entwirren. Hanni war in Deutschland gefangen.

Seltsames Leben; ein wenig war es wie die Konkursverwalterschaft eines anderen Lebens. Und zwischenein schrieb ich meine Examensarbeiten für ein Examen, das mich nichts anging und auch schon ein wenig zu einem andern Leben gehörte – meinem vergangenen. Und gelegentlich schrieb ich kleine Zeitungsartikel, Sachen, in die ich soviel bittere Witzigkeit legte wie mir zu Gebote stand – und staunte, wenn ich sie ein paar Tage später in diesem leicht irre wirkenden, besonnen redenden Zwangs-Naziblatt las, das noch vor ein paar Monaten eine weltberühmte Zeitung gewesen war. Wie stolz wäre ich damals gewesen, dazuzugehören! Jetzt ging mich auch das eigentlich nichts an, es geschah auf Abbruch und galt nicht.

Von allen Menschen, mit denen ich zu tun hatte, war, seltsam, nur das Mädchen Charlie übriggeblieben – gerade diese kleine Faschingsliebe. Sie blieb. Sie ging als roter Faden durch das graue Gewebe dieses unwirklichen Sommers: eine leise quälende, ein wenig verfehlte, nicht ganz glückliche Liebesgeschichte – immerhin eine Liebesgeschichte, nicht ganz ohne ein wenig Süßigkeit darin.

Sie war ein gutes, einfaches kleines berlinisches Mädchen, und in glücklichen Zeiten hätte unsere Geschichte

eine einfache, banale und süße kleine Geschichte sein können. Nun band uns das Unglück fester zusammen als gut
war und verlangte mehr von uns als wir einander geben
konnten: nämlich, genau genommen, Entschädigung für
alles, für den Verlust einer Welt oder für tägliches, quälen-
des und würgendes Elend; und dazu reichte es bei keinem
von uns. Ich konnte ihr kaum von dem reden, was damals
mit mir vorging; war doch ihr eigenes Unglück soviel realer,
einfacher, drückender, überzeugender. Sie war eine Jüdin,
sie war verfolgt, sie mußte täglich um ihr Weiterleben ban-
gen und um das ihrer Eltern und ihrer großen Familie, an
der sie herzlich Anteil nahm, in der soviel Schreckliches
geschah jetzt, und von der es mir immer so schwergefallen
war, alle Personen richtig auseinanderzuhalten. Wie viele
junge Juden, sah sie in dem, was geschah – sehr begreiflicherweise – kaum mehr als das, was den Juden geschah;
und sie reagierte darauf ganz unschuldig so, daß sie von
heute auf morgen Zionistin, jüdische Nationalistin wurde.
Ein verbreiteter Vorgang, den ich mit Verständnis, aber
auch mit ein wenig Trauer beobachtete: Es lag soviel Einlenken in die Absichten der Nazis darin, soviel schwach-
herzige Hinnahme der feindlichen Fragestellung. Aber
hätte ich mit Charlie darüber diskutieren wollen, ich hätte
ihr nur den einzigen Trost geraubt. »Aber was sollen wir
denn machen, Peter«, sagte sie mit traurigen großen Augen,
als ich einmal ganz vorsichtig meine Skepsis andeutete. Sie
lernte Hebräisch und dachte an Palästina. Aber noch war
sie nicht dort. Noch ging sie ins Geschäft – sie durfte wieder, wer weiß zwar wie lange – und half ihre Familie
ernähren und sorgte sich rührend um ihren Vater und um
ihre Verwandten und arbeitete und litt. Und magerte ab
und weinte viel, und ließ sich wohl einmal trösten und lachte
einen Abend wieder und war reizend albern und ausgelas-

sen, aber es hielt nicht vor. Im August wurde sie ernsthaft krank, und man nahm ihr den Blinddarm heraus. Es war seltsamerweise schon das zweite Mal in diesem Jahr, daß ich eine Blinddarmentzündung aller Wahrscheinlichkeit nach aus seelischen Ursachen entstehen sah.

Und zwischen alledem brachten wir also eine kleine Liebesgeschichte unter, so gut es ging. Wir gingen ins Kino und gingen Wein trinken und suchten lustig und verliebt zu sein, wie es sich gehört, und spät nachts trennten wir uns, und ich fuhr mit letzten U-Bahnzügen aus ihrem entfernten Stadtteil nach Haus und saß übermüdet, etwas leeren Kopfs, auf nächtlichen menschenleeren Untergrundbahnhöfen, wo nur die Rolltreppen noch lebendig waren.

Sonntags fuhren wir oft hinaus und liefen durch Wälder oder lagen am Wasser herum oder auf irgendwelchen Waldlichtungen. Die Umgebung Berlins ist schön, von einer gewissen ungezähmten Urweltlichkeit. Verläßt man die vielbegangenen Ausflugswege, so kann man noch im Umkreis der Vorortbahn in Gegenden kommen, die unbetreten wirken, großartig einsam und eintönig, und hinreißend traurig. Wir suchten sie und wanderten zwischen düstergrünen Kiefern lange Schneisen entlang, oder lagen unter einem fast drohend blauen Himmel auf einer Waldwiese. Der Himmel war schön und vollkommen in Ordnung, und so waren die großen überhohen und dichtstehenden Räume, das Gras, das Moos, die Ameisen, die vielfältig summenden Insekten. Es hatte alles etwas unendlich, tödlich Tröstliches. Nur wir hätten nicht im Bild sein dürfen. Ohne uns wäre es noch schöner gewesen. Wir störten.

Das Wetter war in diesem Sommer wundervoll, die Sonne war unermüdlich, und ein spöttischer Gott ließ gerade 1933 in Deutschland einen Weinjahrgang reifen, von dem die Kenner noch lange singen und sagen werden.

34

Plötzlich schrieb Teddy aus Paris. Unglaublich, sie schrieb, sie würde kommen – bald, nächste Woche. Mein Herz fing an zu schlagen wie eine Pauke. Sie wolle sehen, ihre Mutter herüberzuholen, schrieb sie, und überhaupt wolle sie sich alles doch einmal von nah ansehen. Sie sei ein bißchen ängstlich, aber auf vieles freue sie sich auch sehr, und sie hoffe, mich oft zu sehen.

Während ich den Brief in meine Brusttasche schob, hatte ich ein Gefühl, als kehre mit ungeheurem ameisenhaften Gekribbel das Leben in mich zurück. Ich merkte auf einmal, daß ich die ganze Zeit starr und empfindungslos, tot gewesen war. Ich lief in der Wohnung herum und pfiff und rauchte eine Zigarette nach der andern und wußte nicht, wohin mit mir. In dem Zustand, in dem ich nachgerade war, war es fast unerträglich, sich auf einmal so zu freuen.

Am nächsten Tag hatte die Zeitung die Überschrift: »Gemeinschaftslager für Referendare«. Alle Referendare, die im Assessorexamen standen, würden nach Beendigung ihrer häuslichen Examensarbeiten in Gemeinschaftslagern versammelt werden, wo sie unter Wehrsport und gesundem Gemeinschaftsleben weltanschaulich geschult und für ihre kommenden großen Aufgaben als deutsche Volksrichter erzogen werden würden. Der erste Schub werde in den nächsten Tagen seine Gestellungsbefehle erhalten. Und dann ein redaktioneller Artikel mit Preis und Heil und »jeder junge deutsche Jurist wird dem preußischen Justizminister dankbar sein ...«

Dies war das erste Mal, glaube ich, daß ich einen richtigen Tobsuchtsanfall hatte. Der Anlaß mag recht unbedeutend scheinen, aber die Reaktionen von uns schwachen und gebrechlichen Menschen richten sich ja nicht immer streng nach der Größe und allgemeinen Bedeutung des Anlasses. Ich schlug mit den Fäusten gegen die Wände wie ein Eingesperrter und schrie und schluchzte und verfluchte Gott und die Welt, meinen Vater, mich, das deutsche Reich, die Zeitung und all und jeden. Ich war gerade dabei, meine letzte häusliche Examensarbeit abzugeben, und hatte also jede Aussicht, zum ersten Schub zu gehören. Ich sah rot vor Augen und benahm mich wie ein Irrsinniger. Und dann sackte ich zusammen und schrieb einen kurzen und verzweifelten Brief an Teddy, sie möchte schnell kommen, damit wir uns wenigstens noch einen oder zwei Tage lang sehen könnten.

Und gab am nächsten oder übernächsten Tag gehorsam und brav und mit einem Gefühl vollkommener Verprügeltheit und Zerbrochenheit meine letzte häusliche Arbeit ab.

Aber dann, Lob und Preis dem preußischen Amtsschimmel, geschah nichts. Meine Arbeiten mochten in irgendwelchen Büros herumliegen; bis sie dort durchgeschleust waren, bis mein Name in irgendwelchen Listen angehakt und in irgendwelche anderen Listen übertragen war, bis die Schübe für das Lager zusammengestellt, die Gestellungsbefehle gedruckt, ausgeschrieben, expediert waren, vergingen jedesmal, wie wundersam, kostbare Tage. Nachdem ein paar Tage vergangen waren, ohne daß etwas geschah, begann ich mir beruhigt den Geschäftsgang in einer preußischen Behörde zu vergegenwärtigen und mir klarzumachen, daß Hoffnung bestand: Hoffnung auf zwei, drei, selbst vier freie Wochen. Jeden Tag konnten sie freilich zu Ende sein, aber sie brauchten es nicht. Jeden Tag blickte ich auf die Post und stellte erst mit ängstlichem Aufatmen, dann mit ruhigerer Zuversicht, und schließlich, je kritischer es wurde, mit immer vertrauensvollerer, frevelhafter Selbstgewißheit fest, daß wieder noch kein amtliches Schreiben gekommen war. Es konnte nachgerade jeden Tag kommen, aber es kam nicht. Und Teddy kam.

Sie kam und war auf einmal da, als wäre sie nie weg gewesen, und brachte Paris mit, Pariser Zigaretten, Pariser Magazine, Pariser Neuigkeiten und, unnachweisbar und unwiderstehlich wie ein Parfum, die Luft von Paris, eine Luft, die man atmen konnte – und gierig atmete. In Paris war man in jenem Sommer, als die Uniformen in Deutschland so ekelhaft ernsthaft Mode wurden, darauf gekommen, für die Frauen eine Mode à la uniforme zu kreieren – und so trug Teddy ein blaues Ulanenjäckchen mit Einsatz und blanken Knöpfen; unvorstellbar, sie kam aus einer Welt, wo die Frauen so etwas zum Spaß trugen und keiner etwas Böses dabei dachte! Sie war voller Geschichten. Gerade waren sie sechs Wochen durch ganz Frankreich gefahren, Pariser Studenten aller Länder, Schweden und Ungarn, Polen und Österreicher, Deutsche und Italiener, Tschechen und Spanier, und hatten in heimatlichen Kostümen Volkstänze ihrer Länder getanzt und Volkslieder ihrer Länder gesungen, und überall waren sie wie Fürsten aufgenommen worden, mit Bravo und Bis und Verbrüderungsreden – in Lyon hatte ihnen Herriot persönlich eine Rede gehalten, daß sie alle fast geweint hatten, und dann hatte ihnen die Stadt ein Essen vorgesetzt, daß sie alle noch zwei Tage lang einen verdorbenen Magen davon gehabt hatten ... Ich saß dabei und ließ mir alles erzählen und fragte gierig nach mehr. Das gab es noch! Das alles existierte noch – keine Tagereise weit von hier. Und Teddy saß hier neben mir, wirklich neben mir auf einem Stuhl, ganz selbstverständlich umgeben von alledem.

Ich hatte ihr diesmal nichts dafür vorzuführen, gar nichts. Sonst, wenn sie kam, hatte doch auch Berlin noch einiges gehabt, was man »bieten« konnte: einen interessanten Film, über den gerade alles sprach; ein paar große Konzerte; ein

Kabarett oder ein kleines Theater mit »Atmosphäre«. Nichts von alledem gab es diesmal. Es war Teddy geradezu anzusehen, wie sie nach Luft schnappte. Ganz harmlos fragte sie noch nach Lokalen und Kabaretts, die längst geschlossen waren, nach Schauspielern, die es längst nicht mehr gab. Sie hatte natürlich vieles in den Zeitungen gelesen, aber nun, in der Wirklichkeit, war doch alles ganz anders – weniger sensationell vielleicht, aber viel schwerer zu verstehen und viel schwerer zu ertragen. Die Hakenkreuzfahnen überall, die braunen Uniformen, denen man nirgends auskam: im Autobus, im Café, auf der Straße, im Tiergarten – überall machte es sich breit wie eine Besatzungsarmee. Das ständige Trommeln, die Marschmusik Tag und Nacht – komisch, Teddy horchte noch auf und fragte, was denn jetzt los sei. Sie wußte noch nicht, daß man eher Anlaß zum Fragen gehabt hätte, wenn es einmal keine Marschmusik gegeben hätte. Die roten Plakate mit den Hinrichtungs-Bekanntmachungen an den Säulen, fast jeden Morgen, neben den Plakaten der Kinos und der Sommerrestaurants; ich sah sie schon gar nicht mehr, aber Teddy schauderte noch plötzlich zusammen, wenn sie harmlos die Säule studierte. Auf einem Spaziergang zog ich sie plötzlich in einen Hausflur. Sie begriff es gar nicht und fragte ganz erschreckt: »Was ist denn los?«

»Da kommt eine SA-Fahne«, sagte ich, wie man das Selbstverständlichste von der Welt sagt.

»Na ja, und?«

»Und willst du sie vielleicht grüßen?«

»Nein, wieso?«

»Das muß man, wenn man ihr auf der Straße begegnet.«

»Was heißt muß? Man tuts einfach nicht.«

Die arme Teddy, sie kam wirklich aus einer anderen Welt! Ich antwortete gar nicht, ich zog nur eine trübsinnige Grimasse.

»Ich bin Ausländerin«, sagte Teddy, »mich kann schon gar niemand zwingen.« Und wieder konnte ich nur bedauernd über ihre Illusionen lächeln. Sie war Österreicherin.

Einen Tag lang zitterte ich ganz ernsthaft um sie, gerade weil sie Österreicherin war. Der österreichische Presseattaché wurde damals gerade eines Nachts aus dem Bett geholt, verhaftet und ausgewiesen. »Wir« waren bekanntlich böse mit Österreich, weil es sich nicht angeschlossen hatte. Darauf ließ aber Dollfuß in Wien auch einen oder gar mehrere Nazis ausweisen – ich weiß es nicht mehr genau; ich weiß nur noch, daß die Presse einstimmig aufheulte über diese ungeheuerliche Provokation der österreichischen Systemregierung, »die Antwort könne nicht ausbleiben«, hieß es; und worin konnte diese Antwort stilgemäß bestehen als in der Ausweisung sämtlicher Österreicher? Aber alles war uns günstig. Hitler fand irgendeine Schwierigkeit dabei oder vergaß es über irgend etwas anderem. Die Antwort blieb für diesmal aus, und Teddy konnte bleiben.

»Dies ist wirklich das letzte Mal, daß ich hier herkomme«, sagte Teddy. Und ich erzählte ihr, daß ich meinerseits bald nach Paris kommen würde, und wir fingen gleich an, Pläne zu machen: Ein kleines internationales Theater baute sich wie ein Luftschloß auf, mit Studenten und vielleicht mit Emigrantenschauspielern. »Wie macht sich denn überhaupt die deutsche Emigration?« fragte ich hoffnungsvoll, aber hierüber ließ sich Teddy bemerkenswert ausweichend vernehmen. »Die armen Leute sind natürlich alle nicht sehr in Form gerade jetzt«, sagte sie milde.

So gingen ein paar Tage hin. Dann kam ein Donnerschlag, Teddy erzählte mir – oder vielmehr: sie ließ mich erraten und erfragen – daß sie im Begriff sei zu heiraten. Sehr bald nach ihrer Rückkehr. »Mister Andrews?« fragte ich, mit einer Erleuchtung (er war gar nicht so viel in ihren

Erzählungen vorgenommen). Sie nickte. »Sehr gut«, sagte ich. Wir saßen vor dem Romanischen Café, der jetzt verödeten Stätte der Berliner Literaten-Boheme, gegenüber der Gedächtniskirche, und die dicken romanischen Quadertürme der Kirche rückten plötzlich auf mich zu und schlossen mich ein wie die Wände eines Verlieses.

»Mon pauvre vieux«, sagte Teddy. »Ist es sehr schlimm?« Ich schüttelte den Kopf.

Dann sagte sie etwas, was mir eine süße und wehe Welle durch den Kopf jagte. Es war nie die Rede davon gewesen, daß so etwas wie Heiraten zwischen uns überhaupt in Frage käme, und selbst unsere Liebesgeschichte war immer dann unterbrochen worden, wenn es gerade soweit war. Ich war nie allzu sicher gewesen, daß ich mehr für sie war als eben ein Freund wie andere Freunde. Was sie für mich war, hatte ich ihr auch nie gesagt. Es hätte sich auch kaum sagen lassen, es hätte zu pathetisch geklungen. In unseren innigsten Augenblicken war immer noch ein Ton von Scherzhaftigkeit gewesen.

»Wir hätten uns ja jetzt doch nicht mehr heiraten können«, sagte sie. »Was solltest du hier mit mir anfangen.«

»Du hast daran gedacht?« sagte ich. Und sie, lachend über meine Tölpelhaftigkeit: »Oh, schon.« Und dann, mit einer Geste von unendlicher Freundlichkeit: »Noch bin ich ja hier.«

Abschied, Abschied also wiederum, aber ein so voller, so klingender Abschied wie keiner zuvor. Alles schien nun gut und wie eine Vorbereitung für die drei Wochen gewesen zu sein, die uns noch blieben: Alles hatte Platz gemacht und mich freigegeben, keine Freunde waren mehr da und keine Pflichten, nichts, was mich abhielt, von früh bis spät mit Teddy zusammenzusein und ihr zu gehören. Und auch sie schien gerade zu mir gekommen zu sein – wenn auch nur, um Abschied zu nehmen.

Und noch in diesem Augenblick schien alles wie absichtlich sich zurückzuziehen, um diese drei Wochen freizugeben: Das Deutsche Reich ließ sich gnädig Zeit, seine Hand auf mich zu legen, die es schon ausgestreckt hatte; kein amtliches Schreiben kam, mich wegzuholen. Meine Eltern verreisten. Die arme Charlie wurde krank und ging in die Klinik; es war, als wolle sie mir einen schrecklichen, gar nicht anzunehmenden Gefallen tun. Ich hätte anders empfinden sollen, ich weiß.

Diese drei Wochen vergingen wie ein Tag. Sie waren übrigens kein Idyll, und wir hatten in all diesen drei Wochen kaum Zeit, Liebespaar zu spielen oder von unseren Gefühlen zu reden. Teddy hatte noch die Auswanderung ihrer Mutter zu arrangieren in diesen Wochen, einer kleinen alten Dame, die still und hoffnungslos zwischen ihren Möbeln saß und die Welt nicht mehr verstand. So liefen wir auf Behörden und Speditionsfirmen herum, saßen stundenlang im Warteraum der Devisenstelle, hatten täglich zu planen und zu organisieren, und zum Schluß überwachten wir den Umzug und kommandierten die Packer. Abbruch und Aufbruch; es war ein Stück, das ich nun schon kannte. Aber diese drei Wochen Abbruch und Aufbruch waren der ganze Platz, der in Zeit und Ewigkeit freiblieb, um das ganze Gefühl einer großen jahrelangen schüchternen Leidenschaft hineinzupressen. In diesen Wochen waren wir so unzertrennlich wie zwei Frischverlobte und so vertraut und verbunden wie ein uraltes Ehepaar. Es war eine Zeit ohne tote Stellen. Selbst auf der Devisenstelle miteinander zu sitzen und zusammen auszuhecken, was man den Beamten erzählen konnte, war süß.

Zum Schluß ergab sich, daß soundsoviel Geld nicht bewilligt wurde. »Dann hilft es nichts,« erklärte Teddy, »dann muß ich eben schmuggeln. Ehe ich es uns stehlen lasse —«

»Aber wenn sie dich fassen!«

»Mich fassen sie nicht«, sagte sie, strahlend vor Sicherheit. »Ich werde schon mit ihnen auskommen. »Übrigens kann ich buchbinden.« Und ein paar Tage lang saßen wir in Teddys lange verwaistem Jungmädchenzimmer und verfertigten kunstreich und eifrig Bucheinbände, mit viel Pappe und Kleister und Kunstpapier, und innen bestanden sie aus Hundertmarkscheinen. Zwischen der Arbeit einmal aufsehend, erblickten wir unsere eifrigen Gesichter im Spiegel. »Alte Verbrechervisagen«, sagte Teddy, und für ein paar Minuten ruhte unsere Arbeit. Einmal während der Arbeit klingelte es, und wie einst bei Landaus standen zwei SA-Leute an der Tür, diesmal freilich nur, um mit drohend klappernden Büchsen für irgend etwas zu sammeln. Ich sagte patzig »bedaure« und warf ihnen die Tür ins Gesicht. Mit Teddy im Hintergrund fühlte ich eine unbeschreibliche übermütige Sicherheit.

Nur manchmal in der Nacht wachte ich auf, und die Welt sah plötzlich grau aus wie ein Hinrichtungshof. In diesen Stunden, und nur in ihnen, wußte ich, daß alles ein Ende war. In Paris saß Mister Andrews und wartete auf Teddy. Wenn ich nach Paris käme, würde Teddy Frau Andrews sein, und Andrews war viel zu sympathisch, um ihn zu betrügen. Vielleicht würden sie Kinder zusammen haben. Bei diesem Gedanken wurde mir sterbenselend. Ich sah Andrews vor mir, wie ich ihn vor zwei Jahren manchmal gesehen hatte, in einer komischen Zeit, als Teddy ihrer Familie zum Trotz in Paris geblieben war, eine verlorene Tochter, ohne Geld und mit vielen Freunden, die alle an ihr herumrissen und jeder ein möglichst großes Stück von ihr abreißen wollte und Eifersuchtsdramen aufführten und ihr alle nicht helfen konnten (auch ich war nicht viel Besseres als einer von ihnen); dann kam noch mal der schweigsame Mister Andrews in Teddys winziges unordentliches Hotelzimmer und legte die Beine auf den Kamin und ließ sich eine überflüssige und aussichtslose Sprachstunde geben und rückte plötzlich, verkniffen lächelnd, mit irgendeinem höchst gescheiten und hilfreichen Tip heraus – um still und eingezogen wieder zu verschwinden. Ein geduldiger Mann. Jetzt würde er Teddy heiraten. Ein Engländer. Daß doch die Engländer immer alles bekamen, was gut und wertvoll auf der Welt war, Indien und Ägypten und Gibraltar und Cypern und Australien und Südafrika, die Goldländer, und Canada, und jetzt auch Teddy! Ein armer Deutscher wie ich hatte die Nazis dafür. So gingen meine sterbenstrüben Gedanken, wenn ich nachts durch einen bösen Zufall erwachte.

Aber am Tage war alles vergessen, und ich war glücklich. Es war Herbst, goldener früher Herbst, und jeden Tag schien die Sonne. Kein amtliches Schreiben, immer noch nicht. Finanzamt heute, Polizei, Konsulat, und wenn das Glück es wollte, nachmittags eine freie Stunde im Tiergarten. Vielleicht würden wir ein Boot nehmen. Und Teddy den ganzen Tag.

>>Vorwärts aber und rückwärts wollen wir
Nicht sehn. Uns wiegen lassen, wie
Auf schwankem Kahne der See.<<